루터 신학 입문
승리의 믿음

레나트 피노마 저 / 엄진섭 역

도서출판 컨콜디아사

Faith Victorious:
An Introduction to Luther's Theology

by Lennart Pinomaa
Translated by Jin-Seop EOM

In Grateful Acknowledgement

The publishing of this volume was made possible in part
by contributions from the Mission EineWelt of the Bayerische Landeskirche
in Germany and the Lutheran Evangelical Association of Finland.

저자 서문

내가 헬싱키 대학교의 젊은 학도로서 교회사 강의를 들을 때, 교수님이 자주 강의는 멈춘 채 루터에 대해 이야기하는 것이 짜증스러웠었다. 나는 어느 인간도 그렇게 중요하지는 않다고 생각했다. 그 후 나는 생각을 전적으로 바꾸었다. 지금 나는 그 교수님보다 더 루터에 대해 이야기한다. 말하자면 루터는 내 운명이 된 것이다. 나는 룬드(Lund)의 랑나르 브링(Ragnar Bring)이 1932년 겨울 나를 근대 루터 연구의 영역으로 인도해주신 이후 내내 루터를 존경하고 있다.

이 책은 내 자신의 의지에 의해 태어난 것이 아니다. 내가 1953년 루터교세계연맹(Lutheran World Federation)의 초청을 받아 미국에서 행한 루터 강의의 결과이다. 이듬 해 나는 일리노이주 메이우드(Maywood)의 시카고루터신학대학원(Chicago Lutheran Theological Seminary)과 미네소타주 세인트 폴(St. Paul)의 루터신학대학원(Luther Theological Seminary)에서 일련의 강의를 했다. 1956년 여름에는 독일 함부르그대학교(University of Hamburg)에서, 가을에는 스위스 보쎄이(Bossey)의 에큐메니컬연구소(Ecumenical Institute)에서도 동일한 주제에 대해 강의했다.

　이 강의들이 처음 행해졌던 미국에서 그 내용이 지금 책으로 출판되고 있으므로 나는 미국연합루터교회(United Lutheran Church in America)와 특히 오하이오주 스프링필드(Springfield) 소재 함마신학대학원(Hamma Divinity School)의 칸토넨(T. A. Kantonen)교수에게 감사드리고 싶다. 그는 나를 초청하는데 있어 중추적인 역할을 했는데, 그 덕분에 강의를 준비하게 되었던 것이다.

　사려 깊은 독자는 자료의 방대함과 루터의 엄청난 창조적 능력을 볼 때, 그의 신학 전반에 대한 저술을 한다는 것은 힘에 부치고 커다란 노력을 요하는 일이라는 것을 이해할 것이다. 사실, 그러한 일은 오직 이전에 개혁자의 삶과 사상의 다양한 부면들에 대한 글을 쓴 학자들의 노력이 있었기에 가능하다. 그들에게도 빚지고 있음을 감사드린다.

　애초에 행한 모든 강연이 이 책에 수록되지는 않았다. 한 장은 전혀 새로운 것이고, 다른 장들은 폭넓게 수정했다.

　번역을 맡은 일리노이주 메이우드(Maywood)소재 시카고루터신학대학원(Chicago Lutheran Theological Seminary)의 쿠코넨 교수(Walter J. Kukkonen)의 정성스러운 노고에 심심한 감사의 말씀을 전한다.

핀란드 헬싱키에서
레나트 피노마
1962년 4월

영역자 서문

본서는 1959년 Werner Söderström Osakeyhtiö 출판사에 의해 간행된 레나트 피노마(Lennart Pinomaa)의 Voittava usko를 번역한 것이다. 원서에서 제공된 이상으로 서지(書誌) 정보를 제공함에 있어 미국 기준을 따르기가 늘 가능한 것은 아니었다. 전거 제시가 간혹 불충분하게 보일 수 있다. 독자에게 루터저술의 바이말판(Weimar Edition)뿐만 아니라 미국판(American Edition)도 가능한 한 제시하려고 했다.

번역자가 수집한 독서 리스트는 모두 다 망라하기 위한 것이 아니라, 본문에서 인용된 것 외에 추가적인 영문 2차 자료를 소개하기 위한 것이다.

W. J. K.

Contents

서론 11
역사의 빛에서 본 마틴 루터 11
자료들 16
연구 영역들 18

제1장

하나님의 계시 25
십자가의 신학 29
창조에 의해 중개된 계시 32

제2장

하나님 개념 41
하나님의 종교와
  인간들의 종교 43
하나님의 능동성 46
하나님의 거룩하심과
  사랑 48

제3장

하나님의 포괄적 활동 53
만물의 주님 56
하나님은 악을 행치
  않으신다 60

제4장

예정 63
자유의지는 하나님의 자녀를
  만들지 못한다 65
율법과 자유의지 68
공적과 은혜 69
예정은 조사의
  대상이 아니다 71

Contents

제5장

역사의 의미 77
역사 연구의 가치 78
하나님의 "가면"인 역사 80
역사 안에서 탐구 불가능한 하나님 82

제6장

그리스도의 품격과 사역 93
성경의 심장이신 그리스도 94
그리스도의 십자가 97
화목 100
그리스도와 사망의 권세들 107
인간 그리스도 113

제7장

칭의와 성화 119
하나님의 심판과 죄의 지식 120
외적이고 내적인 믿음과 불신앙 121
매일 매일의 전투인 회개 125
순례의 신학 128
진정한 전선(戰線) 132
거룩함과 율법 138
믿음의 순종 141
요약 144

제8장

성령의 사역 147
루터와 열광주의자들 148
성령과 외적 표지들 152
외적 표지와 그리스도 155

제9장

고통의 문제 161
무가치함의 고통 165
예정에 관한 고통 172

Contents

제10장

성령과 말씀 181
역동적 말씀 181
성령의 도구 184
말씀의 심장이신 그리스도 186
선포된 말씀과 기록된 말씀 189

제11장

교회 195
성도들의 공동체 198
참여로서의 교제 207

제12장

영적 직무 213
직무의 권위 214
직무와 공동체 218
열쇠들의 권능 223

제13장

성례전 229
세례 232
주의 만찬 237

제14장

사회 윤리의 토대 243
모세 율법과 사회 질서 245
두 정부 251

Contents

제15장

결혼 263
근본적 논점 264
해방자 복음 266
성(性)의 성화 268
"각기 자신의 아내를 취하도록 하라" 273

제16장

소명 279
동료 인간의 중심성 281
소명과 모방 286
믿음은 단일성을 보존한다 288
거룩함과 소명 293

제17장

국가 297
국가의 사명 298
무력과 전쟁 300
농민전쟁 303
사회 개혁 309

서론

    종교개혁은 바로 옆에 서있는 사람에게는 경외심을 불러일으키고 멀리 떨어져서 보는 사람에게만 그 장엄함을 완전히 드러내는 마천루와 같다.

    루터와 그 생의 업적도 이와 마찬가지이다. 둘 다 수세기를 거치면서 그 중요성이 증대했다. 모든 위대한 인물들도 이와 마찬가지다. 그들의 영향력은 결코 소멸되지 않는다. 새로운 세대와 함께 계속해서 살면서 앞길에 빛을 비추고 마음에는 용기를 북돋워 준다.

역사의 빛에서 본 마틴 루터

    근래 수 십 년간 우리는 진정한 루터 르네상스를 목격했다. 루터는 그의 믿음과 사상을 통해 프로테스탄트 신학에서 과거 어느 누구보다도 중심적 위치를 차지했다. "프로테스탄트"란 단지 "루터교도"만 말하는 것은 아니다. 왜냐하면 이 에큐메니컬 시대에 루터의 중요성은 점점 더 모든 기독교권에서 드러나고 있기 때문이다.

이에 대한 이유는 교회의 한 위인에 대한 단순한 역사적 존경 때문이 아니라 화급한 필요 때문이다. 루터의 발언을 편견 없이 들을 때 그 적절성은 깜짝 놀랄만하다.

루터가 어떤 특별한 교리를 만들어 냈고 그 때문에 가톨릭교회를 떠나 자신의 새로운 교회를 세웠다고 생각하기 쉽다. 그러나 그가 고안해 낸 것은 아무것도 없다. 그는 영혼의 절망과 고통가운데서 단지 성경을 더 깊이 파고들었을 뿐이었고, 거기서 귀중한 보석 즉 순수한 복음을 발견했다. 이 복음은 먼저는 독방에서 고군분투하는 수도승인 그 자신을 위한, 그리고 다음으로는 다른 이들을 위한, 예수 그리스도 안에 있는 하나님의 형언할 수 없는 선물이었다.

새롭게 발견된 복음은 점차 루터의 신학 전체를 갱신했다. 어떻게 이러한 일이 일어났는지 그 자신도 설명할 수 없었다. 이것은 금세기의 연구가 진지하게 씨름하고 있는 문제이다.

루터는 결코 자신의 신학을 완결된 체계로 제공하지 않았다. 신학자들은 체계를 세우려고 계속 시도하였지만, 결과는—전혀 불가능하지는 않았을지 몰라도—그 수고에 미치지 못했다. 루터의 "체계"[1]를 집대성하는 일의 결과물은 각자가 루터의 사상세계 속에서 무엇을 보느냐에 달려있다. 두 개의 동일한 루터 신학을 쓰기는 불가능하고, 아무도 그 자신의 연구에 대한 영구적인 타당성을 주장할 수 없다. 어떤 면에서 루터연구의 역사는 신학의 역사를 반영한다. 신학사의 저술에서, 각 세대는 자신이 신학적으로 중요하다고 여기는

---

1) 루터 신학의 "체계"에 대해서는 다음을 참조: Jaroslav Pelikan, *Luther's Works* (Philadelphia: Muhlenberg), Companion Volume, *Luther the Expositor*, pp. 42f.

것을 은연중 드러내면서 자신의 역사를 쓴다.

　루터는 *lector bibliae*, 요즘으로 하면 성경해석교수였다. 루터는 그의 연구에서 로마가톨릭교회의 전통적 해석을 재삼재사 거부하지 않을 수 없었다. 그의 신학은 이전세대들의 작업을 수정하는 성경해석이다. 그의 목적은 완결된 신학 체계가 아니라, 삶 자체가 제기하는 질문들에 대한 대답이었다. 여러 가지 구체적 상황들이 문제들을 제기했고, 이 문제들은 설명과 해답을 요구했다. 이런 식으로 탄생한 방대한 글들이 루터 신학의 일반적 특징을 이룬다.

　본서의 사상이 흔히 주장되는 것들과 다르다면, 그것은 신학적 강조점과 관점에 있어서의 입장 변화 때문이기도 하고, 또한 원문비평과 자료 분석의 진보 때문인데, 이것은 많은 루터학자들의 영속적이고 긍정적인 업적을 의미한다.

　1920년대에 리츨주의가 바르트주의에게 주도권을 내주었을 때, 개신교 신학은 루터에 대해 되살아나는 관심에 의해 강한 영향을 받았다. 가톨릭 루터학자인 데니플레(Heinrich S. Denifle)와 그리자르(Hartmann Grisar)의 논쟁적이고 방대한 저술은 20세기 초 개신교 루터 연구에 자극을 주었다. 1940년대에 로르츠(Joseph Lortz)와 헤르테(Adolf Herte)는 위대한 개혁자에 대해 호의적인 태도를 보임으로써 논쟁적인 가톨릭 루터연구의 전통을 깨트렸다. 그러나 20세기의 개신교 학자들은 루터에게서 가톨릭의 비판을 논박할 수 있는 탄약 이상의 것을 발견했다. 이들의 연구 결과는 이미 신학뿐만 아니라 교회의 복음전파를 두루 풍성하게 했다.

　그러나 동시에, 루터에게 기대를 걸었던 많은 이들이 결정적인 점들에서는 그에게서 떨어져 나간듯하다. 아무도 그에게 개신교 교황의 권좌를 부여하려고 들지도 않고 바라지도 않는다. 그렇더라도 그의 가르침에 대한 더 깊은 이해를 추구해야 할 이유는 많이 있다. 루터의 목적은 새로운 교회를 세우는 것이 아니라, 나중에 들어온 비성경적인 첨가물을 제거함으로써 사도들의 교회를 회복하는 것이었다. 종교개혁이 그 시대 서방 기독교 사회 전체를 개혁하지 못하자, 여러 상황들이 새 교회의 탄생을 필연적으로 만들었다. 가톨릭에 대한 의식적인 반대를 피할 수 없게 되었다. 루터는 놀라울 정도로 방대한 저술에서 자신이 무엇을 반대해 일어났으며 또한 절대적으로 필요하다고 생각한 새로운 것이 무엇인지에 대해 여러 가지 방식으로 설명했다.

루터는 원시기독교 시대가 일천 오백년이나 지난 이후에 원시기독교를 제시하고 있다. 그는 교회에 대해 말할 때, 성령강림절에 태어난 진정한 기독교회를 자신이 말하고 있음을 알고 있었다. 이 교회는 그 외적 형태가 교회의 진정한 본질에 이질적인 것을 많이 채용했기 때문에 수 세기가 지나는 동안 눈에 띄지 않았었다.

루터의 가장 잘 알려지고 가장 중요한 책인『소교리문답서』(Small Catechism)는 지극히 보편적이고 초교파적이다. 여기에 루터교회의 존재에 대한 언급은 눈곱만큼도 없고, 그것의 핵심적인 기독교적 주장들 중 어느 것도 특별한 루터교 교리를 드러내지 않는다. 이런 이유로 해서 성경에 기반을 둔 교회라면 어떤 교회든 하나같이 이 문답서의 중심 내용을 잘 받아들인다. 사도신조의 제3항목에 대한 해설에서 루터는 말한다: "그(성령)는 지상의 전 기독교회를 부르시고, 모으시고, 조명하시고, 성화시키시고, 하나의 참된 믿음 안에서 예수 그리스도와의 일치 속에 보존하신다." 여기서 우리는 특정 교파의 강조가 없는 초교파적 사고 유형을 볼 수 있다.

동일하게 폭넓은 초교파성을 『아우그스부르그신앙고백서』(Augsburg Confession)에서도 만날 수 있다. 이것은 루터 자신이 쓴 것은 아닐지라도 그의 견해를 대표한다. 여기서 말씀이 순수하게 가르쳐지고 성례전이 올바르게 집행되는 어느 곳이든 그리스도의 교회가 존재한다고 주장하고 있다. 그리스도의 교회는 어떤 특정한 단체나 교파와 동일시되지 않는다. 교회의 전망이 그보다 더 넓기 때문이다. 종교개혁이 싹을 트게 하고 구상한 에큐메니컬 프로그램은 단순한 교파적 기구나 교회법 전통 그 이상을 포함한다. 결국은 성경에 대한 충실성이 유일한 표준이다. 특정 교회의 이름이 무엇이 되었든, 신약의 기본 메시지에 기반을 두고 복음으로 살기를 원하는 만큼 그 교회는 루터에게 가까이 접근한다.

마틴 루터는 역사상 위대한 인물들 중에 속하기도 하는데, 이는 그의 영향력이 교회와 신학에 국한되지 않는다는 또 다른 이유 때문이다. 그의 생애의 업적으로 인해 정치적 지도가 바뀌었다. 그러나 그는 영적이고 문화적인 영역에 가장 깊숙한 발자취를 남겨 놓았다. 그의 독일어 성경에 자극을 받아 성경번역작업이 쇄도하기 시작했다. 이들 번역 작업이 전체 서방 기독교권에서 각 나라 토착어의 지위와 문자해독 능력향상에 끼친 영향을 결코 가벼이 평가할 수 없다. 가장 폭넓은 의미의 문화가 매우 귀중한 자극을 받았다. 개혁은 교육 전반으로 확대되었다. 루터가 멜랑크톤(Melanchthon)과 함께 이룬 대학교육 개혁은 그를 교육사적으로만 아니라 서양문화사적으로 최고(最高)의 수준에 올려놓는다.

교회의 다양한 삶에 끼친 루터의 영향력을 이루 다 헤아릴 수 없다. 16세기에 그는 모든 프로테스탄티즘의 영적 아버지였다. 츠빙글리와 칼빈의 개혁운동들은 루터로부터 가장 중요한 영향을 받았다. 심지어 루터의 모교회인 로마가톨릭교회도 수많은 방법으로 종교개혁 이후 수세기동안 그리고 특히 오늘날, 튜링기아 출신의 이 영적이고 지적인 거인의 마르지 않는 샘에서 물을 길어야 했다.

루터의 영향력은 지난 4세기동안 지속적으로 증대했다. 오늘날 그의 저술은 과거 어느 때와 달리 새롭게 개정되고 번역되고 있다. 또한 그의 인간됨과 사상세계는 어느 때보다 더 열정적으로 해설되고 있다. 많은 위인들의 유산이 고상한 사상과 고도로 발전된 체계의 형태로 보존되어 있는 반면, 루터의 삶과 글은 일상적 믿음의 투쟁 중에 있는 개신교도들에게 지속적으로 영감을 주고 있다. 그의 유산은 개신교의 세계적이고 지속적인 확장과 같은 외적 사건들 속에서도 반영되어 있다. 한 사람의 사상과 인간됨 그리고 그 일생의 업적이 후세대의 삶에 이렇게 큰 영향을 끼친 예가 아주 없지는 않더라도 극히 드물다.

자료들

루터연구의 제 문제들 중 하나는 자료의 결핍이라기보다는 그 풍부함이다. 루터의 다산적 정신활동은 세계 문필계에 있어 필적할 사람이 없다.

루터는 평생 450권의 책과 논문을 집필했고, 에르푸르트대학과 비텐베르그대학에서 거의 40년간 강의했으며, 3,000여 편의 설교와 2,600여 통의 편지를 썼다. 그의 저술을 편집한 바이말(Weimar) 비평전집은 1883년부터 발행되기 시작되어 지금 100권이 되었지만 아직 완성되지 않았다(전집은 1993년에 2절판 크기 총 127권으로 완료됨-역자 주). 이 전집에는 물론 루터 자신이 저술하지는 않고 구술만 한 부분도 포함되어 있다. 또한 수천 페이지에 달하는 학자들의 소개 글도 포함되어 있다. 더욱이, 특별히 중요한 어떤 자료들은 두 번 인쇄되었는데, 출판된 본문과 손으로 쓴 원고가 서로 달라서 학자들이 둘 다 필요로 하기 때문이다.

루터 작품의 많은 부분이 다른 사람의 손에 의해 보존되어 왔기 때문에 비평적 편집은 불가피한 것으로 입증되었다. 무명의 제자들이 보고한 그의 설교나 탁상담화는 그가 직접 쓴 편지나 직접 출판한 책만큼 신빙성이 없는 것은 확실하다. 바이말 전집 이전에는 그런 인식이 사실상 거의 없었다. 이것은 이전 연구들이 여러 면에서 거의 무용지물이 되었다는 것을 의미한다.

새로운 발견들로 인해 학계는 새로운 단계에 돌입하게 되었다. 특히 젊은 루터의 삶과 사상이 20세기에 들어와 전적으로 새롭게 조명되었다. 로마서강해(1515-1516)는 1908년에 처음 출판되었고, 갈라디아서 첫 번째 강해(1516)는 1918년에, 히브리서강해(1517)는 1929년에 두 권으로, 시편의 두 번째 강해(1518)에 대한 일부 예비 작업은 1940년에 나왔다.

바이말 비평전집의 출판원리는 위대한 기획이 시작되었던 1883년 이후 명백히 바뀌었다. 픽커(Johann Ficker), 히르쉬(Emanuel Hirsch)와 뤽케르트(Heinrich Rückert) 등이 자료들에 대한 그들의 연구를 통해 이후의 작업에 대한 이정표를 세웠다. 출판 시 원고의 모든 특이점을 빠트리지 않기로 한다는 원칙이 세워졌다. 성경과 초기 교부들의 가르침에 대한 전거는 가능한 한 전체를 수록해야 했다. 1900년 이전에 출간된 바이말 전집은 이런 면에서 부적당하다고 판명되었으며, 수정판을 피할 수 없게 했다. 첫 번째 시편강해(1513-1516)의 개정판은 이미 발행되었다.

바이말판을 비평 전집이라고 할 때 그 안의 모든 자료가 동일하게 신뢰할만하다는 말은 아니다. 그와 반대로, 비평 전집은 비평적 사용을 요구하며, 또 그러한 전집만이 비평적 사용을 가능하게 한다. 모든 자료는 그 신빙성에 기초하여 다음 세 부류로 쉬이 분류할 수 있다.

1) 루터자신이 출판을 위해 준비했거나 그 원고가 보존되어 있는 글과 단편들.
2) 신뢰할만한 보고들. 이 그룹에는 주로 뢰러(Georg Rörer)의 보고가 포함된다.
3) 비교적 신뢰할 수 없는 보고들. 대체로 그룹 2)를 제외한 모든 보고는 이 부류에 속한다.

학자들은 자신의 연구를 그룹 1)과 그룹 2)에 속한 자료에 근거해야 한다. 그룹 3)의 자료들은 차후의 추가적 공동연구를 위해서만 사용될 수 있다.

연구 영역들

루터의 영적 유산에 대한 연구가 국제무대에서 광범위하게 일어나고 있기 때문에 연구의 현 상황을 단지 몇 줄로 설명하기는 불가능하다. 최상의 개념은 *Luther-Jahrbuch* 시리즈의 도서목록에서 얻을 수 있다.[2] 두 개의 국제적인 루터 연구자 대회에서 나오는 *Luther-*

forschung heute(1958)3)와 *Luther and Melanchthon*(1961)4)의 출판물도 연구의 광범위하고 다양한 성격을 보여준다. 전자는 여러 나라의 연구 도서 목록을 수록하고 있는데, 가톨릭이 주를 이루는 국가들에서도 루터에 대한 진지한 연구가 많이 수행되고 있음을 보여 준다.

다음 몇 단락에서 독일과 스칸디나비아에서의 연구에 주목해보겠는데, 이는 필자에게 가장 익숙한 분야이기 때문이다.

루터연구는 크게 다섯 가지 영역에 집중되어 있다. 첫 번째 영역은 루터 신학의 초기 단계이다. 학자들은 여전히 소위 "탑의 경험"(Turmerlebnis)의 날짜와 내용에 대해 묻고 있다. 본캄(Heinrich Bornkamm),5) 링크(Wilhelm Link),6) 쥘렌크록(Axel Gyllenkrok),7) 사아르니바라(Uuras Saarnivaara),8) 쉬탕에(Carl Stange),9) 비처(Ernst Bizer),10) 폴만(Hans Pohlmann),11) 프렌터(Regin Prenter)12)와 그 외의 학자들은 지난 10년간 이 문제를 토론해왔다. 탑의 경험의 더 이른 시기나 늦은 시기 둘 다 강한 지지를 받아 왔다. 첫 번째 시편강해(1513-1515)와 로마서강해(1515-1516) 속에

---

2) *Luther-Jahrbuch*, ed. Franz Lau (Berlin, 1933-1961).
3) *Lutherforschung heute*, ed. Vilmos Vajta (Berlin, 1958).
4) *Luther and Melanchthon*, ed. Vilmos Vajta (Philadelphia: Muhlenberg, 1961).
5) Heinrich Bornkamm, "Luthers Bericht über seine Entdeckung der iustitia Dei," *Archiv für Reformationsgeschichte* (1940); "Iustitia Dei in der Scholastik und bei Luther," *Archiv für Reformationsgeschichte* (1942).
6) Wilhelm Link, *Das Ringen Luthers um die Freiheit der Theologie von der Philosophie* (1955).
7) Axel Gyllenkrok, "Rechtfertigung und Heiligung in der frühen evangelischen Theologie Luthers," *Uppsala universitets årsskrift* (1952). 이후 UUA로 표기함.
8) Uuras Saarnivaara, *Luther Discovers the Gospel* (1951).
9) Carl Stange, *Die Anfänge der Theologie Luthers* (1957).
10) Ernst Bizer, *Fides ex auditu* (1961).
11) Hans Pohlmann, *Hat Luther Paulus entdeckt?* (1959).
12) Regin Prenter, *Der barmherzige Richter*, "Acta Jutlandica" (1961).

겸손의 개념이 깊이 스며들어 있음이 더욱 더 명약관화해지고 있다. 이신칭의의 문제는 후기 집필에서 만큼 명확하게 드러나 있지는 않다. 이 때문에 비처(Bizer)가 탑의 경험 시기를 후기로 잡으려할 때 그에 반대하여 논쟁하기란 쉬운 일이 아니다. 한편, 그의 주장에 대한 심각한 이론(異論)도 제기될 수밖에 없으며, 실로 프렌터는 이미 반대 주장을 낸 바 있다. 십중팔구 이 어려운 문제에 대한 최종적 결론을 내릴 수 없을 것이다. 루터 초기 신학의 이러한 문제에 대한 광범위하면서도 기본적인 연구는 최근에 쉬바르츠(Reinhard Schwarz)가 발표했다.13)

두 번째 영역은 창조, 인간, 율법, 이성과 관련이 있다. 헤그룬드(Bengt Hägglund)는 루터의 인간론에 대한 포괄적 분석을 스웨덴어로 썼고, 루터 신학과 오캄 철학의 관계에 대해서도 다른 책에서 조명했다.14) 창조, 창조적 말씀, 이성의 문제는 뢰프그렌(David Löfgren),15) 시이랄라(Aarne Siirala)16)와 로제(Bernhard Lohse)17)가 최근에 다루었다. 율법의 문제는 마우러(Wilhelm Maurer),18) 외스트(Wilfried Joest),19) 하이꼴라(Lauri Haikola),20) 크란츠(F. Edward Cranz)21)와 슐뢰만(Martin Schloemann)22)이 연구

---

13) Reinhard Schwarz, *Fides, spes und caritas beim jungen Luther*, "Arbeiten zur Kirchengeschichte" (1962).
14) Bengt Hägglund, *De homine*, "Studia Theologica Lundensia" (1959); *Theologie und Philosophie bei Luther und in der occamistischen Tradition*, UUA (1955).
15) David Löfgren, *Die Theologie der Schöpfung bei Luther* (Göttingen, 1960).
16) Aarne Siirala, *Gottes Gebot bei Martin Luther* (Helsinki, 1956).
17) Bernhard Lohse, *Ratio und fides. Eine Untersuchung über die ratio in der Theologie Luthers* (Göttingen, 1958).
18) Wilhelm Maurer, *Von der Freiheit eines Christenmenschen. Zwei Untersuchungen zu Luthers Reformationsschriften 1520/21* (Göttingen, 1949).
19) Wilfried Joest, *Gesetz und Freiheit. Das Problem der tertius usus legis bei Luther und die neutestamentliche Parainäse* (Göttingen, 1951).

했다.

　루터학자들의 관심을 끄는 세 번째 영역은 성례전의 교리를 포함한다. 세례에 관한 젊은 루터의 사상은 예터(Werner Jetter)23)와 외스트(Wilfried Joest)24)가 다루었다. 그러나 더 큰 관심은 성찬 교리에 집중되었는데, 그라스(Hans Grass),25) 멧츠케(Erwin Metzke),26) 브링(Ragnar Bring)27)과 비슬룁(Carl Fr. Wisløff)28)등을 특별히 언급할 수 있다.

　연구의 네 번째 영역은 칭의와 성화의 교리에 집중되고 있다. 헤르만(Rudolf Hermann)은 이 주제들에 대한 연구에 생의 대부분을 바쳤다.29) 프렌터(Regin Prenter),30) 레르펠트(Svend Lerfeldt)31)와 쥘렌크룩(Axel Gyllenkrok)32)도 이 문제들에 대해 많은 연구를 했다.

　마지막 영역은 사회와 국가에 대한 루터의 교리이다. 이에 대한 관심은 루터의 관점이, 히틀러를 만들어낸 운동에 최초의 자극을

---

20) Lauri Haikola, *Studien zu Luther und zum Luthertum*, UUA (1958); *Usus legis*, UUA (1958).
21) F. Edward Cranz, *An Essay on the Development of Luther's Thought on Justice, Law and Society*, "Harvard Theological Studies" (London, 1959).
22) Martin Schloemann, *Natürliches und gepredigtes Gesetz bei Luther*, "Theologische Bibliothek Töpelmann" (1961).
23) Werner Jetter, *Die Taufe beim jungen Luther* (1954).
24) Wilfried Joest, *Die Taufe von Augustin bis zum jungen Luther* (1951).
25) Hans Grass, *Die Abendmahlslehre bei Luther und Calvin* (1954).
26) Erwin Metzke, *Sakrament und Metaphysik* (1948).
27) Ragnar Bring, *Kristendomstolkningar* (1950).
28) Carl Fr. Wisløff, *Nattverd og Messe, En studie i Luthers teologi* (1957).
29) Rudolf Hermann, *Luthers These Gerecht und Sünder zugleich* (1930); *Gesammelte Studien zur Theologie Luthers und der Reformation* (1960).
30) Regin Prenter, *Spiritus Creator* (1953); "Luthers Lehre von der Heiligung," *Lutherforschung heute* (1958).
31) Svend Lerfeldt, *Den kristnes kamp. Mortificatio carnis* (1949).
32) 각주 7을 보시오.

주었다는 주장으로 인해 고조되었다. 이 주장에 따르면, 만일 세속 정부가 자신의 고유 영역의 문제에 대해 전적으로 자율적이며, 모든 상황에서 그것이 내리는 결정도 하나님의 뜻으로 간주된다면, 어떤 유(類)의 전제정치나 독재정치에도 무방비가 된다. 자연적으로 그러한 비난에 대한 수많은 반박 글들이 나왔다. 언급할만한 저자들은 알트하우스(Paul Althaus),[33] 킨더(Ernst Kinder),[34] 퇸발(Gustaf Törnvall),[35] 파이퍼(Gerhard Pfeiffer),[36] 헥켈(Johann Heckel),[37] 힐러달(Gunnar Hillerdal),[38] 왓슨(Philip S. Watson)[39] 그리고 라우(Franz Lau)[40] 이다.

루터의 성경 해석에 대한 연구에서는 중요한 소득이 많이 있었다. 본캄(Heinrich Bornkamm),[41] 에벨링(Gerhard Ebeling),[42] 폰 뢰베니히(Walter von Löwenich)[43]가 큰 공헌을 했다. 에벨링은 교부시대부터 루터까지의 성경 해석학 원리의 발전을 논의하면서, 루터가 우의적(알레고리) 해석을 문법과 역사적 배경을 진지하게 다루는 해석으로 대체했을 때

---

[33] Paul Althaus, "Die beiden Regimente bei Luther," *Theologische Literatur-Zeitung* (1956); "Luthers Lehre von den beiden Reichen im Feuer der Kritik," *Luther-Jahrbuch* (1957).
[34] Ernst Kinder, *Geistliches und weltliches Regiment Gottes nach Luther* (1940); *Luther und die politische Frage* (1950).
[35] Gustaf Törnvall, *Andligt och världsligt regemente hos Luther* (1940). 독일어 번역은 *Geistliches und weltliches Regiment bei Luther* (1947).
[36] Gerhard Pfeiffer, *Totaler Staat — und Luther?* (1951).
[37] Johann Heckel, *Lex charitatis* (1953); *Im Irrgarten der Zwei-Reiche-Lehre* (1957).
[38] Gunnar Hillerdal, *Gehorsam gegen Gott und Menschen* (1954).
[39] Philip S. Watson, *The State as a Servant of God* (1946).
[40] Franz Lau, *"Ausserlich ordnung" und "welitlich Ding" in Luthers Theologie* (1933); *Luthers Lehre von den beiden Reichen* (1953).
[41] Heinrich Bornkamm, *Luther und das Alte Testament* (1948).
[42] Gerhard Ebeling, *Evangelische Evangelienauslegung* (1942).
[43] Walter von Loewenich, *Luther als Ausleger der Synoptiker* (1954).

얼마나 근본적인 변화가 일어났는지를 보여주고 있다. 십자가의 신학이 루터신학 전체를 주도하고 있는 원리임이 입증된 것도 주목해야 할 일이다. 뢰베니히(Walter von Loewenich)44)는 어떻게 이 원리가 신비주의에 대한 루터의 관계를 조명해주며, 그의 전체 신학적 관점에 대한 더 바른 이해를 줄 수 있는지를 보여 주었다. 루터의 전 신학에 있어서 고뇌와 절망(Anfechtung)의 체험이 갖는 의미도 지난 몇 십 년 간 명확해지고 있다. 이 영역의 공헌자는 쇠데르블롬(Nathan Söderblom),45) 브링(Ragnar Bring),46) 포겔장(Eric Vogelsang),47) 빌러(Paul Theophil Buehler)48)와 바인트커(Horst Beintker)이다.49)

루터 신학 연구에 대한 훌륭한 그림은 미국 학자 베인톤(Roland H. Bainton)50)과 쉬비버트(E. G. Schwiebert)51)의 대 작업들이 제공하고 있다. 독일 학자들도 다양한 영역에서 결과를 내었다.52) 스웨덴과 핀란드학자들의 연구는 독일어로도 보고 되고 있다.53) 여러 국가에서

---

44) Walter von Loewenich, *Luthers theologia crucis* (1954).
45) Nathan Söderblom, *Humor och melankoli och andra Lutherstudier* (1919).
46) Ragnar Bring, *Dualismen hos Luther* (1959).
47) Eric Vogelsang, *Der angefochtene Christus bei Luther* (1932).
48) Paul Theophil Buehler, *Die Anfechtung bei Martin Luther* (1942).
49) Horst Beintker, *Die Überwindung der Anfechtung bei Luther* (1954).
50) Roland H. Bainton, *Here I Stand* (1950).
51) E. G. Schwiebert, *Luther and His Times* (1950).
52) Horst Stephan, *Luther in den Wandlungen seiner Kirche* (1951); Ernst Wolf, "Über neuere Lutherliteratur und den Gang der Lutherforschung," *Christentum und Wissenschaft* (1934); Otto Wolff, *Die Haupttypen der neueren Lutherdeutung* (1938); Walter von Loewenich, "Zehn Jahre Lutherforschung," *Theologie und Liturgie* (1952).
53) Ragnar Bring, "Einige Blätter aus der schwedischen Lutherforschung," *Zeitschrift für systematische Theologie* (1931); Hjalmar Lindroth, *Lutherrenässansen i nyare svensk teologi* (1941); Eino Sormunen, "Luther in Finnland," *Finnland und Deutschland* (1944).

이루어지고 있는 최상의 총체적 고찰은 *Lutherfoschung heute*(1958)에서 얻을 수 있다.

제1장
하나님의 계시

　루터의 신학을 여는 열쇠는 하나님의 계시에 대한 그의 이해이다. 하나님에 대한 인간 지식의 원천은 무엇인가? 우리의 하나님 지식은 어떻게 증대되는가? 루터는 이 질문에 대해 간결하면서도 한 점 의문의 여지없는 답변을 『하이델베르그논쟁』(Heidelberg Disputation, 1518)의 제19제와 20제에서 하고 있다.

　19. Non ille digne theologus dicitur, qui invisibilia Dei per ea, quae facta sunt, intellecta conspicit:

　20. Sed qui visibilia et posteriora Dei per passiones et crucem conspecta intelligit.[1]

---

1) *D. Martin Luthers Werke*, Kritische Gesamtausgabe (Weimar, 1883-1993), 1, 354 (1518). 이후 WA로 표기함. American Edition of *Luther's Works* (Philadelphia and St. Louis, 1955-76), 31, 52. 이후 *LW*로 표기함.

(19. 하나님의 만들어진 사물들을, 마치 그 만드신 것들 안에서 지각 가능한 것처럼 바라보는 사람은 신학자로 불릴 자격이 없다[롬 1:20]:

20. 그러나 고난과 십자가를 통해 보여진 하나님의 가시적인 것들과 '등'(명백한 것들)을 이해하려는 사람은 신학자로 불릴 자격이 있다.)

여기 하나님 지식에 이르는 길이 표시되어 있다. 우선, 피조세계가 있다. 우리는 자연 속에서 하나님의 숨겨진 속성들(invisibilia dei), 즉 그의 능력, 지혜, 의, 선하심 등에 대한 명백한 증거를 갖고 있다. "그 만드신 것들 안에서"(per ea, quae facta sunt)란 말에서, 루터는 분명 피조물 또는 자연을 생각하고 있다. 그렇다고 인간의 역사와 개인의 삶을 여기서 제외시킬 이유는 없다.[2] 결국 그것들도 하나님이 만드신 것이다. 그리고 원칙적으로, 현대인이 자연의 법칙들을 연구함으로써 또는 역사나 자기 영혼의 내면을 탐구함으로써 하나님을 알려고 하는 것에는 큰 차이가 없다. 이 모든 것들은 사도신조의 제1조항에 속하며 우리가 일반계시라고 부르는 것의 도구들이다.

루터는 하나님 지식에 대한 이러한 방법을 원칙적으로 거부하지는 않는다. 분명 우리는 하나님의 사역들을 통해 하나님 지식에 이를 수 있어야 한다. 그러나 이런 일은 실제로 일어나지 않는다. 루터는 로마서 1장의 사실적 진술, 즉 이방인이 자연계시를 갖고서 스스로를 발견하는 상황에 대한 평가를 전적으로 받아들인다: "스스로 지혜

---

2) Walter von Loewenich, *Luthers theologia crucis* (Munich, 1954), p. 13.

있다 하나 어리석게 되어"(롬 1:22). 이방인이 창조의 사역들을 주시한다고 해서 하나님의 보이지 않는 속성들의 지식을 갖게 된 것은 아니다. 이 방법은 잘못된 것으로 드러났다. 그러므로 이 방법의 사용을 주장하는 어떤 "영광의 신학"(theologia gloriae)이든 스스로에게 심판을 선고하는 것이다. 영광의 신학은 참된 신학이 될 수 없다.

이와 함께 루터는 두 번째 진술로 나아간다. 참된 신학자는 "고난과 십자가를 통해 보여진 하나님의 가시적인 것들과 명백한 것들을 이해하려는 사람"이다. 20번째 논제는 19번째 논제의 사고와 날카로운 대조를 이루고 있으며 루터의 신학 프로그램의 기초를 이룬다. 영광의 신학자가 가시적인 자연의 관찰을 통해 하나님의 보이지 않는 속성들의 지식에 이르려하는 반면, 참된 신학자는 정반대의 길로 나간다. 그는 가시적인 것을 관찰하지만, 자연으로부터 하나님 지식을 얻지는 않는다. 그에게 하나님 지식은 고난과 십자가를 통해 주어진다.[3]

이 두 논제는 루터의 계시관과 가톨릭교회의 신학에 대한 그의 날카로운 논쟁을 담고 있다. 그는 모든 사변을 전적으로 거부한다. 우리는 하나님의 위엄을 묵상하면 안 되는데, 왜냐하면 그 위엄에 도달할 수 없기 때문이다. 루터는 추상적 개념들에는 관심이 없다. 사실, 그에게 있어 이것들은 위험하다. 하나님은 우리가 그를 이런 식으로 알기를 원치 않으신다. 하나님은 자신의 보이지 않는 속성들을 갖고서 우리에게로 향하시지 않고, 가시적인 특성들을 갖고서 향하신다. 하나님의 계시는 우리로 하여금 위가 아니라 아래로 향하

---

[3] 제19제의 *Invisibilia*는 제20제의 *visibilia et posteriora Dei*와 대조를 이루며, 제19제의 *per ea, quae facta sunt*는 제20제의 *per passiones et crucem*과 대조를 이룬다.

게 하며, 추상적 개념들로가 아니라 사건들로 향하게 하신다. 하나님은 말씀하셨다, 그러므로 우리는 이제 하나님에 대해 말할 수 있다. 하나님이 자신을 드러내셨으므로, 우리는 이제 어디서 그분을 찾아야 할지 알 수 있다.

하나님의 계시는 간접적이다. "하나님의 명백한 것들"(*posteria Dei, posteriora*는 출애굽기 33장 23절에 나오는 하나님의 '등'을 가리킴: 역자 주)이라는 말은 모세가 그랬듯이 우리가 하나님을, 말하자면 뒤로부터 본다는 것을 뜻한다. 우리는 하나님을 대면하여 볼 수 없다. 우리는 추정을 통해, 희미하게 그를 안다.

우리는 그의 사역들을 통해서도(*ex operibus*) 하나님 지식에 도달할 수 없다. 바른 길은 "고난과 십자가를 통"한다(*per passiones et crucem*). 이러한 관계에서 루터는 신적 창조의 사역들을 하나님 지식의 근원으로 보기를 거부한다. 이에 대한 근거를 그는 로마서 1장에 두는데, 거기에 의하면 이방인들은 이 사역들을 주시함으로써 하나님 지식에 이르지 못했다. 루터는 모든 영광의 신학을 거부하면서 도덕주의와 합리주의의 공통된 뿌리를 드러냈다. 루터의 두 논제를 바꾸어 말하자면, 인간은 이성적 노력으로나 도덕적 노력으로 하나님께 다다를 수 없다. 땅에서 하늘로 올라가는 어떠한 사다리도 없다.

현대 신학자들은 합리주의와 도덕주의의 동일한 뿌리를 드러낸 것이 루터의 가장 위대한 업적 중 하나라고 간주한다. 종교적 사변과 행위의 의는 하나님과의 즉각적이고 중단 없는 연합에 대한 동일한 열망의 두 가지 표현일 뿐이다. 윤리와 지식에의 욕구는 각기 서로를 전제로 한다. 그러나 하나님의 수준에 이르려는 모든 열망은 "영광의 신학"이다.

십자가의 신학

그러한 신학의 반대는 "십자가의 신학"이다. 십자가의 신학자는 고난과 십자가의 길을 통해 하나님을 아는 것을 배운다. 십자가(crux)와 고난(passiones)이란 말만 아니라 행위들(opera)이라는 말도 두 가지 방식으로 해석될 수 있다. 우리는 그리스도의 십자가와 고난에 대해 그리고 그리스도인의 고난과 십자가에 대해 말할 수 있다. 그리스도의 십자가와 그리스도인의 십자가, 이 둘은 서로 속한다. 여기서도 루터는 바울을 따르는데, 바울은 골로새 교인들에게 다음과 같이 쓰고 있다: "나는 이제 너희를 위하여 받는 괴로움을 기뻐하고 그리스도의 남은 고난을 그의 몸 된 교회를 위하여 내 육체에 채우노라"(골 1:24). 마치 그리스도의 고난만으로는 하나님 지식에 이르는 길을 여는데 충분하지 않은 듯, 우리 또한 고난을 받아야 한다고 말하고 있다.

루터에게 있어 그리스도의 십자가는 역사적 사건 이상인데, 이는 그것이 하나님과 인간 관계의 근본적 성격을 드러내기 때문이다. 번갯불의 섬광처럼 그것은 우리가 사는 삶을 조명해준다. 이런 이유로 그리스도 십자가의 실제(reality) 밖에서는 하나님과의 관계가—하나님과의 연합의 의미에서—존재하지 않는다. 그러나 아무도 십자가의 이 실제를 단지 이해하려고 애씀으로써 자기 것으로 만들 수는 없다. 여기서 단순한 구경꾼의 자리는 없다. 그리스도의 십자가는 구경꾼의 운명을 결정짓는다. 만일 그가 이 삶 속으로 들어가길 원한다면, 그의 전 존재와 함께 그 속에 빠져야 한다. 그에게 있어 그리스도 십자가의 상대는 그 자신의 십자가, 그리스도인의 십자가이다.

하나님과 연합하는 삶에 대한 이 참여의 성격은 영광의 신학과 십자가의 신학사이의 대립을 또한 보여 준다. 즉, 영광의 신학자는 어디서나 하나님을 보지만 십자가의 신학자는 십자가에 달리신 그리스도 안에서 하나님을 본다. 참된 신학과 참된 하나님 지식은 십자가에 달리신 분 안에 있다. 이 두 가지 형태의 "봄" 사이에는 큰 차이가 있다. 영광의 신학자는 밋밋한 추상개념들을 생각해낸다. 그는 자신이 보길 원하는 것을 본다. 그의 하나님은 결국 그 사람 자신의 사고의 피조물이며, 따라서 공상의 세계에서 온 핏기 없고 무해하며 비현실적 존재이다. 십자가의 신학자의 하나님은 예수 그리스도의 아버지, 거룩하신 하나님이시다. 그분은 "진멸하시는 불," 죄를 심판하고 대적하는데 있어 타협하지 않는 성부이시며, 또한 자비로우신 아버지, 죄인들을 껴안는 사랑이시다. 이것이 그리스도 안에서 자신을 드러내시는 하나님의 방법이다.

그러나 우리는 루터가 하나님의 보이는 것들(visiblia Dei)을 말할 때 무엇을 염두에 두고 있는지를 질문해 볼 필요가 있다. 십자가의 신학자는 이것들을 통해 하나님을 본다. 루터는 눈에 보이는 세 가지 특성을 언급한다 — 인성(humanitas), 나약함(infirmitas), 미련함(stulticia).[4] 이것은 사뭇 놀라운 일인데, 왜냐하면 우리는 인성, 나약함, 미련함을 신성과 모순되는 것으로 보기 때문이다. 루터의 설명은 이미 첫 번째 시편강해(Dictata)에 드러나 있다. 그는 신적 사고와 인간적 사고 사이의 대립을 말한다. 하나님이 저주하시는 것을 인간은 추구하고, 하나님이 추구하시는 것을 인간은 저주한다. 이것이 그리스도의 십자가에서 분명히 드러난다.[5]

---

4) *WA* 1, 362 (1518); *LW* 31, 52.
5) *WA* 3, 463 (1514).

인간에게는 하나님 지식의 간접적 접근만 허용되었다. 하나님은 자신을 숨겨짐 속에서 계시하신다. 그리고 겸손과 십자가의 수치 속에 자신을 숨기기로 작정하셨다. 자신을 계시할 때에도 하나님은 숨겨진 채로 계신다.

이런 이유로 루터는, 영광의 신학자에 대해서는 그가 이해한 것을 본다(*intellecta conspicit*)고 말하고, 십자가의 신학자에 대해서는 그가 본 것을 이해한다(*conspecta intelligit*)고 말한다. 영광의 신학자는 자연 속에서 자신의 마음의 산물을 보나, 십자가의 신학자는 그리스도의 십자가를 바라보고 그것으로부터 자신의 이해를 얻는다. 그는 하나님의 계시가 숨겨진 것으로 보지만, 그것을 믿음으로 붙잡는다. 십자가의 신학은 믿음의 신학이다. "우리는 하나님의 숨으심 속에서(*in abscondito Dei*) 산다, 오직 그분의 자비를 신뢰하면서."[6]

뢰베니히(Walter von Loewenich)가 지적하듯, 십자가 신학의 전 프로그램은 바울에게 확고히 기초를 두고 있는데, 바울은 로마서 1장에서 하나님 지식에 대한 직접적인 방법을 거부하고, 고린도전서 1장과 2장에서 십자가의 신학 프로그램의 윤곽을 그린다. 바울의 임무는 복음을 전파하는 것이었지만, 그리스도의 십자가가 쓸모없게 될까봐 지혜의 말로 하지 않았다. 그는 고린도 교인들 가운데서 오직 예수 그리스도만, 그것도 십자가에 못 박히신 그리스도만 알기로 작정하였다(고전 2:2).

하나님은 그를 믿는 이에게만, 즉 버둥거리고 절망하며, 바라고 결심하는 이에게만 자신을 계시하신다. 여기에 구경꾼의 고통 없는

---

6) *WA* 1, 357 (1518).

태도 같은 것은 없다.

하나님은 그의 섭리 가운데서, 인간이 그리스도의 십자가 계시에 자신을 열도록 인도하신다. 이런 점에서 이상주의자가 유물론자보다 더 유리하다고 생각할 수 있다. 그러나 이상주의는 하나님을 필요로 하지 않고 십자가로 가는 길을 막는 자기-중심적 도덕주의와 종종 제휴한다. 예수님 당시 회개하고 복음에 대해 마음을 연 이들은 다름 아닌 소문난 죄인들이었던 반면, 학식 있고 품행이 단정하며 신분이 높은 이들은 마음을 열지 않았다. 계시는 걸림돌을 내포한다. 하나님께로 가는 길은 모든 이들에게 똑같이 멀다.

창조에 의해 중개된 계시

그리스도와 하나님의 지식에 있어서 우리는 그리스도 자신이 시작한 곳, 즉 "어머니의 자궁," 인성으로부터 시작해야 한다.[7] 루터는 보나벤투라(Bonaventura)와 아레오바고의 디오니시우스(Dionysius the Areopagite)의 신학을 완전히 뒤로 했는데, 이들은 명상(瞑想)과 사변(思辨)의 방법으로 무아지경 상태에 도달하기를 추구했다. 보나벤투라에 관하여 루터는 말한다: "그가 나를 거의 미치게 했다."[8]

루터는 모든 형태의 사변과 무아지경에 반대하여, 신학자와 복음 설교자로서 오직 그리스도만 — 먼저 인간으로, 그런 다음 하나님의 아들로서 — 알기를 원했다. 그러나 성경만이 우리에게 그리스도의 지식을 전하기 때문에, 신학은 본질적으로 성경의 해석이다. 그리스

---

[7] *WA* 40 I, 76 (1531). 참조: Karl Holl, "Was verstand Luther unter die Religion," *Gesammelte Aufsätze* (Tübingen, 1932).

[8] *WA, Tischreden* 1, 644 (1533). 이후 *WA* TR로 표기함.

도는 말씀 안에 사시고 말씀을 수단으로 하여 우리에게 오신다. 그러나 성경과 "삶"을 서로 대립관계에 놓으면 안 된다. 왜냐하면 성경은 삶 한가운데서 태어났기 때문이다. 성경 해석은 삶과 실제의 해석이다. 여기서 우리는 창조의 주제에 직면한다. 말씀을 해석함에 있어 우리는 피조된 실제의 풍요로움과 다양함을 간과할 수 없는데, 이는 피조된 실제가 하나님의 일로서 창조주의 지혜와 주권 그리고 능력을 선포하기 때문이다.

삶의 실제는 이미 교회교부들의 신학에서 두드러진 위치를 차지했다. 그러나 창조에 관한 그들의 이해는 과학적으로 훈련된 우리 시대의 이해와는 달랐다. 이레내우스(Irenaeus)는 인간의 끊임없는 성장이 하나님의 계속적 창조활동이라고 가르쳤다. 그는 육체적 발달에 있어서의 효과적인 힘을 요즘 시대처럼 생물학적 에너지로 간주하지 않고 하나님의 지속적인 창조 활동으로 보았다. 초대 교회는 바로 이런 관점에서 고린도전서 15장을 이해했다. 바울은 거기서 하나님이 성장을 주시는 밀알에 대해, 즉 "하나님이 선택하신 대로의 몸"에 대해 말하고 있다. 모든 생물 세계는 하나님의 창조적 의지의 능력으로 성장하고 발전해가는 것이지, 스스로의 생식능력에 의해 되는 것이 아니다.[9]

기본적으로 이것은 루터의 창조관이기도 하다. 그는 하나님의 섭리를 창조의 현재진행형으로 이해했는데, 왜냐하면 피조세계는 창조주에 의해 지속적으로 갱신되지 않으면 존재할 수 없기 때문이다.[10] 피조물은 스스로 자급자족할 수도 없고 스스로 존속할 수도

---

9) Gustaf Wingren, *Man and the Incarnation* (Philadelphia: Muhlenberg, 1959), p. 33.
10) WA 1, 563 (1518).

없으며 오로지 하나님의 말씀의 능력에 의존한다. 이 말씀으로만 피조물은 보호되고 존속된다. 하나님은 계속해서 말씀하시며, 그 말씀의 능력으로 만물이 존재하고, 살고, 기능한다.11) 하나님의 말씀은 바로 효과의 면에 있어서 사람의 말과 다르다: "하나님은 말씀하시는 것을 행하신다."12)

루터는 이신론(理神論)적 견해에 반대하여, 하나님이 피조물을 홀로 있게 내버려 두지 않으셨다고 강조한다. 하나님은 각각의 피조물에게 날마다의 필요를 채워 주신다.13) 피조물은 이런 식으로 하나님의 손에 의지해 살면서 신적 도구의 역할도 한다. 피조물은 하나님의 진노의 심판을 실행하면서 그를 섬긴다. 그러므로 하나님의 진노는 실제로 하나님 안에 있지 않고 자연 안에 있다. 자연은 그의 지시와 명령에 따라 불경건한 이들을 벌한다.14) "하나님은 가장 강한 자를 도우신다"는 속담은 바로, 하나님이 자연을 통해 일하신다는 이 생각을 가리킨다. 한 통치자가 전쟁에서 승리할 때, 그를 사용하여 상대방을 때려눕히도록 한 분은 바로 하나님이시다. 늑대가 누군가를 잡아 먹거나 어떤 다른 불행한 일이 생길 때도 같은 일이 발생한 것이다. 곧, 피조물은 하나님의 뜻을 완수했다.15) 이 모든 것에 있어, 하나님이 모든 일에 적극적으로 역사하신다는 생각의 자취가 명백히 있지만, 그렇다고 이것이 범신론은 아니다. 루터의 신학 전체는 인격적인 하나님께 매달리려는 그의 지속적인 몸부림을 증명하고 있다. 바로

---

11) WA 24, 37 (1527).
12) WA 23, 117 (1527).
13) WA 30 I, 204 (1529).
14) WA 3, 35 (1513-15).
15) WA 7, 585 (1521).

이런 면에서, 루터는 자연의 행위들조차도, 결국, 하나님의 본래적 역사는 아니라고 역설한다. 하나님을 그것들로부터 참되게 알 수 없는데, 왜냐하면 자연의 힘이 그것들 속에 내포되어 있어서 하나님 자신의 행위들이 그 본래적 효력을 증명할 수 없기 때문이다.[16] 피조물은 하나님 손에 있는 "순수한" 도구가 아니며, 이런 이유로 하나님은 그것을 자신의 본래적 사역을 수행하기 위해 사용하실 수 없다. 자연 속에서 하나님의 행위들은 베일에 감추어져 있다. 그러나 인간의 불신앙 때문에 이러한 감춰짐은 은혜이다. 왜냐하면 하나님이 자신을 드러내면 드러낼수록 불신자는 더 강퍅해지기 때문이다. 애굽의 바로가 적절한 예이다. 하나님은 그에게 악이 아니라 선을 베푸셨다. 그러나 하나님의 모든 말씀과 역사는 악한 결과를 초래했다.[17] 인간 측에서 하나님의 말씀과 역사는 믿음을 전제로 한다. 믿음 없이는 하나님의 최상의 선물도 단지 악한 결과만을 낳게 된다.

그러므로 우리가 아는 바 자연의 힘들은 애매모호하다. 이런 이유로, 피조물을 통해 하나님을 알 수 없다. 모든 법률은 인간의 지혜와 이성의 산물이므로, 성경이 입법과 행정 기능들에 대한 가르침을 제공하지 않는다는 것이 루터에게는 자명한 일이다. 그러므로 인간의 지혜를 탄생시킨 것은 정의가 아니다. 지혜는 하나님의 창조 활동에 그 기원을 두고 있다.[18] 이성은 간음과 살인이 온당치 못한 일이라고 말한다. 이 계명들은 자연 속에 기록되었다. 그러나 우리는 너무 미련하고 눈이 멀어서 그것을 보지도 못하고 알지도 못한다.[19]

---

16) *WA* 7, 588 (1521).
17) *WA* 18, 711 (1525). *The Bondage of the Will*, trans. J. I. Packer and O. R. Johnston (London: Clarke, 1957), p. 207.
18) *WA* 40 III, 221 (1523-33). 참조: *WA* 6, 554 (1520).

그럼에도 불구하고 하나님 뜻의 반영으로서의 피조물의 중요성은 결코 작지 않다. 어떤 의미에서, 하나님의 뜻을 자연과 인간 이성 속에서 읽을 수 있다. 이것은 창조를 계시의 부차적 형태로 생각하게 할 수는 있다. 그렇게 되면 사도신조의 첫 번째 조항의 주제와 두 번째 세 번째 조항의 주제 사이에 깊은 간격이 생길 것이다. 그러한 가능성은 루터나 초대 교회의 교사들에게는 매우 먼 일이었다. 그리스도와 성령 모두 창조에 관여 하셨다.[20] 그 결과 자연적 삶에 관련된 사항들은 신성한 것이다. 자녀 양육, 아내 사랑, 지배자에 대한 복종은 성령의 결실이다. 교황주의자들은 이런 문제를 육적이라고 말함으로써 창조에 대한 저들의 무지를 드러냈다.[21] 이것이 가톨릭의 이중적 도덕성이다.

타락한 피조물이 하나님의 선물이라는 것을 믿는 것은 단순한 일이 아니다.[22] 루터의 사고방식에 따르면, 창조의 바른 이해는 믿음 활동의 목표이지 시발점이 아니다. 그러므로 하나님의 뜻의 계시로서의 피조물은 계시의 낮은 형태를 의미하지 않는다. 루터는, 어디에 사는 사람이든 하나님이 천지를 창조하셨다는 것을 믿기가 간단한 것으로 생각한다고 비꼬아 말한다. 단지 루터 자신과 모세, 다윗, 이사야와 다른 몇 명의 죄인들만이 하나님을 놀라우신 분으로, 그리고 그의 창조를 순전한 기적으로 여긴다. 루터 자신은 그런 믿음을 이제 겨우 갖기 시작했을 뿐이었다. 그러기에 동시대의 어떤 사람들

---

19) *WA* 16, 353, 512 (1524-27); 51, 242 (1534-35); 47, 242 (1537-40); 49, 137 (1540); 40 III, 689 (1544).
20) 요 1:1-3. 참조: G. Wingren, *op. cit.*, pp. 5, 20, 116. *WA* 1, 20f.; 3, 200 (1514).
21) *WA* 40 I, 348 (1531).
22) *WA* 40 III, 221 (1523-33).

이 단지 책 몇 권을 들춰 보는 것만으로 성령이 아시는 모든 것을 즉시 안다는 사실에 대해 그는 경탄하지 않을 수 없었다.23)

여기서 루터는 그의 신학의 최고의 난제를 다루고 있다. 그는 자신의 가장 중요한 책이라고 여긴 『노예의지론』(The Bondage of the Will)의 대부분을 이 문제에 할애했다. 창조 안에서 활동적이신 하나님은 그리스도 안에서 우리에게 오시는 하나님과 동일하다.24) 에라스무스는 하나님의 전능하심과 그가 만물 속에 적극적으로 역사하심을 부인했다. 그는 하나님의 활동 영역을 신자들의 내면의 삶에 국한시켰다. 루터에 따르면 이것은 믿음을 불필요한 것으로 만들고 하나님을 인간의 상상의 소산으로 본다.

루터는 자연인의 가능성을 다음의 두 가지 관점에서 본다. 즉, 자연인은 율법을 알고 있지만 하나님의 은혜를 모른 채 절망에 빠지거나, 아니면 율법을 모르고 교만하여 하나님의 진노를 무시한다.25) 따라서 자연인은 피조세계의 율법적 질서를 이해하든지, 아니면 하나님의 징벌하시는 의를 미련한 것으로 여긴다. 전자의 경우에 그는 하나님이 인간이 되어 그리스도로 오신 것을 불가능한 것으로 받아들이지만, 후자의 경우에 그는 자연계시를 거부한다. 두 가지 경우 모두 그는 스스로를 위해 가상의 하나님(einen erdichteten Gott)을 만든다. 루터에 따르면, 믿음의 참된 신비는 자연계시와 그리스도 안에서의 계시를 둘 다 받아들일 수 있는데 있다.

하나님은 자신을 숨겨진 하나님으로 가리심으로써 자신의 신성

---

23) WA 50, 42 (1536).
24) The Bondage of the Will, p. 206 (WA 18, 710).
25) WA 39 I, 50f. (1535).

과 불가침성을 피조세계에서 보존하신다. 루터는 말한다:

> 이제 어떤 이는 다음과 같은 질문을 하게 될 것이다: 그렇다면 하나님은 왜 불경건한 자의 의지가 계속 악하게 지속되도록 하고 게다가 더욱 악화되도록 하는 그 전능의 운동을 멈추시지 않는가? 그에 대한 답은 이렇다: 이것은 불경건한 자 때문에 하나님이 하나님이시기를 멈추어야 한다는 요구와 같다. 왜냐하면 그대는 그의 능력과 활동이 멈추기를, 즉 불경건한 자가 더 악화되지 않도록 그가 선하시기를 멈출 것을 원하고 있기 때문이다!
> 그렇다면 그는 왜 그가 움직이시는 악한 의지들을 바꾸시지 않는가? 이 질문은 "그의 판단은 헤아리지 못할 것이며"(롬 11:33)라는 말씀처럼, 그의 위엄의 비밀과 관련이 있다. 이 신비 속을 조사하는 것은 우리의 일이 아니다. 우리는 이 신비를 찬미한다. 만일 육(肉)과 혈(血)이 여기서 화를 내고 투덜댄다면, 좋다, 투덜거리게 놔두라. 육(肉)과 혈(血)이 이룰 것은 아무것도 없으며, 투덜거린다고 하나님을 바꾸지 못한다! 아무리 많은 불경건한 이들이 넘어지고 떠나갈지라도 선택된 자는 남아 있을 것이다(요 6:60 참조).26)

루터는 자연속의 계시가 이성으로 이해 가능하며 그리스도 안의 계시만 믿음을 전제로 한다는 개념 - 심지어 개신교도들 사이에서도 보편적인 - 을 갖고 있지 않다. 이성으로 이해할 수 없는 기적으로 가득 찬 것이 바로 자연이다. 피조세계 속에서의 하나님의 행위는 수많은 걸림돌의 가능성을 제공한다. 그러나 모든 인류는 천성적으로 이성을 갖고 태어났으며, 어디서나 사회와 가정과 국가를 세울 수 있다. 루터 신학에 있어서 이성과 믿음은 우리가 간혹 생각하는 것처

---

26) *The Bondage of the Will*, pp. 208f. (WA 18, 712).

럼 서로 배타적이지 않다.

　세상을 이성으로 통치하고 돌봐야한다는 것은 루터에게 자명한 일이다. 인간의 삶 전체는 이성의 지배를 받는데, 이는 인간이 그의 정신 때문에 동물과 다르기 때문이다.27) 어떤 면에서 믿음의 사항들 조차도 이성에 의해 전유(專有)되어야 한다. 왜냐하면 모든 영적인 전유(專有)는 이해를 전제 하기 때문이다. 그러나 다른 한편, 루터는 이성을 창녀 이성(Hure Vernunft)이라고 부른다. 왜냐하면 이성은 자신의 에토스(ethos)와 종교를 만들려고 하기 때문이다. 이런 일은 이성이 단지 율법 즉 피조세계와 인과율만을 받아들이거나, 자신을 피조세계로부터 완전히 분리시키고 하나님을 단지 내면 세계와 종교의 하나님으로 만들 때 일어난다. 그럴 때 인간은 상상의 하나님을 만들어 낸다. 왜냐하면 그의 하나님 지식은 하나님이 부여하신 실제(reality)에서 생기지 않았기 때문이다.

　루터 신학은 실제에 굳건히 닻을 내리고 있다. 루터 신학은 철두철미하게 실제의 해석, 즉 창조와 그리스도(즉, 말씀)에 의해 대표된 실제의 해석이다. 이것들을 두 개의 실체로 분리해서는 안 된다. 왜냐하면 그리스도가 창조 때 이미 계셨고, 동일하신 하나님이 창조와 그리스도 안에서 우리에게 오시기 때문이다. 일반계시와 자연계시의 차이는 상대적이 되고 무의미 하게 되며, 믿음의 시금석은 다양한 방법으로 가까이 계신 하나님에 대한 신뢰로 남아 있다.

　하나님의 계시에 대한 루터의 개념은 창조의 역할과 관계있는 심각한 문제 하나를 내포한다. 자연계시가 한편으로는 부정되고, 다른

---

27) WA 16, 447 (1524-27).

한편으로는 상당한 중요성을 부여받는다. 피조물은 하나님의 손에서 오기 때문에 창조주에 대한 증거가 된다. 우리는 그것이 전달해 주는 지식을 신뢰해야한다. 그러나 우리는 타락한 피조세계만을 알기 때문에 그것을 통한 우리의 하나님 지식은 불완전하다. 피조세계 속에서 무엇이 하나님의 뜻이며 무엇이 죄인지를 구별하는 것이 필요하다. 피조세계는 하나님이 책임지시는 현실이다. 이것을 우리는 간과해서도 안 되고 부정해서도 안 된다. 우리의 유일한 대안은, 믿음의 지속적인 분투 속에서 하나님의 뜻과 죄를 구별하려고 노력하는 것이다.

이성은 피조세계가 전달하는 하나님 지식과 말씀이 전달하는 지식 사이의 경계 문제에 대해 명확한 답변을 원한다. 루터의 신학은 그러한 답변이 불가능하다고 단언한다. 하나님은 피조세계 속에서 자신을 드러내시고 또 숨기신다. 그러나 하나님은 그리스도의 낮추심 속에서도 자신을 드러내시고 또 숨기신다.

하나님의 계시는 우리의 인간적 제한과 불완전함의 경계 안에서만 우리에게 다가올 수 있다. 루터는 자연의 빛, 은혜의 빛, 그리고 영광의 빛을 구별할 수 있었다. 그에게는 이 모든 것이 하나님의 빛이었다. 자연의 빛이 결코 모든 것을 다 밝히는 것은 아니고, 인간이 전적으로 이 빛을 의지하도록 의도된 것은 결코 아니었다. 이생에서 우리는 은혜의 빛 또한 갖고 있지만 이것 역시 모든 신비를 설명해주는 것은 아니다. 그 뒤편에 있는 영광의 빛만이 이 궁극적 질문에 대한 답을 우리에게 제공할 것이다.[28]

---

28) *The Bondage of the Will*, pp. 316f. (WA 18, 785).

제2장
하나님 개념

하나님에 대한 기독교적 개념의 해석이 신학의 중심 과제이다. 하나님 개념은 신학자의 기독교 믿음의 이해를 결정한다. 루터의 하나님 개념은 난점들로 가득 차 있다. 왜냐하면 그것은 깊은 평화를 반영하고는 있으나, 유난히 생동적이고 긴장으로 가득하며, 보통 이 주제의 논의에서 언급되는 『노예의지론』(The Bondage of the Will)은 의도적으로 논쟁적이기 때문이다.

기독교 역사를 통해 다양한 배경의 사람들이 여러 가지 방법으로 하나님에 대한 기독교적 관념을 설명하고 표현했다. 그리스 사상에서 신은 절대적 존재이며 모든 움직이는 것의 "부동(不動)의 원동자(原動者)"(the unmoved mover)이다. 그는 언제나 동일한 형태의 존재―감정에 지배되지 않는 평화―로 있다. 이와 반대로 구약의 하나님은 분노하고 징벌하며 후회하고 사랑한다. 고대 교회의 교사들은 이러한 성경적 개념들을 그리스 문화가 지배하는 세계 속에서 생동적으로 만들어야 할 임무에 직면했다. 그리스적 사고방식에 익숙한 사람들은 폭발하는 감정을 "관념들"(ideas)에게 부여하는 설교를 받아들일 수 없었다. 그러한 선포는 전혀 허튼 소리였다. 이처럼 불균형으로 보이는 대립 속에서 기독교가 승리한 것은 그 능력에 대한 암시가 된다. 로마 제국이 멸망하고, 수 천 년 동안 고대 문화의 지배 하에 있던 지역에 새로운 국가들이 건설된 것은 사고방식에 있어서도 변화가 있다는 신호였다. 그러나 르네상스가 고대 문화를 되살렸고, 토마스 아퀴나스까지도 아리스토텔레스를 본래의 영예로운 위치로 회복시켰다. 아리스토텔레스적 논리와 성경적 사고 방식사이의 갈등은 아직도 우리 가운데 존재한다. 성경의 주요 개념들은 아리스토텔레스적 논리의 틀에 짜 맞출 수 없다. 그리하여 이성과 믿음사이의 갈등이 생긴다. 우리 문화의 근본적인 대립, 즉 헬레니즘과 기독교간의 대립, 그리고 고대 그리스와 팔레스타인 간의 대립의 영향은 특히 하나님 개념에서 감지된다. 회의론자들과 기독교 적대자들의 영원한 질문, 곧 세계가 이렇게 불완전한데 어떻게 하나님이 사랑이며 전능자일 수 있느냐는 질문이 우리 믿음의 중추신경 그 가장 깊숙한 의식을 만진다.

루터의 하나님 개념은 비록 긴장감으로 가득 차 있지만 혼란스럽지는 않다. 히르쉬(Emanuel Hirsh)는 다음과 같이 바르게 말하고 있다:

> 루터의 하나님 개념은 가장 생동적이고, 또 가장 정확하게 정의되었을 뿐만 아니라, 기독교 신학이 일반적으로 만들어 낸 것 중에서 가장 명확하고 가장 일관된 것이다. 역사의 흐름 속에서 이 개념은 하나님의 교회에서 부분적으로만 그것도 약화된 형태로 표현되어 왔다. 이것이 오늘날까지 우리 복음적 기독교의 비극적인 질병이다.[1]

히르쉬는 계속해서 말한다:

> 루터의 하나님관(觀)을 이해하면 그의 신학 전체를 이해할 수 있다. 이것은, 경건이 일반적으로 그 하나님 개념 속에서 가장 강력하게 표현되기 때문만은 아니다. 루터의 믿음이 매우 특별한 정도로 신-중심적인 것이 그의 독특한 위대함의 일부이다.[2]

하나님의 종교와 인간들의 종교

대체로 말하자면, 루터의 개혁 활동은 오직 하나의 절대적 관심사를 가지고 있다. 그것은 "하나님의 종교"를 "인간들의 종교"에 대항시키는 것이다. 후자 즉 인간들의 종교성은 언제나 모든 민족들 가운데서 존재하였다. 하나님이 인간들에게 무엇을 요구하시는지 그리고 그가 어떤 형태의 예배를 인정하시는지를 인간의 생각과 사상이 결정해 왔다. 루터는 우리가 본성적으로 하나님께 도움을 요청하며 이방인들조차 이 정도는 하고 있다고 인식한다. 그러나 그러한 예배는 참 하나님으로부터 완전히 떨어져 나가도록 한다고 주장한다. 그리스도의 성육신은 모든 고대의 형식과 양식을 뒤집어엎으면서 종교 영역에서 근본적인 변화를 초래했다. 우리는 이제, 우리가 무엇을 할 수 있으며, 우리가 얼마나 종교적이 되어야 하며, 얼마나 겸손히 기도해야 하는지를, 또는 얼마나 힘든 순례를 떠나야 하는지를 더 이상 하나님께 여쭐 필요가 없다. 질문이 사뭇 달라졌다: 하나님이 우리를 위해 무엇을 행하셨는가? 종교 즉 하나님에 대한 우리의 관계는 이제

---

1) Emanuel Hirsch, *Luthers Gottesanschauung* (1918), p. 3.
2) *Ibid.*, p. 5.

하나님의 사역에 중심을 두며－"하나님께서 그리스도 안에 계시사 세상을 자기와 화목하게 하시며"(고후 5:19)－심지어 하나님의 종교라고 불릴 수 있다. 그것은 그리스도가 그러한 반대를 당했다는 것이 전적으로 새로운 것이기 때문이었다. 심지어 기독교 내부에서도 그리스도 안에서의 하나님의 사역을 고대 유형에 맞추려는 시도가 있어 왔다. 복음이 율법 종교의 형식 안에서 개정되었다.

복음은 그리스도 안에 있는 하나님의 선물이다. 율법의 의는 하나님-관계를 율법이 요구하는 순종에 묶는다. 선물로서의 의가 요구로서의 의와 결합되면, 복음은 의무가 되며 율법의 완수는 비교적 간단한 문제가 된다. 율법과 복음은, 양립할 수 없는 것인데도, 혼합되고 그 결과 복음은 빛을 잃는다. 이 점에서 바울과 루터는 동일한 임무에 직면했다. 둘은 율법의 의로부터 순수한 복음의 길, 즉 인간의 종교로부터 하나님의 종교로, 인간의 노력과 일로부터 하나님 선물의 수용(受容)으로 가는 길을 보여주어야 했다.

루터는 교묘하게 유혹하는 다양한 형태의 자연적 종교성을 예리한 통찰력으로 폭로 할 수 있었다. 깊이 뿌리박힌 인간의 자만심은 하나님의 선물을 선뜻 받아들이려고 하지 않는다. 인간은 하나님께 자신의 종교성과 예배, 자신의 기도와 종교 의식을 드리려고 한다. 인간은 하나님 종교 즉 하나님의 선물인 복음과 갈등할 때, 이성(異性)에서 동맹자를 찾는다. 자족적인 인간은 하나님이 어떤 분이며, 그가 원하시는 것이 무엇이며, 그의 능력과 선함과 영원함이 어떠한지를 이성의 도움으로 알 수 있다고 추측한다. 그러나 그러한 생각들은 영혼의 갈망을 반영할 뿐이며 영적 우상숭배이다. 인간은 "인간의 신(神)"을 신뢰한다고 루터는 말한다. 자신의 부를 신뢰하는 부자와 자신의 지혜를 신뢰하는 현자(賢者)는 모두 우상 숭배자들이다. 세상에 가득 찬 그러한 우상숭배에 대해 제1계명이 맞선다. 제1계명은 하나님 믿음을 강조하면서, 모든 믿음과 인간다움과 지혜와 지식의 원천에 대해 말한다. 제1계명은 인간의 생각에 대한 모든 신뢰를 죄라고 부른다. 자신을 신뢰하는 것은 하나님을 불신하는 일이다. 이것은 불신앙으로서, 모든 죄의 근원이며 뿌리이다. 하나님의 종교와 나란히 있는 인간의 종교는 오직 죄이다.

제1계명, "나는 네 하나님 여호와니라. 너는 나 외에는 다른 신들을 네게 두지 말라"는 루터에게 있어 무엇보다도 율법이다. 왜냐하면 그것은 명령을 내포하기 때문이다. 그러나 서론적인 말씀이 "나는 네 하나님 여호와니라"이기 때문에 복음이기도 하다.

루터의 내적 투쟁을 연구해 보면, 어떻게 이 계명이 그에게 복음이 되는지를 알 수 있다. 절망의 늪 속에서 어떤 위로의 말도 그에게 도움이 되지 못했다. 그의 마음은 선한 하나님이 다른 사람을 위한 분이지, 자기와 같은 사람을 위한 분이 아니라고 주장했다. 사람은 루터보다 더 선하고 더 완전해야 했다. 그러나 위로의 말씀이 실패한 곳에서 율법의 말씀이 승리했다. "나는 네 하나님 여호와니라"는 선언은 새로운 의미를 갖게 되었다: "네가 나를 너의 하나님으로 붙잡지 않는 한 너는 범법자다! 너에게 명하노니, 네 신뢰를 내게만 두어라!" 이 계명에 대한 복종을 가르치는 것은 바로 고통과 영적 시련(Anfechtung)이다.3)

---

3) Lennart Pinomaa, *Der Zorn Gottes* (Helsinki, 1938), p. 166. 참조: Aarne Siirala, *Gottes Gebot bei Martin Luther* (Helsinki, 1956), pp. 53ff. Anfechtung의 주제에 관해서는 본서의 제9장도 보시오.

우리는 루터 신학의 중심되는 논점들을 탐구할 때 항상 영적 시련과 고뇌의 경험을 다루게 된다. 루터는 기독교 역사상 고통과 번민에 사로잡혔던 극소수의 사람들 중 하나였다. 그는 살아계신 하나님의 임재를 지속적으로 의식했다. 이 때문에 루터는 하나님에 대해 말할 때 엄청난 효력을 발휘한다. 또한 그의 결단과 행동의 특이한 힘을 드러낸다. 모든 일에서 그는 자신이 하나님과 관계하고 있고 하나님의 일을 하고 있다고 느꼈다. 루터에게 있어 하나의 마르지 않는 샘이, 하나님이 나를 아시고 하나님이 내게 말씀하신다는 생각과 지속적인 경험 속에 숨겨져 있다.

루터가 수도원에서 경험한 시련과 고뇌에 대한 특정한 원인—참회에 대한 잘못된 생각이라든가 예정에 대한 병적인 생각이라든가 하는 것과 같은—을 찾아내기란 불가능하다. 결국, 이것들은 하나의 보편적 원인—모든 죄를 심판하시고 늘 현재하신 하나님, 그 앞에서 어떤 인간도 바로 설 수 없는 의로우신 하나님—을 가리킨다. 루터는 인간이 하나님 앞에 서면 도망치고 싶지만 그렇게 할 수 없음을 스스로 안다고 말한다. 이것이 끝없는 고통의 원인이다. 루터의 이전과 이후에 무수한 사람들이 그러한 시련을 겪었지만 누가 루터와 같은 진지함을 갖고서 이 싸움을 회피하지 않은 채 그것이 내포하고 있는 온전한 의미들을 이끌어냈는지 의심스러운 일이다.

하나님의 능동성

이 투쟁의 주된 특징은 하나님의 능동성과 인간의 수동성이다. 이런 종류의 경건의 주요 동기는 인간의 필요가 아니라 하나님의 필요이다. 자신의 심판과 은혜 가운데서 인간을 찾으시는 분은 바로 하나님이시다. 하나님의 살아계신 임재가 믿음의 중심이므로 심판은 생생하고도 깊숙이 경험된다. 인간은 자신에게 속한 것이 아니라 하나님께 속한 것을 찾도록 인도받는다. 모든 종교적 행복주의를 루터보다 더 철저히 거부하기란 불가능하다.

인간의 마음의 모든 경험들은 루터에게 하나님의 심판에 대해 말했지만, 그는 성경에서 하나님의 은혜를 발견했다. 이런 이유로, 말씀의 객관성은 그에게 지극히 중요했다. 즉 그것은 삶의 필수품이었다. 루터가 말씀에서 하나님의 은혜를 찾았다는 사실은 그의 믿음 생활의 리듬, 곧 심판과 은혜의 리듬을 설명해 준다. 하나님 앞에서 루터는 죄인인 동시에 의인으로 서 있었다(simul iustus et peccator). 그의 종교에는 하나님의 사역에 대한 이중적 이해, 곧 하나님이 심판하시고 용서하신다는 것 외에 다른 여지는 일절 없었다. 심판은 그의 "낯선 사역"(opus alienum)이고 용서는 그의 "본래적 사역"(opus proprium)이다.[4] 각 사람은 자신의 양심 속에 지옥을 갖고 있다고 루터는 말한다. 그리고 천국에 대해 이렇게 기술한다: "이것이, 하나님이 우리 가운데서 통치하시고 우리가 그의 백성이라고 할 때 받는 축복의 의미이다."[5]

하나님의 활동은 루터의 하나님 개념의 본질적인 일면이었다. 하나님의 영광을 믿음과 기도 모두의 주된 동기로 보는 그의 견해의 결정적인 중요성도 이에 못지않았다. 하나님의 말씀을 그대로 믿을 때, 우리는 그를 영화롭게 한다. 하나님은 그의 활동에서 자신의 명예

---

4) L. Pinomaa, op. cit., p. 115.
5) WA 2, 98 (1518).

를 보호하신다. 그의 활동은 그의 은혜와 능력의 충만함에 대한 최상의 계시이다. 이런 이유로, 신자는 하나님의 사역들에 대해 지속적으로 주의를 기울여야 한다. 이 사역들은 두 개의 주된 선(線)들, 곧 전능의 선(線)과 죄인들을 찾으시는 은혜의 선(線)을 따라 움직인다.

신적 전능성은 루터가 말하는 모든 것을 채색한다. 그에게 있어 전능성이란 모든 것 안에서 모든 것을 행하시는 분이 바로 하나님이라는 생각을 포함한다. 하나님의 전능하신 능력이 아니라면 모든 것은 무(無)로 돌아갈 것이다. 인간의 의지조차도 하나님이 어디에서나 그리고 만물 중에서 활동하시며 일하신다는 사실에 그 근거를 두고 있다. 피조세계는 하나님의 활동에 어떤 제한도 둘 수 없다.

만물가운데서 모든 것을 행하시는 이 신적 능력이 선과 악을 둘 다 생산하는 만큼, 전능자로서의 하나님은 우리의 이해를 넘어선다. 그는 숨어계신 하나님(*Deus absconditus*) 이시다. 그러나 그의 숨어계심조차도 우리로 하여금 그에 대한 신뢰로 이끌 수 있다. 왜냐하면 하늘과 땅으로부터 우리가 떨어져 나갈지라도 그리고 모든 피조세계가 무(無)가 될지라도, 우리는 여전히 하나님 손안에 있을 것이기 때문이다.[6]

하나님의 거룩하심과 사랑

하나님은 전능하시다. 그러나 또한 선하시다. 이 말을 함에 있어 우리는 말씀의 계시에 의존한다. 우리는 하나님의 선하심을 자연으로부터, 역사로부터, 또는 우리 자신의 마음으로부터 배울 수 없다.

---

6) E. Hirsch, *op. cit.*, pp. 8ff.

루터는 말씀을 통해 계시된 하나님의 선하심을 묘사하기 위해 단어들을 모으고 또 모은다. 하나님은 거룩하신 분, 의로우신 분, 평화의 촉진자, 자유자, 그리고 선(善)으로 충만하신 분이다. 두 가지 특징, 곧 의와 진리가 지배적이다. 하나님은 전적으로 선하시다. 피조물에 대한 관계에서 이 선하심은 거룩함으로, 자신을 나누어 주시는 선하심으로 나타난다. 하나님은 자신이 소유하신 것을 그의 피조물과 나누신다. 그리스도 안에서 그는 자신의 신적 존재, 즉 사랑을 우리에게 주신다.

이 점에서 루터는 사도신조의 첫 번째 조항과 두 번째 조항을 연결시킨다. 하나님의 거룩함과 사랑은 창조와 구속이 그렇듯, 분리될 수 없고 서로에게 속해있다. 하나님은 그의 두려운 신성과 인간을 끌어당기는 사랑 속에서 자신을 계시하신다. 루터의 믿음의 가장 강력한 기둥들 중 하나는 하나님의 불변성이다. 하나님의 사랑 역시 변하지 않는다. 이 사랑은 영원하고 확고하다(ewig und fest). 여기서 복음적 믿음은 가톨릭과 명확히 구분된다. 가톨릭에 따르면, 하나님은 우리가 그분께 대해 존재하고 행하는 대로 우리에 대해 존재하시고 행하신다. 곧, 인간은 응답의 복석을 위해서만 은혜를 받는다. 루터는 그리스도 안에 있는 하나님의 은혜는 비록 우리가 그것으로부터 떠날지라도 변하지 않고 남아있다고 가르친다. 은혜는 세상이 세워지기 전에 있었고, 지금도 있으며, 영원히 있을 것이다. 인간의 변덕스러움, 무상함, 신뢰할 수 없음이 [인간에 대한] 하나님의 태도에 영향을 끼칠 수 없다.

모든 것을 망라하는 하나님의 활동은 다른 모든 것의 기초를 이룬다. 이 세상 삶에서 어떤 것이—그것이 죄이든 죄책감이든 또는 영적 시련(Anfechtungen)이든 – 인간에게 덮치더라도, 모든 것은 하나님의 선하시고 은혜로우신 섭리 안에 있다. 루터는 그리스 사상의 정적인 하나님에 대해 아무 것도 모른다. 그에게 있어 하나님은 항상 활동하시며 그의 활동은 근본적으로 자비롭다.

　여기서 우리는 루터의 하나님관에 있어서 두 가지 주된 선(線)들의 접합점에 있다. 하나님은 자유롭고 주권적인 주님이시며, 그의 존재에 있어 절대적으로 선하시다; 그는 세상의 창조자로서 세상을 통치하신다. 동시에 하나님은 선(善) 자체이시다; 그는 영속적인 사랑으로 각각의 피조물을 사랑하신다. 루터가 서로 충돌하는 이 두 사고(思考)의 선(線)을 연결시킬 수 있는 사실이 그의 하나님 개념이 성취한 가장 놀라운 업적들 중 하나이다.

　루터에게 있어, 의롭다하시는 하나님이 모든 것의 중심이다. 우주의 주(主)이신 하나님이 멀리 떨어져 계신 하나님이라면, 여기 칭의의 하나님은 매우 가까이 다가오시는 분이 틀림없다. 말씀 속에서 아주 가까이 오심으로 우리는 그를 이해할 수 있다. 그는 자신의 마음을 여신다. 우리가 하나님의 측량할 수 없는 의지에 대해 이해하는 것과 우리가 그의 말씀 속에서 만나는 것 사이에는 참으로 넓은 틈이 있다. 어떤 면에서, 하나님은 심지어 그의 말씀 속에서도 이 틈 저 너머에 계신다. 하나님은 우리 경험의 영역 밖에 존재하시며, 앞으로도 그러실 것이다. 말씀의 내용은 우리의 이성에 거꾸로 가는데, 이성은 언제나 믿음의 적이다. 루터 신학에서, 하나님이 우리보다 크신 분이라는 생각은 기본적이다. 하나님은 우리를 심판하신다. 그는 주님이며 우리는 단지 피조물이다. 루터는 이 압도적인 생각을 결코 떨쳐 버릴 수 없었다.

리츨(Albrecht Ritschl)과 그의 학파는 하나님의 진노에 대한 루터의 이야기를 진지하게 받아들일 수 없었다. 그들에게 있어 그러한 이야기는 사실상 중세적 미신이었다. 이런 면에서, 신학은 그 이후 180도의 방향전환을 했다. 하나님의 진노와 심판은 그 자체의 독특한 기능을 가진 실제를 지금 대표한다. 하나님은 우리가 얼마나 그로부터 멀리 떨어져 있는지를 알게 하신다. 우리의 부정함과 마음의 강퍅함 때문에 우리는 하나님에게 혐오거리이다. 그의 진노의 심판은, 능력이 그에게 속하며 그의 손으로부터 피할 길은 전혀 없다는 것을 또한 보여 준다.

하나님의 징벌하시는 진노는 이중의 효과가 있다. 이것이 우리로 하여금 절망하게 한다. 우리는 스스로 어찌 할 수 없고, 하나님의 요구를 성취할 수도 없다. 사실상, 하나님의 요구는 우리의 죄를 증가시킨다. 우리는 우리의 의지가 그 가장 깊숙한 곳에서는 하나님께 반대한다는 것을 발견한다. 우리는 하나님을 미워하고, 그와 그의 율법이 존재하지 않기를 바란다. 우리 내면의 깊은 곳에는 하나님을 파괴하려는 어떤 것이 있다. 이것을 발견 하고 나서야 우리는 하나님의 진노의 진정한 의미를 알게 된다. 그는 진성 우리를 심판하신다. 그리고 우리는 죄인이다. 그럼에도 불구하고 이 심판은 은혜인데, 왜냐하면 그 안에서 하나님이 우리에게 오시기 때문이다. 인간은 하나님의 진노를 경험하는 가운데 이미 죄에 대한 용서를 받는다. 이미 하나님이 그 죄인을 자신에게 받아 들였기 때문이다. 우리는 증오의 감정을 갖기는커녕 하나님이 옳다는 것을 인정한다. 우리는 그의 율법이 거룩하고 선하다는 것을 안다. 우리의 불행은, 우리가 거룩하고 선하다고 아는 것과 스스로 조화를 이루지 못한다는 것이다. 우리는 우리 속에서 실제로 지배하는 것과 당연히 지배해야 하는 것 사이의 갈등을 경험한다.

루터는 하나님이 진노와 심판의 하나님이 아니라 사랑의 하나님 이라는 기본 생각을 버린 적이 없다. "하나님은 순전한 사랑의 바로 그 첫 시작이며 근원이다." 하나님의 한량없는 선함과 자비를 묘사할 때 루터의 언어 표현은 지극히 풍부해진다. 하나님은 용서하신다. 그는 어떤 부수적 조건 없이 죄인을 받아 주신다. 그 외의 모든 것이 이 용서에 달려있다. 참으로 하나님은 용서하실 때, 우리가 죄인이며 그래서 가치가 없다는 것을 잊지 않으신다. 그러나 우리를 그 자신에 게 받아주실 때, 그는 동시에 우리를 의롭게 하신다. 하나님의 은혜는 그를 위해 또한 그의 사용을 위해 우리를 챙기시는 은혜이다.

루터의 하나님 개념을 추적하다 보면, 우리는 우주적 출발점으로 부터 칭의와 성화의 중심영역으로 움직이게 된다. 결국, 아무리 루터 의 하나님 개념이 때때로 둘로 나뉜 것처럼 보일 지라도, 그것은 연합되어 있다. 일부 신학자들은 이 개념의 우주적인 면들이 은혜와 사랑의 특성들이 아닌 다른 방향을 가리키고 있다고 주장한다. 그러 나 만일 그의 신학이 그렇게 중심적인 점에서 내적 갈등에 휩싸여 있다면 어떻게 그가 믿음의 개혁자로서의 임무를 완수할 수 있었을지 이해하기 어렵다. 만일 자신이 세운 기초가 깨졌다면 루터는 바울이 후 가장 위대한 설교자가 되는 것이 가능 했을까?

제3장
하나님의 포괄적 활동

만물 중에서 모든 것을 행하는 분이 하나님이라는 생각은 아마 루터 사상에 있어서 가장 어려운 부분이며 그의 전 신학과 관련이 있다. 루터는 이 주제를, 그 자신의 평가에 의하면 가장 중요한 두 저술 중 하나인 『노예의지론』(The Bondage of the Will)에서 — 다른 저술은 『교리문답서』인데[1] — 다루고 있다. 『노예의지론』은 루터가 저술한 어떤 글보다 더 의견들의 충돌을 가져왔고 매우 다양한 해석을 불러 일으켰다. 우리가 루터를 이해하고 특히 그의 하나님 개념을 이해하려면 이 책을 이해할 필요가 있다.

오늘날의 독자는 『노예의지론』에 대해 즉각적인 흥미를 별로 발견하지 못하는데, 거기에는 여러 이유가 있다. 아마 그는 이 책의 논쟁을 싫어 할 수 있다. 아마 그는 이 책의 내용에 대하여 루터와

---

1) WA, Briefwechsel 8, 99 (1537). 이후 WA Br로 표기함.

동의할 수 없거나, 왜 루터가 이 책을 그렇게 높이 샀는지 이해하지 못할 수 있다. 그러나 작금의 정치적 불안기에 어떤 중심적인 신학 주제들이 다시 한 번 적합한 의미를 갖게 되었는데, 그 중의 하나가 의지의 자유의 문제로서,『노예의지론』은 이 주제에 관한 것이다. 이 책이 이 문제를 어떻게 다루고 있는지를 논의하기에 앞서 우리는 이 책의 기원에 대해 몇 마디 할 필요가 있다.

처음에는 종교개혁이 인문주의의 부산물로 비쳐졌을 수 있다. 로마에 대한 루터의 태도는 인문주의자들의 태도와 매우 유사했다. 그러나 점차적으로 루터는 이 면에 있어서 인문주의자들보다 훨씬 덜 타협적임을 보여주었다. 1524년 루터와 인문주의자들의 지도자인 에라스무스 간에 사실상의 절교가 발생했다. 루터는 이미 1520년에 의지의 자유 문제를 간략히 다룬바 있었다.[2] 그리하여 에라스무스는 이 자유를 옹호하는 글을 쓸 기회가 생겼다. 그는 로마가톨릭과 결별하는 과정에 있던 루터를 따를 의도가 없다는 것을 공식적으로 선언하기 위해 적당한 주제가 필요했었다. 루터는 에라스무스에게 답을 하고 이 문제를 한 번 더 논의할 수밖에 없다고 느꼈다. 그 결과는 1525년에 나온『노예의지론』이다.[3]

이 복잡한 문제를 토론하는 데 있어서, 우리는 미리 어느 한쪽 편을 들어서는 안 된다. 루터의 경건이 에라스무스의 경건보다 더 참되고 심오하다고 추측하는 것은 잘못이다. 종교개혁 운동기에는 신실하고 참된 경건이 어느 편에나 있었다. 루터와 에라스무스는 천성적으로 정반대였다. 놀랍게도 바로 이 논쟁에서 두 사람은 자신

---

2) *Assertio omnium articulorum* (WA 7, 142ff. [1520]).
3) 참조: R. Bring, *Kristendomstolkningar* (1950), p. 208.

의 성격과 반대되었다. 결단성 있고 활동적이며 투쟁할 준비가 되어 있는 사람은 의지의 노예를 주장한 반면, 최종 결정이나 모든 충돌을 최대한 피했던 사색적 이론가는 어쨌든 "자유의지"의 한 형태만이라도 옹호하려고 했다.4)

에라스무스는 유럽 문화의 전형적인 대표였다. 그는 진정한 인문주의는 문화를 통해, 고전의 학습을 통해 도달 가능하고, 그것은 사람들 간의 선의와 세계평화로 이끌 것이라고 확신했다. 에라스무스는 당대의 위대한 평화주의자였다. 그의 두려움은 종교개혁의 종교적 논쟁들이 고전 문헌의 연구를 저해할지 모른다는 것이었다. 다른 이유들 때문에도 그는 종교개혁을 하나의 재난으로 보았다. 종교개혁의 정신과 내적 본질이 그의 주의를 전혀 끌지 못했다. 그는 공동생활 형제단원들 사이에서 성장하여 근대경건(Devotio Moderna)이라고 알려진 가톨릭 개혁 운동에 의해 큰 영향을 받았다. 그는 초기 기독교와 고대 문화를 구별하는데 어려움을 느꼈다. 에라스무스에게는 "내적 인간"의 교화가 경건에 있어서 가장 주된 것이었다. 그러한 교화는 "육체"에 대항한 싸움으로 귀결이 되었다.5)

루터는 에라스무스에게 경의를 표했다. 그는 고전 문헌에 대한 인문주의자들의 지식이 성경의 언어학적 연구에 매우 큰 도움이 된다는 것을 발견했다. 고전에 대한 신뢰할만한 지식은 성경 단어 형태들의 의미를 이해하는데 큰 도움을 주었고 무리한 알레고리적 해석으로부터 벗어나게 했다. 그러나 에라스무스에 대한 루터의 비판은 단연코 부정적이었다. 그는 유럽 문화의 이 선구자가 기독교 믿음의 실제

---

4) *Ibid.*, p. 174.
5) *Ibid.*, pp. 176ff.

내용에는 무지한 피상적인 인물이라고 생각했다. 루터는 에라스무스의 글을 읽으면서 그에 대한 호감이 날마다 감소된다는 것을 이미 1517년에 언급했었다. 왜냐하면 에라스무스가 그리스도와 하나님의 은혜에 대해 힘주어 강조하지 않았기 때문이었다.6)

종교개혁운동 전체를 뒤흔든, 의지의 자유에 대한 두 사람사이의 논쟁은 인간의 심리적 문제나 그의 잠재력과는 전혀 무관한 것이었다. 핵심적인 주제는 구원이었다. 궁극적인 주제는 신적 위엄의 위대함과 영광이었다. 이 논쟁에서 루터의 하나님 개념은 다른 저술들에서보다 더 광대하고 더 강력한 필치로 설명되고 있다.

만물의 주님

사도신조의 첫째 조항의 광범위한 차원이 없이는 그리고 창조의 위대함이 없이는 우리 하나님은 왜소하고 힘없는 분이 될 것이다. 그는 창조주로서 만물의 주이시다. 여기서 믿음은 확실한 근거를 발견한다. 그러나 여기에 또한 최대의 걸림돌이 있다. 하나님은 이 세상에서 그렇게 널리 번창하는 악의 창조주도 되시는가?

루터는 에라스무스와의 논쟁에서 창조에 관한 성경 구절에 관심을 집중했다: "하나님이 지으신 그 모든 것을 보시니 보시기에 심히 좋았더라"(창 1:31). 루터는 말한다:

> 그대가 "그것들이 심히 좋았더라"란 말을 타락 이후의 하나님의 사역으로 이해하기를 원한다면, 이 말이 우리와 관련해서가 아니라

---

6) *Ibid.*, pp. 205ff.

하나님과 관련해서 말해지고 있음을 알아챌 것이다. "하나님이 만드신 것을 인간이 보았더니, 좋았더라"고 말하지 않는다. 우리에게 매우 나쁘게 보이고 또 실제로 매우 나쁜 많은 것들이 하나님께는 매우 좋게 보이고 또 실제로 매우 좋다. 이처럼 고통, 슬픔, 실수, 지옥, 그리고 하나님의 최상의 사역들은 이 세상의 눈에는 매우 나쁘고 저주 받을 만하다. 그리스도와 복음보다 더 나은 것이 무엇인가? 그러나 이 세상이 그 보다 더 혐오하는 것이 무엇인가? 우리에게는 나쁜 것들이 어떻게 해서 하나님 보시기에는 좋은 지는 오직 하나님과 하나님의 안목을 가진 자 즉 성령을 가진 자에게만 알려진다.[7]

여기서 인간 이해의 문에는 빗장이 질러져있다. 하나님의 일들에 있어 인간의 지혜에는 신뢰가 거의 주어지지 않는다. 더더욱 걸림이 되고 어려운 것은 루터가 이 논쟁에 끌어들인 다른 성경 구절이다. "여호와께서 바로의 마음을 완악하게 하셨으므로"(출 9:12).

성경의 표현대로, 하나님이 "마음을 완악하게 하"실 때, 이것은 진정 악한 일이다. 루터는 신적 행위가 인간의 언어로 표현될 수 없는 만큼 성경 말씀을 그저 받아들이는 것이 최선이라고, 이 지점에서도, 느꼈다. 그런데도 그가 만일 이성과 인간의 우둔함을 만족시키려고 했다면, 그는 어리석게도 떨리는 말로 어떻게든 이성에 영향을 끼치려고 했을 것이다.

우선, 하나님의 활동이 모든 것을 포괄한다는 것(고전 12:6)은 분명하다. 이것은 심지어 사탄과 악한 자에 관해서도 마찬가지이다. 루터는 말과 기수의 예를 든다. 기수의 기술은 언제나 동일하지만, 말의 편자가 잘못 박혀있거나 말이 다리를 절 때는 승마가 제대로 이루어지

---

[7] *The Bondage of the Will*, p. 203 (WA 18, 708).

지 못하고 건강한 말일 때는 승마가 잘 된다.

여기서 그대는 하나님이 악한 사람들 속에서 그리고 그들을 통해서 일하실 때, 악한 행위가 생기는 것을 본다. 그러나 하나님은 악한 사람들을 통해 악을 행하시지만 스스로 악하게 행동 하실 수는 없다. 왜냐하면 그는 선하시며 악을 행하실 수 없기 때문이다. 그러나 그는 악한 도구들을 사용하신다. 이 도구들은 그의 능력의 자극과 운동을 피할 수 없다. 하나님이 행동으로 옮기실 때 생기는 악의 원인은 이 도구들 탓이다. 하나님은 이 도구들을 한가하게 내버려두지 않으신다. 마찬가지로, 목수는 들쭉날쭉한 날을 가진 도끼를 갖고서는 제대로 자르지 못할 것이다.[8]

그러나 하나님은 왜 악한 자들을 계속 악함 속에 몰아넣어서 그들을 더 악하게 만들기를 그치지 않으시는가? 루터는 대답한다:

이것은 불경건한 자들을 위해 하나님이 하나님 되시기를 그만두는 것을 바라는 것이다. 왜냐하면 그대는 그의 능력과 활동이 멈추기를 - 즉, 불경건한 자들이 더 악화 되지 않도록 하기 위해 그가 선하시기를 그치기를 - 바라고 있기 때문이다. 그렇다면 왜 하나님은 그가 움직이시는 악한 의지들을 바꾸지 않으시는가? 이 질문은 그의 위엄의 비밀을 건드리는 것이다. "그의 판단은 헤아리지 못할 것이며"(참조. 롬 11:33).[9]

어떤 학자들에 의하면, 루터가 여기서 두 하나님을 이야기 하고 있다고 한다.[10] 다른 말로 하면, 루터의 하나님 개념은 이 점에서

---

8) *Ibid.*, p. 204 (*WA* 18, 709).
9) *Ibid.*, p. 208 (*WA* 18, 712).

통일성이 부족하다는 것이다. 선과 악이 동일하게 하나님 안에 그 근원을 가진다면, 하나님의 행위는 전적으로 혼란스럽고 마구잡이식일 것이다. 그러나 만일 신적 활동이 우유부단하고 모호하다면 그것은 물론 신적 사랑의 의지에 대한 모든 논의를 배제하게 될 것이다.

루터의 하나님개념이 통일성이 없다거나 루터의 하나님이 가장 깊은 본질에 있어서는 냉담자라고 결론짓는 데는 극도의 신중을 기해야 한다. 만일 이것이 사실이라면, 어떻게 우리가 루터를 믿음의 사람으로, 믿음을 중심개념으로 만든 개혁자라고 설명할 수 있는가? 믿음을 강조한 종교개혁이 오히려 믿음의 파괴를 의도했다는 것을 의미하지 않겠는가? 국제적으로 인정받은 연구에서, 사랑에 대한 기독교 사상의 역사에 있어 루터의 공헌은 "코페르니쿠스적 혁명"이라는 평을 받는다. 그 이유는 초대교회시대 이래 어느 누구도 신-중심적 사랑 개념을 루터만큼 총체적이면서도 일관되게 관철한 사람이 없었기 때문이다.[11]

루터의 근본 견해에서, 하나님이 죄를 지으실 수 없다는 것은 명백하다.[12] 하나님은 악을 행하실 수 없다.[13] 그런즉 우리는 루터에게 있어 하나님의 활동이 냉담자의 특성을 갖는다고 주장할 수 없다. 루터의 생각을 이사야 55장 9절과 로마서 11장 33-36절과 비교해야 한다. 루터는 하나님의 영광을 위해 모든 인간적 생각과 지혜의 부적절함을 주장해야 했다. 하나님의 위대하심은 인간의 연약함과 무능력

---

10) A. Runestam, "Inledning," *Martin Luther, Den trälbundna viljan* (Uppsala, 1925). 그리고 Torsten Bohlin, *Gudstro och Kristustro hos Luther* (Uppsala, 1927), p. 277.
11) A. Nygren, *Agape and Eros* (London, 1939), II, 463ff.
12) *The Bondage of the Will*, p. 203 (*WA* 18, 708).
13) *Ibid.*, p. 204 (*WA* 18, 709).

의 한 가운데서 그 장엄한 특성들을 드러낸다. 루터는 자신의 생각을 설명하기 위해 다리를 저는 말과 무딘 도끼의 예를 든다. 이 예들은 악의 원천이 하나님께 있을 수 없고 그가 사용하시는 "도구들" 속에 있음이 틀림없다는 것을 설명하기 위한 것이었다. 하나님께로부터 오기 때문에 그 활동이 선하지만, 죄 있는 도구들 속에서는 그것이 악이 된다. 그러나 어떻게 해서 하나님의 선한 행위가 어떤 사람 속에게는 악한 결과를 만들어내는 일이 생기는가?

하나님은 악을 행치 않으신다

이 문제에 대해 루터는 만족할 만한 대답을 준다. 그는 하나님이 바로에게 자신의 말씀과 행위를 베푸시지만 바로의 악한 의지가 실족했다고 말한다.14) 이것이 바로, 하나님의 율법이 회개하지 않는 죄인들에게 언제 어디서나 역사하는 방법이다. 이 성경적 진리는 율법과 관련하여 너무나 보편적이기 때문에 우리는 그 속에서 낯설거나 거슬리는 것을 전혀 보지 못한다. 율법은 인간 의지의 악한 경향을 드러내기만 할 뿐 그것을 바꿀 수는 없다.15) 바로 이런 의미에서, 선한 것이 어떤 경우에는 악이 된다. 율법과 마찬가지로 하나님도 선 또는 악을 행하신다. 하나님의 "낯선 사역"과 "본래적 사역"은 함께 간다. 하나님은 거룩하신 분으로서 계속 자신의 말씀과 행위를 베푸실 수만 있을 뿐이다ㅡ비록 인간의 악한 태도로 인해 그것들이 마음의 강퍅함을 불러일으킬지라도. 하나님의 선한 행위는 그에 대한 인간의 불경스러

---

14) *Ibid.*, p. 207 (*WA* 18, 712).
15) R. Bring, *Dualismen hos Luther* (Stockholm, 1929), p. 291.

운 적대관계가 변치 않은 채로 있기 때문에 심판으로 바뀐다. 하나님의 지속적인 활동은 인간을 그냥 내버려둘 수 없다. 그 활동은 회개, 믿음, 그리고 새 생명의 참된 목적을 이루지 않는다면 필연적으로 마음을 더 강퍅하게 만들 수밖에 없다.

그러므로 하나님의 활동은 막연하지 않다. 그것은 거룩하며 그 자체로 잘 정의되어있다. 『노예의지론』은 삶에 대한 매우 이원론적이며 극적인 견해를 담고 있다. 곧, 하나님과 사탄은 서로 갈등 속에 있다.16) 이 갈등은 인간의 의지에 대한 것으로, "우매 무지한 짐승"(시 73:22)처럼 하나님 아니면 사탄이 그 위에 올라 타 있다.17) 인간 의지의 결여는 의지에 관한 루터의 개념의 한 면에 불과하다. 이 결여는 위로부터 오는 능력에 대한 인간의 의존을 반영한다.18) 인간은 창조된 존재로서, 그의 창조주 앞에서 존경을 표하도록 부름 받았다.

중세 신학은 하나님의 "질서 지워진 능력"(*potentia ordinata*)에 대해 말했었는데, 루터는 이것이 공로의 개념과 관련이 있기 때문에 거부하려고 했다. 『노예의지론』의 주도적인 사상 중 하나는, 인간과 하나님 사이의 어떠한 거래도 공의의 틀 안에서 가능하지 않다는 것이다. 공로의 개념은 하나님의 전능성에 모순된다. 인간의 구원과 관련하여, 하나님은 "절대적 능력"(*potentia absoluta*)을 가지시는데, 이 권능은 순수한 은혜(*sola gratia*)로서 스스로를 나타낸다.19) 루터가 마음에 생각하는 하나님의 능력과 활동은 막연하지도 또 알려지지 않은 것도 아니라, 명확하며 알려진 것이었다. 즉, 하나님은 심판하시고 구원하

---

16) *The Bondage of the Will*, p. 93 (*WA* 18, 626).
17) *Ibid.*, pp. 103f. (*WA* 18, 635).
18) Lammers, *Luthers Anschauung vom Willen* (Berlin, 1935), p. 15.
19) G. Aulén, *Den kristna gudsbilden* (Uppsala, 1927), p. 216.

신다. 이 점에서 루터는 유명론 신학으로부터 떨어져 나왔다.

하나님의 포괄적 활동에 관한 루터의 날카로운 진술들은 사색적이거나 이론적인 신학이 아니다. 그것들은 종교적 관심에서 일어난다. 즉, 인간의 자만심과 자화자찬을 때려 눕혀야한다. 인간은 아무 것도 아니며 또한 아무 것도 결정할 수 없다. 루터가 하나님 사역의 보편성을 강조할 때, 중세의 철학적 관념을 되풀이 하는 것도 아니고 과장을 하는 것도 아니다. 그는 가장 중요한 종교적 진리를 역설하고 있다. 믿음은 하나님의 전능하시고 포괄적인 활동에 대한 믿음이다.[20] 구원은 어떠한 다른 보장도 갖고 있지 않다.

---

20) L. Pinomaa, *Der Zorn Gottes* (Helsinki, 1938), pp. 138-143.

제4장

예정

　　실제의 루터와 전통적으로 이해되어온 루터의 대조는 자유의지의 이해에서 가장 날카롭게 드러난다. 쟁점은, 은혜를 받기 위한 준비(*dispositio ad gratiam*)의 문제와 관련이 있다. 인간이 하나님의 은혜를 받기 위해 스스로 준비 할 수 있는 것이 있는가? 루터는 『모든 조항들에 관한 주장』(*Assertio omnium articulorum*, 1520)에서 이 질문에 대해 부정적으로 답하면서 교황에 대해 말한다: "성하(聖下)께서는 자유의지가 은혜의 수용을 준비할 수 있다고 주장합니다. 그러나 그리스도는 거꾸로, 그러한 일이 배제된다고 하시면서 인간의 가능성과 은혜 사이의 거리를 더욱 멀게 만드십니다."[1] 동일한 생각이 『노예의지론』(*The Bondage of the Will*)에서 거듭 표현되고 있다. 이 저술의 목적을 밝히는 모두(冒頭)의 진술은 의미심장하다. 루터는 이 책의 첫 부분에서 에라스

---

1) *WA* 7, 143 (1520).

무스의 "자유의지" 개념의 정의를 인용한다: "나는 이 맥락에서 '자유의지'를 인간의지의 힘이라고 이해하는데, 인간은 이 힘에 의해 영원한 구원으로 이끌거나 떨어져 나가게 하는 것들에 스스로를 적용할 수 있다."[2] 이 정의에 대해 루터는 말한다:

> 에라스무스는 "자유의지"가 스스로 하나님의 말씀과 행위를 의지(意志)할 수도 있고 의지(意志)하지 않을 수도 있는, 그럼으로써 그것의 손이 미치지 않고 이해력을 넘어서는 것들에게까지 인도될 수 있는, 인간 의지의 힘이라고 우리에게 가르치고 있다. 만일 그것이 참으로 의지(意志)할 수도 있고 의지(意志)하지 않을 수도 있다면, 그것은 또한 사랑할 수도 있고 미워할 수도 있다. 그리고 만일 그것이 사랑할 수도 있고 미워할 수도 있다면, 그것은 얼마간 율법을 지킬 수도 있고 복음을 믿을 수도 있다. 왜냐하면 만일 그대가 의지(意志)할 수도 있고 의지(意志)하지 않을 수도 있다면, 그대가 그 의지(意志)를 갖고서 어떤 일을 얼마간 -비록 당신이 그것을 성취하려 할 때 다른 이가 훼방을 놓을지라도- 할 수 있어야만 하기 때문이다. 이제 사망, 십자가, 그리고 세상의 모든 악은 구원으로 이끄는 하나님의 행위들에 속한 것으로 헤아려지므로, 인간 의지는 그 자신의 사망과 멸망을 의지(意志)할 수 있을 것이다. 그렇다, 그것은 하나님 말씀과 행위의 내용물을 의지(意志)할 수 있을 때, 모든 것을 의지(意志)할 수 있다! 하나님 자신을 제외하고, 무엇이 하나님의 말씀과 행위 아래, 그 위에, 그 안에 또는 그 밖에 있을 수 있는가? 그러나 여기서 은혜와 성령에게 남겨진 몫은 무엇인가? 이것은 명백히 신성을 "자유의지"에 부여하는 것이다! 왜냐하면 율법과 복음을 의지(意志)하고, 죄를 의지(意志)하지 않고, 죽음을 의지(意志)하는 것은, 바울이 한 곳 이상에서 말하듯(참조: 고전 2:14, 고후 3:5), 신적 권능에만 가능한

---

2) *The Bondage of the Will*, p. 137 (WA 18, 661).

일이기 때문이다.3)

자유의지는 하나님의 자녀를 만들지 못한다

루터는 자유의지가 우리를 하나님의 자녀로 만들 수 있다는 에라스무스의 말에 동의할 수 없었다. 자유의지는 하나님의 포괄적 활동을 제한했으며, 죄성이 있고 노예가 된 인간을 하나님과 동등하며 비슷한 존재로 만들었다. 루터에게 자유의지란 인간의 가장 뻔뻔스러운 교만, 즉 "하나님처럼" 되려는 욕망을 반영했다. "자유"와 "의지"란 낱말들의 조합은 그에게 소름끼치는 것으로서, 모든 인류 속에 있는 사탄의 왕국을 대표했다.4) 자유의지는 그것이 최선일 때 최악이 되는데, 왜냐하면 그것이 믿음의 의를 거스르기 때문이다.5) 루터는 육과 영 사이의 성경적 대조가, 거짓 의의 상태에서 인간은 "육"이라고, 즉 자기 자신의 능력에 신뢰를 두는 것이라고 이해했다. 이 의는 인간 자신의 행위, 수고, 그리고 노력에 기댄다. 지극히 영적인 활동을 통해 자신을 하나님 마음에 합하기 위해 애쓰는 바로 그 행위 속에서, 인간은 "육"이다. 그는 하나님께 경건함과 완전함을 제공할 때 자신의 영광을 추구한다.

에라스무스 역시 자유의지를 영과 육의 틀 속에 두었다. 그에게 있어 자유의지는 영의 자유를 의미했고, 어떠한 불완전함도 육이 일으키는 저항에 기인했다. 영국의 인문주의자인 콜렛(John Colet)은 이탈리아 인문주의를 에라스무스에게 소개했다. 바울은 플로렌스의

---

3) *Ibid.*, p. 140 (*WA* 18, 664).
4) *Ibid.*, p. 201 (*WA* 18, 707).
5) *Ibid.*, p. 278 (*WA* 18, 760).

아카데미에서 고대 철학의 개념으로 해석되었다. 에라스무스 역시 영을 신적인 것으로 그리고 몸을 동물적인 것으로 생각하기 시작했다. 영은 위의 것을 갈망하나 몸은 영의 진보를 막는다. 이미 어거스틴이, 타락 이전에는 영이 몸을 지배했지만 그 후에는 몸이 주도권을 쥐고 영을 지배하기 시작했다고 가르쳤었다. 육의 이러한 지배는 인간 내부의 비극적 갈등을 설명한다. 에라스무스의 견해에서, 이성은 영혼의 신적인 면을 대표한다.

루터의 견해에서, 이성은 사람 안에 있는 가장 특징적인 인간적 요소이며, 따라서 인간의 자기중심적 상태를 가장 분명히 반영한다. 이성은 "육의 마음"을 드러낸다. 이성은 하나님의 의와 갈등 속에 있는 인간의 자연적 종교성을 의미한다.6) 루터는 『노예의지론』에서 다음과 같이 쓰고 있다:

> 바울은 "율법으로는 죄를 깨달음이니라"(롬 3:20)고 말하고 있다. 여기서 그는 율법이 얼마나 많이 그리고 널리 유익을 주는지를 보여 주면서, "자유의지"가 그 자체로서는 너무나 눈이 멀었기 때문에 무엇이 죄인지 조차 모르며 율법이 가르쳐 주어야만 그것을 안다고 가르친다! 인간이 죄가 무엇인지도 모르면서, 죄를 제거하기 위해 무엇을 시도할 수 있겠는가? 참으로 사실이 이러하다: 인간은 죄인 것을 죄가 아닌 것으로 오해하고, 죄가 아닌 것을 죄라고 오해한다! 우리는 경험을 통해 충분하고 분명히 알고 있다. 즉, 어떻게 이 세상이, 그것이 의와 경건의 가장 훌륭하고 가장 열정적인 헌신자들이라고 생각하는 사람들을 통해, 복음에서 전파되는 하나님의 의를 미워하고 괴롭히고 이 의를

---

6) 참조: L. Pinomaa, "Järjen Jumala-kuva ja uskon Jumala-kuva," *Luther-tutkielmia* (Helsinki, 1939), p. 120.

이단이나 오류나 다른 모욕적인 이름으로 낙인찍는 반면, 그 자신의 행위들과 책략들―이것들이 참으로 죄이며 오류이다―을 의와 지혜라고 과시하며 떠벌리는 것을. 그러므로 바울은 이 말씀들을 통해 "자유의지"의 입을 막고, 그것이 자신의 죄에 대해 무지하므로 율법에 의해 죄로 드러난다고 가르친다. 그는 자유의지에게 선을 추구할 수 있는 어떠한 능력도 부여하지 않으려 한다.

그리고 여기에 『자유의지론』이 책 전체에서 매우 자주 반복하는 질문에 대한 답이 있다: *"만약 우리가 아무 것도 할 수 없다면, 모든 율법과 계명과 경고와 약속의 목적은 무엇인가?"* 바울의 답은 이렇다: "율법으로는 죄를 깨달음이니라." 이 질문에 대한 바울의 답변은 인간의 생각이나 "자유의지"의 생각과 전혀 다르다. 그는 "자유의지"가 율법에 의해 증명된다든지 또는 그것이 협력하여 의를 이룬다고 말하지 않는다. 왜냐하면 율법으로 말미암아 의가 오는 것이 아니라 죄의 깨달음이 오기 때문이다. 이것이 율법의 열매이며 사역이며 직무이다. 이것은 무지한 자와 눈먼 자에게 빛이긴 하지만, 질병, 죄, 악, 사망, 지옥, 그리고 하나님의 진노를 보여주는 빛이다. 율법은 그들을 돕거나 이것들로부터 자유롭게 하지 못하고, 단지 이런 것들을 지적하는 것으로 만족한다. 어떤 사람이 죄의 질병을 발견할 때 낙담하고 고통 받는다. 아니, 그는 절망한다. 율법은 그를 돕지 못한다. 그가 자신을 치유하기란 더더욱 불가능하다. 치유책을 알려줄 다른 빛이 필요하다. 이 빛은 복음의 음성으로서, 그리스도를 이 모든 악한 것들로부터의 구속자로 보여준다. 그러나 이성도 "자유의지"도 그를 가리키지 않는다. 이성 자체가 어두움이며 그 자신의 질병―이성은 이것을 그 자체의 빛으로는 보지 못하고, 스스로 아주 건강하다고 생각한다―을 보여줄 율법의 빛이 필요한데, 어떻게 그리스도를 가리킬 수 있겠는가?[7]

---

7) *The Bondage of the Will*, pp. 286f. (WA 18, 766).

율법과 자유의지

하나님의 계명은 인간이 그것을 지킬 수 있음을 뜻하지 않는다. 루터는 말한다: "집회서가 '네가 계명을 지키고 나를 기쁘게 하는 믿음을 지키기 원하면 계명이 너를 보호할 것이라'고 할 때, 나는 '자유의지'가 어떻게 이 말에서 증명될 수 있는지 알 수 없다."[8] "선택하라"는 권유도 인간이 선택할 수 있음을 나타내지 못한다. 루터는 계속하여 말한다: "그러므로 친애하는 에라스무스여, 그대가 율법의 말씀을 내게 들이댈 때마다, 나는 율법으로는 의지의 자유가 아니라 '죄를 깨달음'이 온다는 바울의 말씀을 그대에게 들이대겠다."[9] 그리스도 또는 인간의 자유의지 중 하나를 택해야 한다. 인간이 그에게 요구되는 것을 할 수 있다면 그리스도는 불필요하다. 루터가 보듯 성경의 입장은 분명하다: "성경은 묶여 있고, 비참하고, 포로로 잡혀있고, 병약하고, 죽어 있을 뿐만 아니라, 자신의 주인인 사탄의 조종을 통해 다른 비참함들에 추가하여 눈멀음의 비참함—그리하여 자신이 자유롭고, 행복하고, 자유와 능력을 소유하고 있고, 온전하고, 살아있다고 믿는—을 더하는 사람을 우리 앞에 보여준다."[10] 루터는 "돌아서라"와 "만일 네가 돌아선다면"과 같은 말이 자유의지의 능력을 확립한다는 생각이 사람을 무감각하게 만들거나 현혹시킨다고 여겼다.[11] 그는 말한다:

---

8) *Ibid.*, p. 151 (*WA* 18, 672).
9) *Ibid.*, p. 159 (*WA* 18, 677).
10) *Ibid.*, p. 162 (*WA* 18, 679).
11) *Ibid.*, p. 164 (*WA* 18, 681).

그러므로 "하나님을 사랑하라"는 이 말로부터 "자유의지"를 지지하는 결론을 내리는 것에 반대하여 말해진 모든 것은, 명령 또는 요구의 모든 말로부터 "자유의지"를 지지하는 결론을 내리는 것에 반대해서도 말해져야 한다. 사랑하라는 명령이 우리에게 의지의 힘이나 능력이 아니라 율법의 성격과 우리의 의무 그리고 우리의 무능력을 보여준다면, 동일한 것이 다른 요구의 말들에 의해 증명된다. … 율법의 말씀은 "자유의지"의 능력을 증명하지 못하고, 우리의 의무와 무능력의 정도를 보여준다.12)

공적과 은혜

루터는 에라스무스 사상의 형태에 매우 정통해 있었다. 그는 에라스무스를 인용한다: "만일 인간이 아무것도 하지 않는다면 공적에 대한 자리는 없으며, 공적에 대한 자리가 없는 곳에서는 징벌이나 보상에 대한 자리도 없을 것이다."13) 그러나 자유의지는 공적에 근거하여 증명될 수 없다―최소한 성경과 관련하여 증명될 수 없다.14) 성경 전체는 우리가 은혜로 구원받는다고 선포한다.

다음의 인용은 루터가 갖는 사고의 흐름에 있어서 중요한 점을 대표한다:

이제 이성은 하나님이 무가치한 자를 구원하실 때 그를 찬양하고 그가 무가치한 자를 저주하실 때 그를 책잡기 때문에, 그것은 하나님을 하나님으로가 아니라 그 자신의 편의를 섬기는 분으로서 찬양한데

---

12) *Ibid.*, p. 165 (*WA* 18, 681).
13) *Ibid.*, p. 237 (*WA* 18, 733).
14) *Ibid.*, p. 184 (*WA* 18, 695).

대해—즉, 자신이 하나님 안에서 추구하고 찬양하는 것이 자기 자신이며, 자신의 일들이며, 하나님이나 하나님의 일들이 아니라는데 대해—유죄를 선언 받는다. 그러나 만일 무가치한 자의 머리에 관을 씌우시는 하나님이 그대를 기쁘시게 한다면, 그대는 그가 무가치한 자를 저주하실 때 언짢게 여기면 안 된다! 만일 그가 하나의 경우에서 의로우시다면, 다른 경우에서도 의롭지 않으실 수 없다.15)

핵심적인 이 구절은 불경건한 자의 칭의가 스콜라주의적 아리스토텔레스주의의 틀 안에서 어떻게 보일 것인가에 대한 사실적 묘사이다. 철학과 신학이 동일한 질문을 받을 때, 인간 이성은 하나님조차도 자신의 종으로 만들고 싶어 한다는 것이 자명해진다. 합리주의와 이상주의의 의도와 목적은 이것이니, 곧 하나님은 그가 마땅히 행동해야 한다고 우리가 생각하는 대로 행동하셔야 한다. 다른 것들이 사리에 맞는 것처럼, 신학도 사리에 맞아야 한다. 루터는 여기에 관련된 문제점을 충분히 알고 있다:

> 의심할 바 없이 상식 또는 자연 이성에게 가장 큰 걸림돌은, 자비와 선함 등등이 충만하신 것으로 선포되는 하나님이 마치 그러한 불쌍하고 가엾은 이들의 죄와 크고 영원한 고통을 즐거워나 하시듯 단순히 자신의 의지 때문에 인간들을 버리고 강퍅하게 하고 저주하신다는 것이다. 하나님에 대한 생각은 사악하고 잔인하며 견딜 수 없는 생각인 것 같다. 바로 이것이 역사상 그렇게 많은 위대한 인물들에게 걸림돌이 되었다. 누가 그것에 걸려 넘어지지 않겠는가? 나 자신도 한 번 이상 걸려 넘어져 절망의 가장 깊은 나락까지 내려간 적이 있다. 나는 사람으

---

15) *Ibid.*, p. 234 (*WA* 18, 731).

로 창조되지 않았더라면 하고 원하기까지 했다(이것은 내가 절망이 얼마나 건강에 좋은 것인지 그리고 은혜에 가까운지를 알기 이전이었다). 이 때문에 하나님의 선하심을 해명하고 인간의 의지를 탓하기 위해 그렇게 많은 노고와 고생이 바쳐졌다.16)

루터는 이성이 걸려 넘어진 바위들과 매우 친숙했다. 그는 말한다:

> 우리가 심판과 관련된 이 불가사의한 신비들에 대한 논쟁에 끼어드는 때보다 더 무모하고 부적절한 때는 없다. 우리는 시종, 하나님이 우리에게 탐색하라고 말씀하신(요 5:39) 성경을 탐색하는 일에 놀라울 만큼 존경을 보이고 있는 체 한다. 그러나 우리는 그것들을 탐색하지 않고, 오히려 그가 우리에게 탐색하지 말라고 하신 곳에서 탐색에－신성모독이라고는 말할 수 없어도 대담무쌍하게!－전력투구한다.17)

루터가 "우리는 탐색하지 않는다"는 말을 할 때, 그는 인간들이 그리스도에 대해 말하는 성경의 분명한 본문을 탐색하기는 원치 않고 인간의 이해를 넘어서는 하나님의 불가해한 신비에 대해서만 조사하고 묵상한다는 사실을 가리킨다.

예정은 조사의 대상이 아니다

루터는 예정에 관한 개인적 태도를 다음의 문장으로 표현한다: 그것은 우리의 조사를 위한 것이 아니다! 우리는 예정이 시작되는 벼랑 끝까지 복음의 무한한 은혜에 주의를 기울여야 한다. 그러나

---

16) *Ibid.*, p. 217 (*WA* 18, 719).
17) *Ibid.*, p. 216 (*WA* 18, 718).

거기서 멈추어야 한다. 우리는 신적 위엄의 신비 속으로까지 억지로 밀고 들어가서는 안 된다. 만일 우리가 맨 눈으로 태양을 바라본다면, 눈이 멀게 될 것이다. 우리는 하나님의 측량할 수 없는 공의를 신뢰해야 하며, 예정과 관련된 의심과 절망(Anfechtung)으로부터 보호 받는다면 그에게 감사해야 한다. 무엇보다 우리는 하나님의 계시된 구원의 뜻에 매달려야 한다.

루터는 성경이 처음부터 끝까지 증거하는 하나님의 전능하심으로부터 출발하며, 그것이 없다면 어느 사람도 믿거나 구원받을 수 없는 성령의 사역으로부터 출발한다. 자기가 만들어낸 믿음으로 구원받으려는 사람은 스스로를 구세주로 만들고 그리스도를 불필요하게 만든다.[18] 루터는 모든 것을 양자택일―스스로 만든 믿음 또는 그리스도―의 문제로 보았다. 만약 예정이 그 의미에 있어 단순하다면, 즉 "예정" 개념이 항상 철학과 신학에서 동일한 의미를 갖는다면, 믿음의 의미도 단순할 것이다. 우리는 심리적 견해와 신학적 견해를 혼동하며 회개와 믿음을 인간의 행위로 만들어 버린다. 이 모든 것은 책임감을 축소시키지 않기 위해서이다! 루터는 묻는다:

> "자유의지"가 조금도, 심지어 머리카락 한 올도 붙잡고 있을 수 없는데, 수고한다고 해서 영원한 구원을 붙잡을 수 있는가? 우리는 피조물을 억제할 수 있는 힘이 전혀 없는데, 창조주를 억제할 수 있는 힘을 가질 수 있는가? 왜 우리는 그렇게도 제 정신이 아닌가?[19]

---

18) *Ibid.*, p. 258 (*WA* 18, 747).
19) *Ibid.*, p. 256 (*WA* 18, 746).

이성, 육체, 자유의지는 믿음, 성령, 노예의지와 대조된다. 전자들은 인간이 자임하는 신성과 구원의 활동을 대표하고, 후자들은 그리스도, 그리고 하나님이 그리스도 안에서 예비하신 구원을 대표한다.

수년간, 『노예의지론』이 루터의 실제 사상으로부터의 이탈이라고 설명함으로써, 이 저술 속에 들어 있는 난점으로부터 벗어나려 했던 사람들이 있다. 그러나 이 책이 거부된다면 루터의 주된 관심도 부정되는 것이다. 루터는 『교리문답서』와 『노예의지론』이 자신이 쓴 유일하게 가치 있는 책들이기 때문에, 이들만 보존된다면 다른 저술은 다 파괴해도 좋다고 하였다.[20]

루터의 이원론적 틀은 에라스무스의 틀과 전적으로 다르다. 에라스무스는 모든 것을 하나님과 인간 사이의 대조의 빛에서 본다. 반면, 루터는 삶을 하나님과 사탄 사이의 대조의 빛 속에서 본다. 루터의 견해에서, 인간은 하나님 옆에 있는 독자적 존재가 아니다. 인간은 자신의 의지가 자유롭고 이성이 독립적이라고 상상하지만 실제로 그는 사탄의 포로이며 노예이다. 그러나 인간의 의지가 하나님과의 관계에서 노예상태라고 해서, 그가 이 세상의 문제들에 있어서까지 무력하다는 것을 의미하지는 않는다. 『소교리문답서』(Small Catechism)에 나오는 루터의 계명 해설은 인간의 무능이나 무력함과 어떠한 관계도 없다.

여기서 이성의 거부를 논리성의 부정으로 이해해서는 안 된다. 루터는 논리적 사고의 의미를 알았고 인정했다. 논리적 사고가 구원과 하나님의 지식과 관련해서는 불충분할지라도 사회윤리의 일들에

---

20) WA Br. 8, 99 (1537).

있어서는 결정적 의미를 갖는다.

　루터의 『노예의지론』 저술의 목적은 예정의 강조가 아니라 구원의 길의 제시였다. 그의 관심은 예정을 다루는 성경본문에 대한 오해를 피할 수 있는 방법을 보여주기 위한 것이었다. 예정이건 비예정이건 복음은 선포되어야했다! 예정과 관련된 가장 심각한 두려움에 직면하여 그는 구원하는 믿음에 매달리기를 원했다.

　우리는 루터의 사상을 다음과 같이 요약할 수 있다. 1) 이 질문들은 인간의 이성을 넘어선 것이기 때문에 조사나 숙고의 대상이 아니다. 2) 우리는 예수 그리스도 안에서 자신을 드러내신 하나님께 대한 믿음에 매달려야한다. 즉, 우리는 은혜와 복음 안에서, 즉 하나님의 계시된 뜻 안에서 피난처를 찾아야 한다. 3) 우리는 모든 것을 다 이해할 수는 없다는 것을 인정하는 한편, 상황이 우리에게 어떻게 보이든 개의치 말고 하나님께서 실수가 없으시다는 것을 확신해야 한다. 4) 마지막으로, 전체 문제는 이성의 빛, 은혜의 빛, 그리고 영광의 빛에서 바라보아야 한다. 자연 혹은 이성의 빛과 은혜의 빛은 하나님의 공의에 관한 질문의 모든 면을 조명하지 못하므로, 영광의 빛이 최종적 답변을 제공한다. 루터는 이것을 다음과 같이 설명한다:

　　그러나 영광의 빛은 달리 주장하며, 어느 날 하나님을—그에게만 심판이 속하며, 그 심판의 공의는 우리가 알 수 없다—그 공의가 가장 완전하며 의문의 여지가 없으신 하나님으로 드러낼 것이다. 그 동안 우리가, 은혜의 빛—자연의 빛에게 동일한 류(類)의 수수께끼였던 것을 설명해주는—이 주는 본보기를 따라 가르침 받고 격려 받은 대로 그것을 믿기만 한다면 말이다.[21]

루터는 예정을 불가해하고 무한한 은혜의 연장 내지 연속이라고 보고, 또한 하나님의 위엄과 인간 무능력의 인정으로 본다. 그러나 신적 은혜의 계시의 이 연장, 모든 인간적 노력에 대한 하나님의 심판을 철학적 교리로 만들면 안 된다. 이성은 믿음이 정지하라고 명했는데도 앞으로 나가면 안 된다. 믿음의 문제에 있어서 이성은 눈이 멀었다. 루터는 어떠한 철학적 예정도 안 바 없다. 이 사실을 깨닫는 것이 루터 사상의 열쇠를 쥐는 것이다.

---

21) *The Bondage of the Will*, p. 317 (*WA* 18, 785).

제5장

역사의 의미

역사는 생사(生死)의 문제가 되었다. 역사의 문제들 뒤편에는 인간 존재 자체에 대한 의미를 묻는 질문이 도사리고 있다. 생(生)에는 목적이 있는가, 아니면 우리의 존재는 단지 잔인한 농담에 불과한가? 이 질문에 대한 답의 추구는 우리를 시간의 경계 저 너머로 데려간다. 우리의 문제는 종교적 문제가 된다. 사실, 우리가 어지간히 깊이 파고 들어간다면 모든 인간 삶의 문제들은 종교적 문제가 될 것이다.

20세기에는 특히 루터의 역사관을 기술해보려는 시도가 반복적으로 있었다. 이미 루터 사망 400주기인 1946년 독일 신학자 리터(Gerhard Ritter)는 다음과 같이 주장했다. 우리는 더 이상 "루터가 로마교권제도의 족쇄로부터 국가를 해방시키기 위해 무엇을 했는지를 질문하지 않고, 정치적 명성과 권력에 대한 정욕의 악마들에 대해, 하나님 앞에서 갖는 정치 지도자의 도덕적 책임에 대해, 오늘날 무엇보다도 우리를 어리둥절하게 만드는 사건들의 의미에 대해, 인간 역사의 의미 혹은 무의미에 대해, 그리고 불행한 인류에 대한 하나님의 궁극적인 목적들에 대해, 무슨 말을 했는지를 질문한다."1) 역사적 상황들은 변하기 때문에, 각 세대는 자신의 질문들에 대해 스스로 답해야 하며 스스로의 길을 찾아야 한다. 루터는 우리의 추구에 대해 어떠한 도움을 줄 수 있을까?

역사 연구의 가치

루터는 진심으로 그의 민족과 함께 살았다. 그들의 기쁨은 그의 기쁨이었으며 그들의 슬픔은 그의 슬픔이었다. 그에게 있어 역사는 살아있는 것이었다. 그는 주위에서 말세의 징조들을 보았으며, 자연과 역사와 개인들의 삶 속에 있는 하나님의 진노의 증거를 보았다.2) 역사는 그의 큰 스승이었다. 라이프치히논쟁 바로 뒤이은 여름에 루터는 통치자들이 역사를 공부할 것을 권했다. 그는 다음과 같이 썼다:

> 통치자들이 젊을 때부터 거룩한 책들과 세속의 책들 속에 들어 있는 역사들을 읽거나 아니면 이것들을 그들에게 들려준다면 그들에게 가장 큰 유익이 될 것이다. 그들은 그 역사들 안에서 법률학에 대한 모든 책들에서보다 더 많은 통치의 본보기들과 기술을 발견할 것이다.3)

---

1) Gerhard Ritter, "Luthertum, katholisches und humanistisches Weltbild," *Zeitwende* (1946-47), pp. 67f. H. Zahrnt, *Luther deutet Geschichte* (Munich, 1952), p. 11에서 인용.
2) L. Pinomaa, *Der Zorn Gottes* (Helsinki, 1938), pp. 104ff.
3) *WA* 6, 261 (1520). *Works of Martin Luther* (Philadelphia, 1943), II, 265-266. 이후 *Works*로 표기함.

역사는 하나님이 어떻게 자신을 멸시하는 자들을 멸하시며 탐욕자의 유산을 흩어버리시는지 가르쳐준다.

해가 지나면서 루터는 역사의 가치들을 점점 더 인정하게 되었다. 1538년 그는 역사가 귀중한 것으로서, 외적인 삶과 관련된 모든 것의 본보기와 이야기를 제공해주며, 마치 우리가 그 한 가운데 있는 것같이 과거를 우리의 눈앞에 갖다 댄다고 썼다. 만일 누구에게 보는 눈이 있다면, 역사는 하나님의 활동과 심판의 지표이고, 상기자이며, 징조이다. 역사는 하나님이 이 세상과 특히 사람들을, 각자 행한 대로, 어떻게 유지하고, 통치하고, 단련하고, 장려하고, 벌주고, 심판하시는지를 보여준다. 따라서 역사가들은 가장 유익한 사람들이고 최상의 교사들이며, 아무리 큰 영광과 존경과 감사를 저들에게 돌려도 충분하지 않다. 참으로, 겁 없이 진실을 쓰기 위해서는 사자의 심장을 갖고 있는 유능한 사람이어야 한다.[4]

루터는 당시 많은 연대기작가들이 역사가에게 요구되는 용기를 결여하고 있다고 느꼈다. 그들은 두려움과 인정받고자 하는 욕구에 사로잡혀 역사를 왜곡하였다. 포도주와 물을 섞은 상인들처럼 그들은 하나님의 사역들을 왜곡했다.

루터는 역사에 대한 깊은 이해를 갖고 있었다. 실제에 대한 그의 살아있는 감각은 이 영역에서도 그를 당황시키지 않았다. 역사는 신학을 위한 재료를 그에게 제공했다. 그리고 그는 역사적 실제가 그에게 개인적으로 영향을 끼치도록 자신을 내맡겼다. 그는 역사를 하나님이 자신의 심판을 집행하시는 무대로 보았다.

---

4) *WA* 50, 383ff. (1538).

하나님의 "가면"인 역사

루터는 이 세상의 모든 것을 하나님의 "가면"으로 보았다. 역사조차도 그것이 내포하는 모든 것과 함께 하나님께 의존한다. 루터는 구약이, 하나님이 어떻게 자신을 가면으로 가리시는지에 대한 실례들로 가득한 것을 발견했다. 다윗과 그의 백성이 전투를 하려고 나갈 때 마치 하나님이 장대한 거인처럼 젊은이들과 늙은이들을 자신의 화살처럼 내보내시는 것 같았다. 하나님은 세상의 국가들이 마치 자신의 인형들인 것처럼 그들을 마음대로 움직이신다. 루터는 잠언 8장 31절("사람이 거처할 땅에서 즐거워하며 인자들을 기뻐하였느니라")의 말씀에서 이 사상을 발견했다. 특히 요셉과 그를 팔았던 형제들과의 대면이 루터에게 하나님의 세상 통치에 대해 가르쳐 주었다.

루터가 공적인 인물이 된 후에 살아야 했던 상황들의 성격을 기억할 때, 우리는 그가 어떻게 삶과 역사를 하나님의 연극으로 볼 수 있었는지 이해하기 어렵다. 성경의 어느 구절을 해석하면서 루터는 이렇게 쓰고 있다:

> 우리는 우리의 역경과 시련들, 우리의 한숨과 불평거리들, 심지어 죽음조차도 단지 신적인 선하심의 유쾌하고 멋진 놀이라는 것을 확신해야 한다. 그러나 이것을 이해하고 믿는 이들은 얼마나 적은지 …. 그러나 내가 스스로를 죄 때문에 벌 받고 있는 비참한 죄인으로 자각할 때, 이것들이 얼마나 다르게 보이는지 모른다. 나는 하나님이 나의 아버지시며 그가 선하고 자비하신 분인 줄 모르고, 그를 바로 마귀자신으로 여긴다. 그러므로 그대는 하나님이 전능하시고, 따라서 그러한 심각한 놀이가 그분에게 썩 잘 어울리며 그의 위엄의 중대성과도 아주

잘 일치하고 있음을 알아야한다. … 그러므로 그는 그대에게 자신의 약속과 말씀과 성례전들을 그의 은혜의 가장 확실한 표지와 증거로서 주신다. 이 은혜는, 그가 그대를 양자로 삼으셨고 그대가 그의 놀이-그에게는 매우 유쾌하고 그대에게는 유익한-를 용납하고 견디는 것 이상을 그대에게 요구하시지는 않는 것을 말한다. … 이처럼 하나님은, 우리를 녹이고 정련시키기 위해, 전염병과 힘겨운 시기와 질병과 슬픔이 우리에게 찾아오도록 허락하실 때, 혹은 불행이 우리의 자녀에게, 혹은 다른 재난이 우리 위에 닥치도록 허락하실 때, 우리와 함께 부성애의 놀이를 하시는 것이다. 그러나 누가 이 모든 것을 견딜 수 있을 것인가? 그러한 메시아를 유대인들은 기대하고 있지 않았다. 그들은 자신들을 온 세상의 왕과 주가 되게 할 이를 원했기 때문이었다. '아니다, 그들은 잘못 생각했다'고 말라기서는 말한다. 왜냐하면 그들이 보게 될 터이지만, 그는 단호할 것이고 모두 쓸어버리실 것이기 때문이다. 그러나 이 대청소가 아무리 두려울 지라도 우리의 구세주는 우리를 타락시키기 위해서가 아니라 우리를 낫게 하기 위해 우리를 가지고 노시는 것이다. … 하나님의 이 진정한 지혜와 게임은 신음하고 눈물 흘리는 이들을 위한 것이며, 비탄에 잠기고 풀이 죽은 이들을 위한 것이며, 깜빡거리는 촛불을 위한 것이다. 이렇게 느끼는 사람들에게 이 위로가 제공되어, 저들이 용기를 잃지 않고 강건하게 있게 된다.[5]

하나님의 공의는 역사의 전 과정을 지배한다. 하나님의 진노의 심판은 자연 속에 내재하고 있어서, 하나님이 해야 할 일은 단지 그의 보호하시는 손을 거두는 것이며, 그러면 심판의 효력이 발생한다.[6] 하나님은 역사의 주님으로서 자신의 전능을 어느 누구와도 나누

---

5) WA 44, 467-472 (1545).
6) L. Pinomaa, op. cit., pp. 81ff.

기를 원치 않으신다. 그 자신이 그리고 그 분 만이 스스로 적합하다고 판단하시는 대로, 나라와 왕들을 높이시기도 하고 낮추시기도 한다. 그는 한 나라를 다른 나라에게 대적하게 하시고, 페르시아인들을 바벨론인들에게 대적하게 하시며, 바벨론인들과 로마인들을 유대인들에게 대적하게 하신다. 그는 로마제국을 종결시키는 임무를 튜턴족들에게 주셨다. 루터는 자신의 시대에는 하나님이 터키인들로 하여금 독일인들을 위협하도록 부르셨다고 느꼈다.

만일 어떤 것이 하나님 없이 이 세상에서 일어난다면 하나님은 자신의 신성을 잃으실 것이다. 루터는 이렇게까지 말한다: "하나님이 일으키지 않으시는 전쟁은 없고 그가 세우지 않으시는 평화는 없으며 그가 인도하지 않으시는 사람은 하나도 없다. 니느웨조차도 그의 도시이며 사탄도 하나님의 사탄이다."7)

역사 안에서 탐구 불가능한 하나님

그러나 만일 하나님이 지혜롭게 세우고 동시에 가차 없이 허물어 버리시며, 번창하게 하고 그 다음에 불행을 주시는 것이 사실이라면, 역사 이해에 대한 규범을 어디서 찾을 수 있을 것인가? 루터는 하나님의 전능하심에 대한 시인이 심각한 반론의 여지를 내포하고 있다는 사실을 모르는 바 아니었다. 그러나 그는 의인이 번창할 수밖에 없고 악인이 망할 수밖에 없다고 구약에 표현되어 있는 사상을 거부했다. 오히려 자주 그 반대로 된다는 것을 알았다: 성인들이란 고난당해야

---

7) 이 표현은 짜른트 (Heinz Zahrnt)가 한 것으로서 (*op. cit.*, pp. 20f.), 그는 다음에 근거하고 있다. *WA* 19, 626; 42, 507; 18, 710.

하는 이들이다. 그러나 이것은 하나님께 대한 루터의 믿음을 뒤집지 못하고 오히려 확정해 주었다. 결국, 만일 하나님이 인간이 완전히 이해할 수 있는 분이라면 그는 어떤 종류의 하나님이실 것인가? 완전히 이해가 된 하나님은 전혀 하나님이 아닐 것이다. 그는 인간의 상상력의 소산일 것이고, 따라서 우상일 것이다. 참 하나님과 우리의 상상력이 만들어 낸 신(神) 사이의 차이는, 그의 판단이나 그의 은혜에 있어서, 그의 위대하심이나 그가 피조물의 가장 작은 것에게까지 미치는 돌보심에 있어서, 전자는 이해를 초월하는 반면 후자는 그렇지 않은데 있다. 우리 사고의 계기(計器)는 공간적으로나 시간적으로, 양적으로나 질적으로, 하나님을 측정하기에 그저 부적합할 뿐이다. 오히려 우리가 하나님 앞에서 할 수 있는 것이란 오직 경의를 표하는 일이다.[8]

이성은 하나님을 완전하게 이해 할 수는 없지만 하나님 지식이 전적으로 결여된 것은 아니다. 자연인은 하나님이 계시다는 것을 알고 있고, 그의 존재에 대한 어떤 생각을 갖고 있다. 그는 하나님의 위대하심을 알지만 그의 뜻은 모른다. 루터는 말한다:

> 그는 하나님이 계신 것을 안다. 그러나 하나님이라는 이름의 이 존재가 누구이며 어떤 존재인지는 알지 못한다. … 하나님이 존재한다는 것을 아는 것과 하나님이 어떤 분이시고 누구 신가를 아는 것 사이에는 차이가 있다. 전자의 지식은 인간 본성이 소유하고 있고 모든 사람의 마음속에 기록되어 있다. 후자는 성령에 의해서만 가르쳐질 수 있다.[9]

---

8) Zahrnt, pp. 23ff.
9) WA 19, 206 (1526).

자연 이성은 역사 안에 계신 하나님을 이해할 수 없다. 권력, 부, 번영에 직면할 때, 이성은 그것을 하나님의 선(善)의 명백한 증거로 여긴다. 그 역(逆)도 마찬가지이다. 사람은 존재하는 사물들의 구조로부터 하나님의 의지의 성격을 추론할 수 있다. 루터는 "존재의 유비"(analogia entis)의 이 원칙이 모든 종교에 공통적이라고 말한다. 실제로, 이것은 그들의 으뜸 되는 원칙이다. 모든 국가들 중에서 사람들은 하나님의 선한 뜻을 역사적 사건들로부터 읽는다.10)

행운과 은혜의 동일시는 잘못된 해석에 기인한다. 행운은 하나님의 은혜를 반영하지 않고 단지 그의 우주적 통치(Weltregiment)를 반영할 뿐이다. 이방인들도 창조의 선물들을 나누어 갖지만, 이 선물들이 하나님의 뜻과 목적을 전부 드러내는 것은 아니다. 역사가 그 자체로서 계시는 아니다. 따라서 하나님의 뜻을 역사로부터 직접 읽으려는 시도로부터 불만족이 생기게 된다. 자연 안에서처럼 우리는 역사 안에서, 두려운 하나님의 위엄을 마주 대하게 된다.11)

참 하나님은 오직 그리스도 안에서만 발견된다. 그러나 이 계시를 잘 숙고하라! 그리스도 안에서도 하나님은 대체로 숨겨져 계신다. 그는 자기 자신을 베일로 가리셨는데, 왜냐하면 여기서 하나님은 자신을 타락한 세상에게 계시하시기 때문이다. 이 때문에 그리스도는 십자가상에서 무력하시다. 그러나 무력하신 분으로서 죄, 사망, 세상, 지옥, 마귀, 모든 악을 정복하신다. 루터는 십자가의 거리낌에 대해 날카롭게 표현한다: "살아계실 뿐만 아니라 주님이시고 생명을 주시며 죽은 자들을 일으키시는 분이면서도, 죽어 가는 그 사람처럼, 그렇

---

10) Zahrnt, *op. cit.*, pp. 25ff.
11) *Ibid.*, pp. 29ff.

게 바보 같고 믿겨지지 않으며 절망적인 것에 대해 이 세상에서 들어본 적도 없고 본 적도 없다."12)

이것이 하나님의 모든 활동에 있어 특징적인 점이다. 하나님의 "낯선 사역"은 항상 그의 "본래적 사역"에 선행(先行)한다. 하나님은 들어올리기 위해 떨어뜨리신다. 그는 살리기 위해 죽이신다.13) 독일 신학자인 짜른트(Heinz Zahrnt)는, 루터가 시편에서 "기이한"(wunderlich)이라는 낱말을 접할 때마다 이를 "불합리한"(widersinnig)이라는 뜻으로 받아들였다고 지적했다. 하나님은 인간의 사고와 지식의 자연적 형태에 반대되게 행하신다. 하나님의 원칙은 "정반대"(contrarium)의 원칙이다. 우리는 이 사상을 일찌감치 루터의 초기 저술에서 찾는다. 창조주에 대한 어떤 것도 직접적으로 피조물로부터 추론할 수 없다. 창조주와 피조물은 같은 자리를 차지하지 않는다. 우리는 자연 속에 보이는 효과를 보고서 그 뒤에 있는 원인에 대해 판단을 내릴 수가 없다. 감각 지각은 우리에게 참 하나님의 이해를 제공하지 않는다.14)

하나님은 오직 자신의 말씀 안에서만 스스로를 실제로 계시하신다. 믿음은 행위들로부터 말씀에게로 방향을 돌린다. 보는 것은 도움이 되지 않는다. 들어아 한다. 루터는 밀한다: "믿음은 보고 느끼는 것이 아니라, 듣는 것에 주목하거나 따르려는 본질이 있다. 믿음은 말씀에만 매달리며 외관이나 겉보기에는 매달리지 않는다."15)

믿음과 불신앙의 태도는 전적으로 다르다. 불신자는 모든 것들을

---

12) *WA* 19, 154 (1526).
13) L. Pinomaa, *op. cit.*, p. 115.
14) L. Pinomaa, "Luomakunnan asema Lutherin teologiassa," *Talenta quinque* (Helsinki, 1953), pp. 228ff.
15) *WA* 10 I, 2, 26 (1522).

먼저 판단한다. 그는 사물들을 미리, 그리고 있는 그대로 대면해 보길 원한다. 그는 직접적으로 사건들로부터 진리를 읽고 싶어 한다. 신자는 사건들이 아직 진행 중일 때 결론을 내지 않는다. 그는 사건의 순간에서 하나님을 알지 못한다. 그렇다고 해서 그는 안달하거나 불신앙에 빠지지 않는다. 그는 알게 될 때까지 기다린다. 이것이 귀납적 접근 방식이다. 믿음은 하나님의 얼굴을 바라보려 하지 않고, 말하자면, 뒤로부터 그를 보는 것에 만족한다.16) 불신앙은 지금 모든 것을 소유하길 원한다. 믿음은 현세의 것들은 잠깐만 지속되는 반면 영원한 것들이 참된 선이라는 것을 알기 때문에 기다릴 줄 안다.

하나님이 숨겨져 계시며, 모든 것들이 역사 안에서 정반대의 모습 속에 가려져 있다는 생각을 역사 이해의 어떤 원칙으로 전환시켜서는 안 된다. '정반대'의 개념이 모든 자물쇠를 여는 만능열쇠가 되어서는 안 된다. 그러면 하나님은 더 이상 숨겨져 계시지 않게 될 것이다. '정반대'의 열쇠가 사용될 때, 하나님은 어느 누구에게나 노출되실 수 있을 것이다. 그러나 하나님은 숨겨져 계시고 그렇게 계속 계시기를 원하신다. 그는 오로지 자신의 말씀 안에서만 알려지신다. 그러나 말씀조차도 역사의 자물쇠들을 여는 열쇠를 인간의 손안에 쥐어주지는 않는다. 믿음만이 역사 안에 있는 하나님의 활동을 이해한다.

믿음에 의해 규정된 역사 이해는 고백의 형태, 즉 죄의 고백(*confessio peccati*)과 찬양의 고백(*confessio laudis*)으로 있다. 이 둘은 근본적으로 동일하다. 이 고백들 속에서 인간은 하나님께 영광을 돌린다. 영예와 수치 속에서, 번영과 역경 속에서, 생명과 사망 속에서, 인간은

---

16) 본서 제1장을 참조.

하나님이 항상 옳으시다는 것을 인정한다.17) 믿음은 인간에게 안심할 수 있는 자리를 제공하지 않는다. 오히려 그 곳에서 쫓아낸다. 루터는 신자를, 사람들이 잠자는 동안 지붕 위에 앉아있는 외로운 새라고 묘사한다. 신자는 하늘과 땅 사이에서 지극히 외로운 존재이다. 그에게는 인간적 보호와 안전이 없고, 그가 믿음으로 묶여 있는 하나님만 있을 뿐이다.18)

역사의 불규칙적인 과정은 하나님이 되시려는 하나님의 욕구에서 발생한다. 그는 손에 고삐를 쥐고서 자신의 의를 집행하신다. 이것은 역사의 과정을 인간 논리의 계산 저 너머로 보낸다. 역사의 이 불규칙성과 변덕스러움은 루터가 "기적의 사람들" 혹은 "영웅들"이라고 부른 이들의 출현 속에서 가장 분명하게 드러난다.19)

루터에게 있어 역사의 세 가지 주된 요소들은 국가, 국가를 다스리는 권세, 예기치 않은 위대한 인물 혹은 영웅(*vir heroicus*) 이었다. 하나님은 창조에서 모든 사람들에게 선천적인 정의의 감각을 주셨지만, 이 감각은 다양한 역사적 상황 속에서, 오로지 그 목적에 특별한 재능을 갖춘 사람들에 의해서만 사용된다. 이 사람들은 역사의 창조적 지도자들이다. 신학적으로 표현하자면 그들은 자연법의 성육신이다. 그들의 특별한 은사는 특별한 상황의 요구들을 감지할 수 있는 능력이다. 이 "기적의 사람들"은 루터의 역사관에 있어 능동적 대리인들을 대표한다. 지도자로 부름을 받은 개인은 다른 이들이 하지 못하

---

17) E. Vogelsang, "Der Confessio-Begriff des jungen Luther," *Luther-Jahrbuch* (1930), p. 94.
18) G. Wingren, *Luther on Vocation* (Philadelphia: Muhlenberg, 1957), p. 39.
19) 참조: George W. Forell, *Faith Active in Love* (New York: American Press, 1954), pp. 136-139.

는 것을 할 수 있고 스스로 길을 닦을 수 있고 또 실제로 그렇게 한다. 그렇지 않다면 그는 "기적의 사람"도 아니고, 하나님으로부터 받은 사명을 완수하는 것도 아니다. 그는 하나님에게서 배운다. 하나님은 그의 마음속에 반드시 성취해야 할 것을 넣어주셨다. 하나님은 상황이 필요로 할 때 그러한 "기적의 사람들"을 보내신다. 하나님은 사탄—사탄도 이 세상에서 자신의 권세를 행사하고 있는데—과의 투쟁에서 이 영웅들을 필요로 하신다. 이 싸움은 유동적이다. 새롭고 예상치 못한 상황들 속에서는, 기존의 방식들에 따라 행동하지 않고 과거를 자신의 본으로 삼지 않으며, 새로운 길들을 개척할 줄 아는 사람들이 요구된다. 이것도 기독교적 믿음이 단지 이데올로기에 불과한 것이 아니라 하나님과 인류사이의 교제라는 것을 가리킨다. 하나님은 기적적인 방법으로 역사의 과정을 지배하신다.[20]

그러나 기적의 사람들은 하나님이 원하실 때에만 위대한 일들을 성취할 수 있다. 하나님의 활동은 이 점에서 예정의 성격을 갖는다. 루터는 말한다:

> 그것은 개인마다 다르다. 만일 하나님이 그를 사용하기를 원하시면, 그가 완전히 백치라도 일이 성공할 수밖에 없다. 그러나 만일 그가 [하나님의] 인물이나 사람이 아니라면, 아홉 명의 솔로몬이 그의 머리 속에 앉아 있고 열다섯 명의 삼손이 그의 마음속에 있을지라도, 그것은 성공하지 않을 것이다.[21]

노력한다고 해서 성공이 자동적으로 뒤따르는 것은 아니다. 물

---

20) G. Wingren, *op. cit.*, pp. 156ff.
21) *WA* 51, 212 (1535).

론, 선한 양심을 갖고 있는 사람은 악한 양심을 갖고 있는 사람보다 더 영웅적이다. 또한 신실하게 한 일은 그 결과가 성공적일 수 있다. 그러나 한 사람이 다른 사람보다 노력을 덜 들이면서도 더 큰 결과들을 얻을 수 있다. 노력과 성공 사이에는 깊은 틈이 놓여져 있으며, 성공이 뒤따를 것인지 아닌지의 여부가 결정되는 중대한 지점이 있다. 그 지점이란 하나님의 축복으로서, 인간이 아무리 노력한다 할지라도 통제할 수 없는 그 무엇이다. 도덕적으로 나무랄 데 없는 삶이라고 해서 성공이 보장되지는 못한다. 하나님의 축복과 관련된 확실성은 심지어 하나님 자신이 세우신 창조의 질서에 의해서도 주어지지 않는다. 하나님은 참으로 결혼관계에서 자녀들이 태어나도록 정해놓으셨지만, 결혼한 부부가 모두 아이를 갖는 것은 아니다. 하나님은 평화가 정치적 질서의 틀 안에서 유지되도록 정하시긴 했지만, 그럼에도 불구하고 평화는 늘 조직화된 사회 안에서 지배해온 것은 아니다. 하나님은 말씀의 선포를 통해 믿음이 오도록 정하셨지만, 성령이 모든 설교를 통해 일하시는 것은 아니다.

    루터는 역사 어디에서나 하나님의 인격적인 의지를 만난다. 하나님은 모든 것의 최종적인 법칙이시나. 우리가 역사의 논리를 실명하려고 시도할 때, 많은 중요한 사건들에 대해 다음과 같이 써야한다: "하나님이 이렇게 원하셨다." 죄의식과 화해사이에, 노력과 성공 사이에, 공의와 승리 사이에 실질적인 연결이 없는 것처럼 보인다. 그럼에도 불구하고 역사에 있어 외관상의 불규칙성은 하나님의 공의 또는 의를 반영한다.

    신정론은 하나님의 정의를 입증하려는 인간의 시도이다. 인간은 이성을 갖고서 하나님의 우주적 통치를 이래라 저래라 결정하려고 한다. 루터는 그러한 유혹에 저항한다. 짜른트(Zahrnt)는 루터가 이 질문을 뒤집었다고 말하면서, 인상적으로 표현하였다. 즉, 루터는 각각의 역사적 사건에 대면하여, 인간 앞에 있는 하나님의 의가 아니라 하나님 앞에 있는 인간의 의에 대해 관심 있어 했다는 것이다.[22] 전자는 하나님의 사역들이 이성적 기준들에 의해 이해 될 수 있음을 의미하고, 후자는 인간이 그것들을 이해하건 못하건 하나님의 심판들에 순종해야 함을 의미한다.

  루터는 법학도들에게 정의에 대한 자신들의 개념을 절대화시키고 그 실현을 기대하는 경향이 있다고 느낀다. 그는 이것이 동시대에 일어나고 있음을 본다. 각자 자신의 정의의 이상을 엄격하게 집행하려고 하지만, 매번 그 결과는 나쁘다. 하나님의 우주적 통치는 그의 우주적 공의에 따라 이루어지는 반면, 인간에 의한 역사 평가는 그의 빈약한 공의 개념에 따라 이루어진다. 하나님의 통치는 그의 공의와 동등하다. 때때로 그는 개인의 권리를 침해하면서 자신의 공의를 집행하실 수 있다. 그러나 이것은 그 한 개인에 대한 불공평한 행위가 아니다. 그 개인은 단지 하나님의 우주적 공의에 참여하는 기회를 얻은 것이다. 인간은 하나님의 뜻에 굴복하여 하나님만이 의로우시며 어느 누구도 그 앞에서 의롭지 않다는 것을 안다. 이와 다르게 행동하면서 자신의 정의의 개념을 고집하는 사람은 자신의 사건에 대해 스스로 심판관이 되고 하나님의 재판권에서 벗어나려고 한다. 이를 시도하는 것은 스스로를 속이는 것이다.

  루터의 신학에 있어 핵심적 사상 하나는 하나님이 하나님이셔야

---

22) Zahrnt, *op. cit.*, pp. 192ff.

한다는 것이다. 이것은 하나님이 자신의 행동에 있어서, 인간이 이해하고 인정하는 공의의 형태를 준수하실 필요가 없다는 생각을 포함한다.

여기서도, 루터의 의도가 어떤 논리적 체계를 세우려 한 것이 아니라는 것을 언급할 수밖에 없다. 그의 관심사는 양심의 괴로움과 고뇌 속에 있는 인간들을 돕는 것이었다. 그에게 있어 신학은 실제적인 목적을 갖고 있었다. 하지만 그의 사상들의 중심을 이루는 명확한 초점이 있었다. 모든 일들에 있어 하나님은 하나님이셔야 하며, 인간은 어떤 상황 하에서건 자신이 피조물이며 세상의 지극히 작은 존재라는 것을 기억해야 한다는 것이다. 인간은 결코 자신의 행위를 통해서나 생각을 통해 하나님께 명령을 내리려고 시도해서는 안 된다(이사야 55:9).

제6장
그리스도의 품격과 사역

포겔장(Erich Vogelsang)은 『루터의 기독론의 시작』(*Dei Anfänge von Luthers Chrsitologie*, 1929)에서 루터의 기독론이 전통적인 가톨릭 교리에서 완전히 벗어났다는 것을 보여준다. 피터 롬바르드(Peter Lombard)와 토마스 아퀴나스(Thomas Aquinas)와 같은 선도적인 가톨릭 신학자들은 그들의 교리를 위로부터, 즉 그리스도의 선재(先在)와 삼위일체론과 두 본성론으로부터 시작한다. 루터는 구원론에 관련되지 않는 한, 구세주의 품격에는 관심을 보이지 않는다. 그리스도의 사역이 중심적이므로 루터는 오직 이것과 관련해서만 그리스도의 품격을 다룬다.

루터에게 있어 전통적인 스콜라적 접근은 너무 철학적이었거나, 더 정확히 말하면 논리적-형이상학적이었다. 루터는 성경적 사상의 노선을 추구했다. 그의 사고방식에 의하면, 스콜라주의자들은 신적인 사항들을 너무 가볍게 다루었다. 무두질하는 구두수선공들처럼 그들은 주제 자체에 대한 존경심을 결여하고 있었다.

성경의 심장이신 그리스도

루터가 스콜라주의의 관념과 사고 형태들을 이해하지 못한 것은 아니다. 오히려 그는 그것들에 매우 정통해 있었다. 그러나 기독교 초기 몇 세기의 신조들은 스콜라주의자들의 손에서 그 본래의 생명력을 잃어버렸으며, 루터가 거부한 것은 바로 신조들의 무미건조한 이해였다. 그는 신학적 지식에 대한 새로운 기초를 발견했는데, 이 기초는 성경을 십자가에 달리신 그리스도에 대한 메시지로 만들었다. 스콜라주의자들이 의도적으로 이성과 계시로부터 교리를 이끌어낸 반면, 루터는 십자가의 말씀을—그것이 자연적 사고에는 어리석은 일이며 걸림돌이 된다는 사실에도 불구하고—기독교 지식의 유일한 원천으로 세웠다.[1]

루터의 초기 신학을 대표하는 가장 방대한 저술은 첫 번째 시편강해이다. 루터는 전통적인 방식으로 그리스도를 시편의 예언들 가운데서 발견한다. 그는 모든 기도를 그리스도의 기도로 이해한다. 원수 갚기를 부르짖는 시편들에 있어서는 이것이 불가능한 상황으로 인도한다. 전통적 해석은 각 구절을 네 가지 방법으로 설명했다. 첫 번째로는 문자적으로(literally) 혹은 요즘 표현으로 역사적으로(historically), 두 번째로는 상상을 자유롭게 사용하면서 우의적으로(allegorically), 세 번째로는 각 절이 현재의 순간에서 각 개인에게 주는 의미를 추구하여 비유적으로(tropologically, 루터에게 가장 중요하게 된 것은 이 형태였다), 그리고 네 번째로는 최종적 완성의 관점에서 의미를 추구하면서 신비적으로(anagogically) 또는 종말론적으로(eschatologically) 설명했다.

---

1) E. Vogelsang, *Die Anfänge von Luthers Christologie* (Berlin, 1929), pp. 11ff.

현재의 순간에 강조를 두는 비유적(tropological) 해석의 형태가 루터에게 유일한 중요성을 갖게 되었을 때, 그는 가톨릭주의로부터 멀어지게 되었다고 할 수 있겠다. 동시에, 그리스도는 성경 전체의 주님과 그 내용이 되었다. 요한복음 10장 9절이 그리스도를 문과 길이라고 부를 때, 루터는 이를 그리스도가 하나님 지식에 이르는 유일한 문과 길을 의미한다고 이해한다. 어느 누구도 스스로 신적 위엄에 도달할 수 없다. 십자가는 하나님의 계시의 내용이며 목표이다. 그리스도는 성경의 "태양이며 진리"이다. 성경의 단 한 글자도 그리스도의 십자가를 떠나서는 제대로 이해될 수 없다. 루터는 반복하여 말한다: "그리스도의 십자가는 성경 어디에서나 우리를 만난다."[2]

성경의 비유적 해석에서 그리스도는 지금 여기에 구세주로 와 계신다. 그리스도 안에 있는 하나님의 계시는 과거에 일어난 일이거나 미래에 일어날 일이 아니다. 왜냐하면 그것은 어제와 오늘, 그리고 영원히 일어나기 때문이다. 루터는 하나님이 인간의 양심에 말씀하시는 것을, 과거와 미래가 현재 순간의 일부가 되는 것으로 이해했다. 하나님이 옛날 옛적에 우리에게 자비를 베푸셨다거나 미래 어느 시점에 자신의 진노를 보이실 것이라고 말할 수는 없다. 하나님의 의시는 단일한 실체로서 영원하고 변함이 없다. 그리스도는 하나님의 유일한 계시자이고 유일한 구세주이다.

루터는 죄인의 칭의를 이 동일한 기독론적 관점에서 본다. 그리스도는 수태되는 그 순간부터, 단 하나의 행위도 행하기 전에 하나님에 의해 성화되었으며 의로웠다. 비유적으로 이것은 그리스도인에게

---

2) *Ibid.*, pp. 16ff.

도 마찬가지이다. 그리스도 안에서 하나님은 그리스도인을 거룩하게 하시고 의롭게 만드신다. 이것 이후에야 그리고 이것에 근거하여 하나님을 기쁘시게 하는 행위들이 온다. 그리스도 안에 참여하는 것이 칭의이고 중생이다. 이 인식들은 이미 1513년부터 1515년까지의 첫 번째 시편강해에서 발견된다. 그러므로 루터가 1520년 선행에 관해 쓴 유명한 논문은 동일한 이 생각들을 반복할 뿐이다. 간략히 말해, 여기서 전체 사상은 선행이 선한 사람을 만드는 것이 아니라 선한 사람이 선행을 행한다는 것이다.

그러나 루터의 많은 사상들은 중세 신비주의의 어떤 인식들을 재진술한 것이다. 신비주의도 모든 것을 현재 속으로 가져온다. 신비주의는 그리스도와 영혼의 결합에 대해, 영혼이 그리스도로 옷 입음에 대해 부드럽게 이야기한다. 그러나 강조점의 차이는 명백하다. 루터는 영적 출생의 우의적(allegorical) 묘사에 침잠하지 않는다. 그리스도는 무아경 속이나 고행적 훈련 속에서가 아니라 믿음 안에서 인간에게 오신다. 루터는 성례전과 명상을 강조하지 않는데, 왜냐하면 그에게는 복음의 설교가 가장 중요하기 때문이다. 믿음은 들음에서 온다. 그리스도와 말씀 내지 복음은 사실상 동의어이다. 루터는 하나님 말씀의 재생시키는 능력을 믿는다. 그는 많은 신비주의자들처럼 영적 탄생에 대해 말하고 하나님의 능동성과 인간의 수동성을 강조한다. 그러나 신비주의가 다단계(多段階)적 명상을 영적 탄생의 필요조건으로 본 반면, 루터는 칭의를 인간의 전제조건을 필요로 하지 않는 하나님의 일로 묘사한다. 영적 탄생이 신비주의자들에게는 길고도 고통스러운 과정의 결과였으나, 루터에게는 하나님이 인간 속에서 시작하시는 일이다. 칭의에서 하나님은 인간 속에 새 의지를 창조하신다. 루터는 특히 그의 초기 신학에서 그리스도를 믿음(faith in Christ)을 우리 안에 계신 그리스도(Christ in us)와 동일시하였다. 포겔장(Vogelsang)은 이것을 루터의 기독론의 심장으로 본다. 기독론의 관점에서 볼 때 우리의 칭의, 구속, 성화 그리고 완전은 모두 그리스도 안에서 완성되고, 사실상 이것들 모두 동일한 것을 의미한다.3)

그리스도의 십자가

루터가 어린 시절 하나님을 엄격하고 요구가 많은 분으로, 그리고 그리스도를 부드러운 구세주로 배웠으리라고 우리는 생각할 수 있다. 실제로, 그의 유년시절에 심판주로서 구름위에 좌정한 채 세상을 심판하기 위해 오시는 이로 묘사된 분은 바로 그리스도였다. 그 때부터 그리스도는 루터에게 하나님자신만큼이나 엄격했다. 슈타우피츠(Staupitz)는 루터가 그리스도라 불리는 분에게 눈을 고정시킬 것을 자주 강권하였으나 루터의 깊은 죄의식은 엄격한 심판자의 모습을 앞에 붙들고 있었다. 첫 번째 시편강해 과정에서 *iustitia*(의)라고 하는 시편의 라틴어 낱말이 새로운 의미를 갖게 되었다. 학자들은 결정적인 변화의 날짜에 대해 의견이 분분하다. 히르쉬(Hisrch)는 시편 31편 1절의 해석에서 일어났다고 생각하는 반면, 포겔장(Vogelsang)은 시편 71편 1절의 해석으로 본다. 최근 연구에서 비처(Ernest Bizer)와 프렌터(Regin Prenter)는 "탑의 경험"의 시점에 대해 각기 다른 견해를 피력했다. 어느 경우가 되었든 의로움, 가치 있음, 거룩함은 이제 전제조건으로서 끝이 나고 대신 선물이 된다. 전통적 해석에 따르면, 시편의 말씀

---

3) *Ibid.*, pp. 63ff.

속에서 하나님께 기도하는 이는 바로 그리스도였다. 따라서 요구사항은 일차로 그리스도의 경우에 선물이 되지만, 그리스도인도―비유적 원칙(tropological principle)에 의거하여 그리스도를 그리스도인으로 대체하여―의를 하나님의 선물로서 받는다. 그리스도는 기꺼이 하나님에 의해 버림당하려 했다. 그는 십자가위에서 "나의 하나님, 나의 하나님, 어찌하여 나를 버리셨나이까?"라고 울부짖었다. 여기서 루터는 "그가 음부에 내려가셨다"(루터교회, 성공회를 제외한 한국의 대부분의 개신교파는 이 구절을 생략함: 역자 주)는 신조의 의미를 발견하였다. 포겔장은 루터만큼 하나님에 의한 전적 거부의 개념을 그리스도에게 적용하려한 사람이 아무도 없었다고 말한다. 루터만큼 그리스도의 고난의 의미를 하나님의 저주와 거부로 이해한 사람이 없었다. 음부로의 하강은 그리스도의 굴욕의 최저점을 의미한다. 그는 스스로, 지옥 안에서 저주받은 이들의 운명을 짊어지셨다. 여기에 루터의 십자가 신학의 놀라운 위로가 있다.4)

만일 은혜를 받기 위한 조건들에 대한 상세한 가톨릭교리의 흔적들이 루터의 초기 신학에 분명히 잔재한다면, 그것들은 인간이 무조건적으로 하나님의 심판에 굴복해야 하며, 하나님이 판결을 인간에게 내리실 때 그가 옳으시다는 것을 인정해야 한다는 생각 안에서 찾을 수 있다. 십자가형을 당하신 분의 절망에 대한 이해가 깊어지면 깊어질수록 심판은 더 심각해진다. 그리스도와 신자는 십자가에 의해 연합된다. 그리스도인도 가장 깊은 절망가운데로 인도된다. 그도 지옥 안으로 하강해야, 즉 하나님이 죄를 심판하신다는 진리를 경험해

---

4) *Ibid.*, pp. 88ff.

야한다. 이것은 경건한 명상 이상의 일로서, 하나님의 진노아래 있는 심판에 수반되는 고통과 고뇌와 절망은 실제적이다.

그리스도는 지금 내게 어떤 의미가 있는가? 이 질문은 루터의 해석을 새로운 방향으로 이끌었다. 새로운 빛이 그리스도의 십자가를 조명했다. 그 빛 속에서 루터는 하나님의 진노와 하나님의 사랑을 동시에 보았다. 보통 우리는 진노와 사랑이 서로를 약화시키거나 심지어 무효화하는 적대자라고 생각한다. 그러나 루터는 성부의 징벌하시는 진노가 그의 사랑의 실현을 위한 것임을 알았다. 진노와 선함은 서로 뒤엉켜있다. 구원은 십자가 안에서, 축복은 저주 안에서, 기쁨은 고난 안에서, 생명은 죽음 안에서 발견된다. 십자가에 달리신 분 자신이 이 모든 것을 그의 지상 생활과 인격 안에서 계시하신다. 그는 자신을 위해서가 아니라 우리를 위해 징벌을 자취하셨다.

루터는 이러한 생각들이 발견되는 초기 복음적 신학에서 이미, 그리스도가 우선적으로 우리의 모범이라고 하는 생각을 거부한다. 모범으로서의 그리스도(Christus exemplum)인가 아니면 우리를 위한 희생제물로서의 그리스도(Christus sacramentum)인가에 대한 양자택일이 차츰 그에게 분명해진다. 우리에게 주신 하나님의 선물이 우리의 생명과 구원이므로 그리스도를 모범으로 삼을 때 우리는 절망에 빠지게 된다. 루터는 진정 그리스도를 모범으로 이야기하지만, 우리가 흉내내야 하는 분으로서는 아니다. 왜냐하면 우리를 그리스도와 동형으로 다듬으시는 분은 하나님 자신이기 때문이다. 그리스도와 우리의 하나됨은 처음부터 끝까지 하나님의 일이다.

십자가에 달리신 분 앞에 서서, 젊은 루터의 그리스도관은 바뀌었다. 그리스도는 더 이상 엄격한 심판주가 아니라 구세주였다. 말하자면, 심판주가 스스로 그 징벌을 짊어지셨다. 하나님에 관한 스콜라적 견해에 의해 채색된 그리스도상(像)은 복음서의 그리스도에 의해 묘사된 하나님상(像)으로 대체되었다.5)

화목

그리스도의 십자가는 루터의 화목교리의 본질을 결정했다. 많은 이들이 루터가 화목 교리에 있어 신인(神人)이 단 한번에 이루신 속죄가 하나님의 진노를 진정시켰다고 가르친 캔터베리의 안셀름(Anselm of Canterbury)의 발자취를 따르고 있다고 생각했다. 죄 값에 대한 인간의 심판대신에 이제 그리스도의 대속 행위(satisfactio vicaria Christi)가 서 있는데, 이 행위는 신인(神人)의 무한한 개인적 가치 때문에 절대적으로 충분하다. 이렇게 획득된 죄의 사면은 세례와 고백의 성례전들을 통해 인간에게 전달된다.

그러나 루터의 화목 교리는 근본적으로 다르다. 대속 개념은 심판의 심각성의 약화를 의미한다. 그리스도는 참으로 우리 죄의 심판을 짊어지신다. 루터는 하나님이 그의 자비 안에서 죄를 벌하지 않으신다는 개념을 틀린 생각이라고 본다. 하나님은 죄를 미워하시며, 그의 용서는 징벌과 심판을 통해 실현된다. 루터는 하나님의 "낯선 사역"(strange work)과 "본래적 사역"(proper work)에 대해 말한다. 하나님의 낯선 사역에 대한 개념은 이사야서에서 왔다(28:21). 루터는 독창적 인식을 갖고서 이것을 하나님의 본래적 사역 개념으로 보완한다. 인간은 전자 안에서 하나님의 심판을 보고, 후자 안에서 하나님의

---

5) *Ibid.*, pp. 96ff.

은혜와 선을 본다. 하나님은 자비를 보이시기 위해 심판하시며, 자비를 보이실 때 비로소 고유한 사역을 행하신다.

안셀름과 루터의 화해교리 내지 속죄교리는 인간이 그리스도의 사역을 자기의 것으로 하는 것에 대해 우리가 물을 때 분명해진다. 하나님은 왜 그리스도의 공적을 어떤 이의 것으로는 간주하시고, 어떤 이의 것으로는 간주하시지 않는가? 안셀름은-그리고 멜랑크톤도-인간이 책임을 지도록 만든다. 믿음으로 인간은 그리스도의 공적을 자신의 것으로 한다. 이것은 고대의 전통적인 반(半)펠라기우스 교리의 한 형태이다. 루터는 다르게 대답한다. 대속사역은 화해행위의 유일한 주체이신 하나님을 가리킨다. 그리스도의 사역은 하나님의 사역이다. 하나님은 우리를 위해 그리스도 안에서 하신 일을 우리 안에 계신 그리스도를 통해 계속하신다. 안셀름, 멜랑크톤, 그리고 많은 이들은 구원을 인간과 하나님 사이의 거래로 본다. 그러나 루터는 그것을, 인간을 싸움터로 삼고서 하나님과 사탄이 벌이는 투쟁으로 본다.6)

여기서 우리는 은혜와 속죄사이의 위대한 양자택일에 직면한다. 죄책과 속죄는 거의 모든 종교의 기본 되는 주제들이다. 죄책이 속죄 받아야 한다는 생각은 의식상의 정결, 금식, 자기 부정, 심지어 인간 희생물 등의 여러 형태로 나타난다. 이것은 죄책감이 인간 존재 속에 얼마나 깊이 뿌리를 내리고 있는지를 보여준다. 속죄의 개념과 관련된 것들은 피의 보복의 원칙들, 즉 눈에는 눈으로 이에는 이로의 원칙들이다.

---

6) *Ibid.*, pp. 105ff.

초기 가톨릭교회는 예수의 복음이 있었지만 그럼에도 인간이 하나님의 노를 푸는 완벽한 체계를 세웠다. 성수(聖水)가 정화의 제수(祭水)를 대신했고, 수많은 의식들이 정결의 요구를 만족시켰고, 성례전들은 새로운 의미를 갖게 되었으며, 미사는 희생이 되었고, 사제들은 희생 종교의 사제들처럼 하나님과 인간 사이의 매개자의 지위를 차지했다. 가톨릭주의는 복음을 수많은 의식과 예식을 갖춘 종교로 변질시켰는데, 그 중심에는 하나님과 화해하려는 의도를 갖고서 그에게 향하는 인간의 행위가 있었다. 하나님의 마음이 인간에 대해 호의적이 되도록 해야 했다. 수도원 입회는 인간이 하나님의 호의를 얻기 위해 자신의 전 생애를 바치는 거대한 희생이었다. 루터는 가톨릭의 기독교가 그처럼 은혜의 종교와 유화(宥和, appeasement)의 종교의 가망 없는 혼합이 아니었다면 수도원에서 그렇게 깊은 영혼의 절망을 경험하지 않았을 것이다. 어거스틴과 안셀름은 이 체제의 근간을 흔들었지만, 그럼에도 불구하고 유화(宥和)의 종교를 그대로 남겨 놓았다.[7]

가톨릭 체제의 붕괴를 가져오는 것은 루터의 몫이었다. 로마서 3장 28절("그러므로 사람이 의롭다 하심을 얻는 것은 율법의 행위에 있지 않고 믿음으로 되는 줄 우리가 인정하노라")의 이해를 갖고서 신약의 원천으로 돌아간 루터는 그리스도의 대속의 희생을 전적인 하나님의 일로 보았다. 그리스도의 사역 안에서 하나님 자신이 일하신다. 믿음에 의하건 다른 무엇에 의하건 우리는 그리스도의 대속의 속죄에 아무 것도 보탤 수 없다. 기독교 역사에서 하나님의 사역을 하나님의 사역으로 존중하고 인간의 행위를 추가하지 않는 것에 대해 루터만큼 관심을 기울인 사람은

---

[7] H. Bornkamm, *Luther's World of Thought* (St. Louis: Concordia, 1958), pp. 182ff.

아무도 없었다.

분명 안셀름의 만족설(Loskauftheorie)은 하나님과 사탄을 끌어들이는 루터의 속죄관과 조화 되지 않았다. 포겔장(Vogelsang)은 루터가 첫 번째 시편강해에서 이전 해석자들의 인용을 포함하는 여백주석(glossa)에서는 안셀름의 이론과 유사한 견해들을 나타내지만, 더 자세하고 자신의 견해를 드러내는 행간주석(scholia)에서는 결코 안셀름 식으로 속죄를 해석하지 않는다는 흥미로운 관찰을 한다.

전통적 스콜라주의 견해에 따르면 속죄의 희생이 하나님의 진노를 진정시켰다고 했다. 루터가 교회의 과거 교사들보다 더 하나님의 진노를 강하게 강조했기 때문에 그리스도의 죽음의 화해적인 면에 대해 특별한 주의를 기울였을 것으로 기대할 수 있다. 그러나 놀랍게도 우리는 그가 정반대로 나간 것을 발견한다. 두꺼운 분량의 첫 번째 시편강해에서 하나님의 화해에 대한 언급이 전혀 없다. 루터는 그리스도의 죽음이 하나님의 진노를 달래는 것으로 ─ 손상들에 대한 배상의 의미에서 ─ 보지 않는다. 만일 그랬다면 하나님이 자신의 선하심을 따라 행하시는 것이 가능하게 되었을 것이다. 하나님의 진노는 그 모든 엄격함 가운데 그대로 있다. 그러나 그것은 하나님의 낯선 사역으로서 하나님의 본래적 사역을 위한 봉사를 강요당한다. 진노는 징벌 안에서 스스로를 계속해서 보여주지만, 그것은 "자비의 진노"(ira misericordiae) 혹은 용서하는 진노이다. 진노는 아프게 하기를 두려워하지 않는 사랑이다. 왜냐하면 낫게 하기 위해 그렇게 하기 때문이다.8)

속죄는 새로운 의미를 갖는다. 일반적으로 우리는 속죄와 희생

---

8) E. Vogelsang, *op. cit.*, pp. 109ff.

을, 하나님 안의 새롭고 변화된 태도를 얻기 위해 하나님 밖에서 인간에 의해 행해진 가치 있는 행위라고 생각한다. 루터에게 이것은 이교와 불경(不敬, Widergöttliches)의 가장 조잡한 형태이다. 어떤 상황에서라도 우리는 신인(神人)이신 그리스도가 하나님 밖에 있는 것으로 생각해서는 안 된다. 그리스도의 품격과 사역은 하나님의 자비롭고 구원하시는 징벌의 행위를 전제한다. 우리에게 대한 하나님의 태도는 그가 그리스도를 우리를 위해 내어 주셨다는 사실 안에 계시되어있다. 성육신은 하나님 마음의 계시이다. 하나님의 태도를 바꾸기 위해 속죄가 필요한 것이 아니다. 왜냐하면 속죄를 알리는 것은 바로 그의 사랑이기 때문이다.

본캄(Bornkamm)은 인간이 하나님 앞에서 자신의 죄책을 속(贖)할 수 있다는 개념에 반대하기 위해 루터가 내세운 두 개의 진리를 가리킨다.

1) 우리는 단 하나의 과거의 행위에 대해서도 원상복구를 할 수 없다.
2) 우리는 미래를 소유하고 있지 않다.[9] 다른 말로 하면, 루터는 우리가 과거나 미래에 관해 어떠한 변화도 줄 수 없다고 말한다.

첫 번째 진리는 이해하기가 쉽다. 우리는 행한 일을 원상태로 돌릴 수 없다. 죄의 고백이 우리가 행한 잘못을 없앨 수 없다. "만일 누가 어떤 사람을 속였다면, 신뢰와 신임이 배반당함으로써 생긴 고통은, 죄의 고백—아무리 정직한 것일지라도—에 의해 치유되지 못한다."[10] 우리는 우리 자신의 삶으로부터 또는 다른 사람들의 삶으로부터 아무 것도 제거할 수 없다. 지나간 과거에 대해 우리는

---

9) H. Bornkamm, *op. cit.*, pp. 166ff.
10) *Ibid.*, p. 166.

무력하다.

　그러나 두 번째 진리는 더 어렵다. 우리는 이것이 어리석은 짓인 줄 깨닫지 못한 채, 우리에게서 부당한 일을 경험한 이웃에게 속죄를 하기 위해 이중의 사랑을 베풀려고 계획한다. 그러나 이것은 무의미한 일인데, 왜냐하면 우리의 미래는 이미 전적으로 그 이웃에게 속한 것이기 때문이다. 미래는 우리가 자유자재로 나누어 줄 수 있는 사랑이나 능력이나 희생을 갖고 있지 않다. 우리가 나누어 줄 수 있는 것이란 아무 것도 남아있지 않다. 과거의 빚을 청산하기 위해 우리가 할 수 있는 특별한 행위들이란 아무 것도 없다. 우리는 우리 자신의 것이 아니다. 우리는 전적으로 하나님과 우리 이웃에게 속해있다.[11]

　인간은 항상 하나님의 태도를 바꿔보기 위해 무엇인가 하려고 한다. 그는 하나님께 희생을 드리고 싶어 한다. 루터의 사고방식에 있어서 인간 편에서 자신의 죄들을 속죄하기 위해 행하는 어떠한 노력도 이교적이고 불경스러운 일이다.

　그러나 루터도 희생의 개념을 알고 있었다. 그는 시편에서 감사와 찬양의 희생 개념을 반복해서 발견한다. 이것으로부터 그는 희생이, 하나님을 활동적으로 만들기 위해 인간이 행하는 그 무엇이 아니라, 하나님의 일 안에서 비롯되고 인간을 활동적으로 만드는 것이라는 결론을 내린다. 하나님은 일하시고 주신다. 그리고 인간은 그것에 대해 하나님께 감사하고 찬양을 드린다. 사람이 하나님 앞에서 할 수 있는 것은 오로지 자신의 무능력과 무력함을 고백하고 하나님께 그 선하심을 감사하는 것이다. 우리는 우리 스스로 아무것도 갖고

---

[11] *Ibid.*, p. 148.

있지 않다. 모든 것은 하나님에게서 온다. 그러므로 우리는 그에게 우리의 감사만 아니라 우리 자신을 빚지고 있다. 하나님은 우리의 것을 원치 않으신다. 그는 우리를 원하신다. 로마서 12장 1절에 따르면 하나님께 드리는 감사의 제물은 하나님의 사역에 대한 복종, 죄에 대한 하나님의 심판의 수용, 옛 사람의 십자가형, 그리고 하나님으로부터 새 사람을 받음을 의미한다.

루터는 희생 개념을 버리지 않고, 그것을 그리스도인의 삶을 특징짓는 매일 매일의 죽음과 부활의 개념 속에 통합시켰다-그는 이를 『소교리문답서』에서 말한다. 희생의 이 이해는 그리스도의 십자가를 포괄(包括)한다. 십자가는 모든 것의 한 가운데 서 있지만, 비유적(tropological) 원칙의 빛 안에서 그것은 하나님과 그리스도사이의 그 무엇으로가 아니라 우리의 칭의와 성화를 내포하는 그 무엇으로 이해된다. 하나님과 그리스도사이의 그 무엇으로서의 십자가는 영광의 신학의 한 항목이 될 것이지만, 루터는 그 차원에서 신학하기를 거부한다. 그는 이 점에서도 십자가의 신학 안에 머물러 있는데 성공한다. 가톨릭 신학은 항상 희생 또는 하나님께 대한 인간의 복종을 공적(功績)의 틀 안에서 보았지만, 루터는 우리를 위한 그리스도의 사역을, 총체적인 희생 개념에서 공적(功績)의 요소를 완전히 제거한 방식으로 볼 수 있었다. 기독론적 해석과 비유적 해석은 서로 섞이게 되었다. 희생은 죄를 죽이는 것과 하나님께 대한 순종에서 자신을 내어주는 것을 의미했다. 그리하여 희생은 십자가와 동일한 신비, 즉 삶과 죽음의 신비를 의미한다. 십자가의 희생은 단순히 하나님의 낯선 사역이다. 그러나 징벌은 생명을 위한 것이다. 즉, 그리스도는 우리 대신에 죄가 되셨다. 이 때문에 하나님은 그를 죽음에 넘기우셨다. 그리스도는 우리를 위해 하나님에 의해 제공되었는데, 이는 그가 동일한 방식으로 우리를 하나님께 바치기 위함이었다. 이것은 우리가 다음과 같은 루터의 인상적인 발언에 대해 적용해야 하는 해석이다: "그리스도는 우리를 위해 바쳐졌다, 그 자신 안에서 우리를 바치면서."12)

그리스도와 사망의 권세들

앞부분의 분석은 루터가 스스로를 로마가톨릭교회의 충성된 일원으로 간주했던 때 견지했던 기독론의 초기 단계에 기초하고 있다. 그는 신학교수로서 교회가 인준한 성경 해석을 학생들에게 제공할 의무가 있었다. 그러나 그 자신도 미처 알아채지 못한 상태에서, 성경에 대한 충실함이 점차 교회의 이전 교사들에 대한 충실함보다 더 결정적인 것으로 되었다. 많은 경우에 있어서 그는 과거의 이 신학자들을 비판하고 새로운 행로를 개척해야 한다고 느꼈다. 자신도 모르게 내적으로는 자신의 교회로부터 멀어졌다.

후기 루터의 기독론의 중심 주제는 그리스도와 사망의 능력들과의 싸움이었다. 루터는 이제 그리스도의 지상의 삶을 기나긴 투쟁으로 보았으나, 또한 이 투쟁이 그리스도께서 영광으로 승천하신 이후 신자들의 마음속에 계속되는 것으로 보았다. 루터의 저술 속에서 마귀, 죄, 사망, 지옥에 대해 지속적으로 반복되는 발언들은 신화(神話)도 아니고 그저 케케묵은 수사(修辭)도 아니다. 이것들은 하나님께 대한 인간관계의 실제, 곧 믿음의 싸움을 묘사한다. 그리스도인의 마음속에서는 율법과 복음, 하나님께 대한 절망과 신뢰, 패배와 승리 사이의

---

12) WA 3, 542 (1513-15). 참조: E. Vogelsang, *op. cit.*, pp. 111ff.

싸움이 계속된다.

루터는 『대교리문답서』(Large Catechism)에서 사도신조의 두 번째 항목에 대한 설명에서 그리스도의 통치를 다음과 같이 정의한다:

> "주가 되신다"는 것은 무엇인가? 그것은 그가 나를 죄로부터, 마귀로부터, 사망으로부터, 그리고 모든 악으로부터 구속하였다는 것을 의미한다. 이전에 나는 주도 없었고 왕도 없었으며 마귀의 능력아래 포로로 잡혀있었다. 나는 죄와 무지 가운데서 사형 언도를 받았고 옴짝달싹도 하지 못했다. … 폭군들과 간수들은 이제 패주 하였으며, 그들의 장소는 생명과 의와 모든 선한 축복의 주님이신 예수 그리스도가 빼앗으셨다. 주님은 우리 보잘것없고 저주받은 피조물들을 지옥의 구렁텅이에서 구출해내셨고 우리를 자유하게 하셨으며 우리를 아버지의 호의와 은혜에 회복시키셨다.13)

루터는 그의 저술 곳곳에서 그리스도의 이 투쟁과 승리에 대하여 말한다. 그리스도 없이 인간은 죄와 사망의 포로이다. 루터는 로마서 7장에 나오는 인간의 노예상태에 대한 묘사가 회심을 했든 하지 않았든 모든 인간의 참된 모습이라는데 대해 동의한다. 불신자의 속박은 그가 그것을 의식하지 못할지라도 실제적이며, 신자는 그의 투쟁의 한 가운데에서 자신의 속박을 경험한다.

이 싸움에서 마귀와 사망의 모든 권세들이 그리스도를 향해 포진하는 반면, 그리스도는 홀로 있다. 이 싸움은 인간을 위한 것이고 인간 속에서 진행된다. 신학적 개념으로 말하자면, 이것은 그리스도의 사역이 우리의 칭의와 관련이 있음을 의미한다. 대속, 구원, 칭의는

---

13) *The Book of Concord*, ed. T. G. Tappert (Philadelphia: Muhlenberg, 1959), p. 414.

서로 얽혀있고, 하나가 다른 것 안에 있다. 루터에게 있어, 그리스도의 죽음과 부활을 단지 과거의 사건들로 보는 것은 불가능하다. 이것들은 현재의 매 순간과 관계가 있으며, 각각의 그리스도인과 관계가 있다. 이것은 역사적 사건으로서의 골고다를 부정하려는 것이 아니라, 단순한 역사적 사건으로서의 골고다는 가장 중요한 것 즉 현재적 실재성이 결핍되어 있다는 사실을 강조한다. 루터는 자주 역사적 믿음의 불충분성에 대해 말한다. 그리스도가 언제 살았었고 죽었고 부활했다는 것을 믿는 것이 나를 전혀 이롭게 하지 못한다. 나를 위한 그리스도의 의미는, 이 순간 그가 나를 사망과 지옥의 공포로부터 건지시는 나의 주님이며 나의 구세주라는 것이다.[14)]

우주적 드라마의 절정은 그리스도의 죽음과 부활이다. 하나님은 마귀를 쳐부순다. 이 싸움은 격렬한데, 왜냐하면 이 세상의 영적 권세들이 강하기 때문이다. 초기 기독교인들과 헬라 교부들은 그리스도의 대속 사역을 "세력들"에 대한 승리로 보았다. 루터는 그리스도가 정복하신 이 폭군들에 대해 상당히 말을 많이 한다. 죄, 사망, 지옥, 마귀, 율법, 그리고 자주 하나님의 진노까지도, 인간을 유혹하고 그를 그리스도에 대한 믿음으로부터 꾀어내리고 하는 인격적 세력들로 등장한다. 이들 세력들과 그리스도의 싸움은 『갈라디아서강해』(*Commentary on Galatians*, 1531/35)에서 뚜렷이 묘사되어있다. 어둠의 세력들은 그들의 모든 힘을 그리스도에게 집중시키지만 그를 이길 수는 없다. 왜냐하면 그가 자신의 편에 가장 큰 의, 즉 하나님 자신의 거룩함과 능력과 생명을 갖고 있기 때문이다.

---

14) R. Bring, *Dualismen hos Luther* (Stockholm, 1929), pp. 104ff.

루터는 말한다:

그러므로 바울의 이 특별한 주장은 육의 의에 대항하는 가장 강력한 것이다. 왜냐하면 그것은 극복하기가 불가능하고 논박할 수 없는 이 대조를 포함하기 때문이다. 즉, 만일 온 세상의 죄들이 한 사람 예수 그리스도에게 있다면, 그것들은 이 세상에 없다. 그러나 만일 그것들이 그에게 있지 않다면, 그것들은 여전히 세상에 있다. 더 나아가, 만일 그리스도께서 우리가 저지른 모든 죄들에 대해 책임을 지신다면, 우리는 그 죄들의 사면을 받았다. 물론 이는 우리 자신 때문이거나 우리의 행위나 공로 때문이 아니라 그분 때문이다. 그러나 만일 그가 무죄하고 우리의 죄들을 담당하지 않으신다면 우리가 그것들을 담당하고 죽을 것이며 그것들에 의해 저주 받을 것이다. "우리 주 예수 그리스도로 말미암아 우리에게 승리를 주시는 하나님께 감사하노니"(고전 15:57).

그러나 이제 서로 반대되는 것들이 어떻게 이 한 사람 속에서 동시에 일어날 수 있는지 보자. 나와 그대들의 죄들만 아니라 온 세상의 과거와 현재와 미래의 죄들도 그를 공격하고, 정죄 하려고 돌진하며, 참으로 그렇게 한다. 그러나 가장 중대하고 가장 크고 유일한 죄인인 이 한 사람 속에 영원하고 정복당하지 않는 의 또한 머물고 있으므로, 이 둘―즉 가장 중대하고 가장 크고 유일한 죄와 가장 중대하고 가장 크고 유일한 의―은 서로 부닥친다. 그들은 서로 강력한 힘과 능력으로 싸우기 때문에 둘 중 하나는 정복당하고 퇴각해야한다. 그러므로 온 세상의 죄는 전력을 다해 의에게 덤벼든다. 무엇이 일어나는가? 의는 영속하고 불멸하고 정복당할 수 없다. 죄 또한 극도로 힘이 있고 무자비한 폭군으로서 온 세상을 지배하고 통치하며 모든 사람을 사로잡고 노예로 만든다. 한 마디로, 죄는 학식이 있든 거룩하든 힘이 있든 지혜가 있든 무식하든 또는 그 어떻든 모든 사람들을 한가지로 집어삼키는 강력하고 힘 있는 신이다. 말하건대, 그는 그리스도에게 맹공을 가하고 다른 이들을 집어삼키듯이 그를 삼키려고 돌진한다. 그러나 그분이 정복당할 수 없고 영속적인 의의 사람인 것을 보지 못한다. 따라서 이 전투에서 죄는 정복당하고 죽임 당해야 하며, 의는 정복하고 또 살아야 한다. 그러므로 온 우주의 죄는 정복당하고 죽임을 당하고 그리스도 안에서 장사되며, 의는 전투장(戰鬪場)의 정복자로 등장하며 영원히 통치한다.

유사하게, 왕들과 왕자들과 천하의 모든 사람들을 죽이는 세상의 전능한 황후인 사망은 생명을 완전히 정복하고 삼켜버릴 결심을 하고서 난폭하게 공격해온다. 그리고 그것이 의도한 것은 실제로 일어난다. 그러나 생명은 불멸이기 때문에, 정복당하면서 정복했고, 승리를 거두었으며, 사망을 물리치고 파괴했다. … 그러므로 그리스도를 통해 사망은 세상 도처에서 격파 당했고 폐지 당했으므로, 이제 그것은 그 쏘는 힘을 잃어버리고 그리스도를 믿는 이들을 더 이상 상하게 할 수 없는, 이름뿐인 사망이다. 그리스도는, 호세아가 "오 사망아. 내가 너의 사망이 되겠다"(호 13:14)고 말하듯이, 이제 사망의 사망이다.

마찬가지로 온 세상에 대한 하나님의 진노인 저주는 축복－곧 그리스도 안에 있는 하나님의 영원한 은혜와 자비－과 동일한 분쟁 속에 개입된다. 그러므로 저주는 축복을 정죄하고 전적으로 무효로 만들 의도를 갖고서 그것에 맞서 싸운다. 그러나 이것은 가능한 일이 아니다. 축복은 신적이고 영원하므로 저주가 퇴각해야 한다. 왜냐하면 그리스도 안에 있는 축복이 정복당한다면 하나님 자신이 정복당할 것이기 때문이다. 그러나 이것은 불가능하다. 그리하여 하나님의 능력과 의와 축복과 은혜와 생명이신 그리스도는, 바울이 즐겨 말하듯, 죄와 사망과 저주의 이 괴물들을 전쟁을 치르지도 않고 무기도 없이 자신의 육체와 자신 속에서 파괴시킨다. 이는 바울이 말하는 것과 같다. "통치자들과 권세들을 무력화하여 드러내어 구경거리로 삼으시고 십자가로 그들을 이기셨느니라"(골 2:15). 그리하여 그들은 더 이상 믿는 이들을 해칠 수 없다.

그리고 이 사실, 즉 "그리스도 안에서"라는 말이 저 전투를 더 놀랄 만하고 영광스러운 것으로 만든다. 그것은 이 모든 것들이 그 한 사람 안에서 성취되는 것이 필요했다는 것 – 곧 저주, 죄, 사망이 파괴되어야 하고, 축복, 의, 생명이 그것들을 뒤따라야 한다는 것 – 을 보여준다. 그리고 이렇게 함으로써 모든 피조물이 이 사람을 통해 갱신되어야한 다는 것을 보여준다. 그러므로 이 사람을 볼 때, 그대들은 죄, 사망, 하나님의 진노, 지옥, 마귀, 그리고 모든 악들이 격파 당하고 파괴당한 것을 보게 될 것이다. 그리스도께서는 자신의 은혜로 신자들의 마음속 을 지배하시기 때문에, 죄나 사망이나 저주는 없다. 그러나 그리스도께 서 참되게 알려지지 않은 곳에서는 이 모든 것들이 그대로 남아있다. 그리하여 믿지 않는 이들은 모두, 이 무한한 유익과 승리가 없다. 성 요한이 말하듯이, "세상을 이기는 승리는 이것이니 우리의 믿음이니라" (요일 5:4).

이것은 기독교 교리의 주된 항목인데, 궤변가들이 전적으로 불분 명하게 만들었으며 오늘날 다시금 열광주의자들이 불분명하게 만들고 있다.15)

그리스도의 싸움은 신학에 있어서 가장 심오하고도 가장 어려운 문제인 율법과 복음의 대조를 포함한다. 모든 인류는 불신자들을 포함하여 율법아래 있다. 그리스도만 복음을 가져오시고 그것과 함께 자유를 가져오신다. 그러나 그리스도인은 복음만 아니라 율법아래에 도 계속해서 있다. 믿음은 율법에서 복음으로, 절망에서 소망으로, 어두움에서 빛으로, 그리고 사망에서 생명으로의 지속적인 이동을 의미한다. 그리스도는 우리 대신에 저주가 되심으로써 우리를 율법의 저주로부터 자유하게 해주셨다.

---

15) *WA* 40 I, 438 (1531).

그리스도께서는 죽은 자들로부터 부활하실 때 마귀의 머리를 밟아 으깨시고 우리를 죄로부터, 하나님의 진노로부터, 그리고 사망과 지옥으로부터 구원하셨으며, 우리에게 의와 생명과 구원을 수여하셨다. 이것을 그저 한 인간이 할 수 없다. 이것은 하나님 자신의 일이므로 그리스도는 하나님과 한 존재이시다. 그리스도는 생명을 소유하며 스스로 생명을 주신다. 이것은 신적인 사역이다. 하나님은 새로운 것을 창조하시며, 이를 수행할 수 있는 능력과 가능성이 있다. 그리스도의 십자가상의 죽음은 패배가 아니라 승리였다. 승리자는 영광의 주님이시다. 비록 이 사실이 마귀에게는 숨겨져 있었지만, 십자가에 달리신 분은 단순한 인간이 아니라 하나님이셨다. 그리스도의 부활은 그가 참 하나님이심을 선언하고 마귀의 패배를 선언한다.

그리스도의 사역은 하나님을 달래기 위해서가 아니라 마귀를 넘어뜨리기 위한 것이다. 마귀가 자신의 목표를 달성한 것처럼 보이는 바로 그 때 그는 패배를 당한다. 그리스도의 승리의 비밀은 그가 하나님이지 인간이 아니라는데 있다. 이 생각들이 계속해서 루터의 기독론의 기준선을 이룬다.

인간 그리스도

루터의 기독론의 주된 이 경향과 나란히, 그리스도와 그리스도인 사이의 일치됨(*conformitas*)을 강조하는 또 다른 경향이 있다. 이 경향은 그 근원을 그리스도의 진정한 인성에서 찾는다. 그리스도의 인성 안에서 하나님은 인간에게 오신다. 하나님은 그리스도 안에서 말씀하시고 행동하시며, 우리를 심판하시고 용서하신다. 그리스도 안에서 우리는 하나님이 원하시고 의도하시는 것이 무엇인지 본다. 우리는 기도와 순종, 인내와 믿음을 배운다. 그리스도의 역사는 하나님이 의도하셨고 또 그렇게 되기를 원하시는 인간의 역사이다. 하나님은 그가 그리스도에게 하시는 것을 모든 사람에게 하시길 원하신다. 그리스도께서 고난을 겪으셨듯이 우리도 고난을 겪어야 한다. 그는 우리를 고난의 길로 인도하신다. 그러나 우리와 그의 하나 됨은 사랑과 봉사에서도 이루어진다. 일치됨(conformitas)에 대한 이 이해는 우리의 일에 의해서가 아니라 하나님의 일에 의해서 알려진다. 이 일치됨은 사람으로 하여금 하나님의 호의를 얻도록 그리스도와 성인들을 모방하게 하는 가톨릭의 모방개념과는 전혀 다르다. 루터는 가톨릭주의로부터 자유하게 된 이후 그러한 모방으로부터 완전히 관계를 끊었다. 그가 가르친 그리스도와의 동형(likeness)은, 전적으로, 모든 이들 속에서 모든 것을 행하시는 분은 바로 하나님이라는 사실로부터 유래한다. 하나님은 십자가와 투쟁을 수단으로 하여 우리를 그의 아들의 형상으로 빚으신다. 이러한 관점에서 그리스도의 인성은 생생하게 되고 우리에게 가까워져, 우리의 믿음과 기도들 속에 결합되고 우리의 의지와 양심에 힘을 준다. 포겔장(Vogelsang)은 동방정교회이건 로마 교회이건 그리스도의 인성을 그러한 인격적인 개념으로 이해하지 못했다고 진술한다. 바로 억압받고 죽음에 넘기우신 이로서 그리스도는 자신의 인성적 현존을 가장 실제적으로 만드신다. 그에게 일어나는 것은 우리에게도 일어난다. 억압받고 죽어가는 이로서 그는 우리 앞서 가시고, 그럼으로써 고난의 가장 치명적인 한계점을 깨트리신다.[16]

---

[16] E. Vogelsang, *Der angefochtene Christus bei Luther* (Berlin, 1932), p. 99.

그리스도를 보는 또 다른 방법, 곧 고난의 관점에서 보는 방법이 있다. 여기서 그의 인성은 신성이 되었다. 가나안 여인에 대한 복음서 이야기에서 루터는 하나님과 고통당하고 괴로워하는 양심사이의 관계가 묘사된 것을 본다. 처음에 그리스도는 이 여인의 탄원 앞에서 침묵하신다. 그리고 나서 그는 그녀의 기도로부터 몸을 돌리기까지 하신다. 마지막으로 그는 그녀가 잃어버린바 되고 저주받은 이들에게 속한다고 말씀하신다. 그러나 그 여인은 거절당했는데도 굴하지 않고 자신의 신뢰를 놓지 않으며 물러서기를 거부한다. 마침내 그녀는 그리스도의 심판에 복종하고, 주님을 그분 자신의 말씀으로 묶는다. 이것은 하나님이 처음에는 침묵하시고 그 다음에는 우리 기도를 듣기를 거부하시며 마지막으로는 그의 말씀 안에서 우리를 대적하시고, 우리는 그가 우리의 죄뿐만 아니라 우리 자신을 정죄하신다고 양심 속에서 느낄 때, 의심과 절망(Anfechtung)에 처하게 되는 우리의 마음을 보여준다. 그러면 우리는 사망 자체를 맛보고 영원히 저주받았다고 느낀다. 하나님의 심판과 용서 사이에 붙잡혀서 우리는 우리 자신의 감정에 의지하지 말고, 믿음 안에서 하나님의 말씀을 붙잡고 그의 심판 속에 숨겨진 깊고도 비밀스리운 용서에 매달려야 한다. 가나안 여인은 그렇게 했다. 마찬가지로 우리는 하나님이 우리에게 선고하시는 심판을 달게 받아야 한다. 그렇게 하여 우리는 승리를 얻고 하나님을 그분 자신의 말씀으로 묶는다. 우리가 은혜 속으로 받아들여지는데 있어서의 장애는 하나님의 심판을 수용하려 들지 않고 그것을 달게 받지 않으려는 우리의 마음이다. 만일 잃어버린 영혼들이 그렇게 할 수 있다면 그들은 한 순간에 구원을 받을 것이다.

여기에 묘사된 고통과 고뇌는 그리스도가 우리 중 한 사람으로서 경험하신 것과 비슷하다. 하나님의 심판─우리는 그 한 가운데에서 하나님의 깊고도 비밀스러운 용서를 듣는 법을 배워야하는데─에 대한 복종도 비슷하다. 그러나 이 복종 안에서 그리스도는 우리 중 한 사람과 같지 않다. 그는 우리 편이 아니라 하나님 편에 있다. 그는 하나님 자리에 서 있는데, 어디서도 여기서만큼 단호하게 보이지 않는다고 루터는 말한다. 그리스도는 주님이시다! 우리는 그리스도가 여기서 하나님이 신자들을 다루시는 방법을 묘사하신다는 것을 마음에 새기고서, 하나님의 엄격함을 본다. 그러나 하나님의 진노와 심판 속에 그의 은혜가 숨겨져 있다.

    루터는 논문, 『복음서들에서 무엇을 찾고 기대할 것인가에 대한 짧은 가르침』(*A Brief Instruction on What to Look for and Expect in the Gospels*)에서 말한다: "그대가 복음서들이 들어 있는 책을 열고서, 어떻게 그리스도께서 이리 저리로 오시는지 또는 어떻게 사람이 그에게로 이끌려 오는지를 읽거나 들을 때, 그대는 설교나 복음을─이것들을 통해 그리스도가 당신에게 오시거나 당신이 그에게 이끌려 가는데─그 안에서 알아내야 한다."17) 우리는 그리스도를 만나는 곳에서 멈추면 안 되는데, 왜냐하면 그가 우리를 아버지께로 인도하시기 때문이다.

    어떻게 이 두 견해가 조화될 수 있는가? 즉, 그리스도는 우리 중의 한 사람 같으면서도 하나님의 아들이며 대표라는 것 말이다. 이것은 의심의 여지없이 특이한 두 본성론이다! 포겔장은 이것이, 그리스도께서 우리 중 한 사람처럼 시험 당하고 고통 받으셨으므로 하나님과 같은 분으로서 연약함과 유혹 가운데 있는 우리를 도우실수

---

17) *WA* 10 I, 1, 13-14. *LW* 35, 121.

있음을 의미한다고 해석한다. 인간으로서 시험 당하신 그 분은 신으로서 우리를 시험하신다. 그는 진노와 심판 속에 감추어진 사랑을 갖고서 우리를 도우러 오신다.18)

인간이 이 모든 것을 이해하고 받아들이기는 어렵다. 그러나 고난당하고 고뇌가운에 있는 사람들에게는 이것이 얼마나 큰 위로가 되는가! 죄악의 이 세상에서 하나님은 그의 참된 본성, 즉 그의 사랑을 가혹함과 심판가운데서만 계시하신다. 루터는 고난을 그리스도인의 왕실 깃발이라고 부른 적이 있는데, 이 표상을 민주주의 국가에서 사는 우리보다 루터의 16세기 독일 동족이 훨씬 더 높이 평가했다.

루터는 그리스도에 대한 역사적 믿음에 만족하지 않았다. 역사적 관점은 그리스도를 과거에 붙들어둔다. 목회 사역과 실천적 기독교가 항상 주된 문제였던 루터에게 있어 이것은 불충분했다. 그리스도가 현존하는 분으로서 이해되는 것이 가장 중요했다. 『갈라디아서강해』 (Commentary on Galatians)에 나오는 다음의 표현이 특징적이다: "믿음은 그리스도께서 오시기 때문에 의롭게 한다"(Iustificat fides, quia Christus adest).19) 믿음 안에서 그리고 믿음을 위해 그리스도는 진정으로 현존하신다. 열광주의자들에 따르면 그리스도는 참으로 하늘에 계셨다. 그리고 오직 영적으로만 그들 속에 계셨다. 루터에 따르면 그리스도와 믿음은 연합되어야 한다: "믿음 안에서 우리는 틀림없이 이미 하늘에 있으며, 그리스도는 틀림없이 우리의 마음속에 내주하신다." 이것은 이론적으로만 아니라 실제로 일어나야 한다.20) 그리스도의 현존은

---

18) E. Vogelsang, *op. cit.*, pp. 100ff.
19) WA 40 I, 229 (1531).
20) WA 40 I, 546 (1531).

그가 죽은 자들로부터 부활하시고 하늘로 올라가셨기 때문에 가능하다. 부활절의 위대한 메시지는 십자가에서 모욕당한 구세주의 명예를 회복하고 그의 영광을 재언명하는 것이 아니다. 오히려 그것은 십자가의 저주와 심판을 뚫고 나가는 하나님의 구원 사역을 가리킨다. 루터가 해석한 바로는, 그가 "하늘에 오르셨다"는 사도신조의 진술은 그가 "금빛 의자"에 앉아 하늘로 올라 가셨다거나 "둥지 속에 있는 참새"처럼 앉아 계시다는 것을 의미하지 않고 다음을 의미한다: "그가 자신의 영적인 왕국을 시작하시고 우리 속에서 통치하시기 위해, 죽은 자들로부터 부활하시고 하늘로 올라가셨다. … 그가 활동하시는 곳은 바로 여기 땅위이며, 여기서 그는 복음으로써 양심과 영혼들을 통치하신다. 그리스도가 선포되고 알려지는 곳에서 그는 우리 가운데서 통치하시는데, 그는 동시에 아버지의 오른 편과 우리 마음속에 좌정해 계신다."[21]

루터의 견해에, 그리스도의 실제 현존은 마술적-성례전적 현존이라든가 감정적인 상태가 아니라 말씀 속에서 작용하는 현존으로서, 양심을 새롭게 하고 양심을 통치한다. 이 현존은 복음이 선포되고 들리는 어느 곳에서나 실현된다.

---

21) WA 12, 546 (1523). 참조: E. Vogelsang, *Christusglaube und Christusbekenntnis bei Luther* (Leipzig, 1935), p. 14.

제7장

칭의와 성화

　종교개혁의 핵심 교리인 이신칭의(以信稱義)는 이 질문을 지속적으로 제기한다: 자유로운 은혜가 의심스러운 도덕적 결과를 생산해내지 않는가? 모든 것이 결국에는 용서받는다면 인간의 행위는 어떻게 될 것인가? 죄 사함이 어떤 식으로든 제한되지 않는다면 성화와 새로운 삶은 어떻게 될 것인가?

　이러한 질문들은 종교개혁의 다양한 전통들이 에큐메니컬 운동에서 더 가깝게 접촉을 하게 되면서 더욱 다급하게 된다. 이 운동은 되풀이하여 질문할 수밖에 없다: "혹시 루터의 추종자들이 복음의 핵심을 붙잡으려다가, 필요한 실질적 결론을 이끌어내는 데는 실패한 것이 아닌가? 루터는 칭의와 성화의 관계를 어떻게 이해하였는가?

　이 배경을 이해하기 위해 우리는 어거스틴을 참조해야 한다. 어거스틴은 의로워진 사람은 진정으로 의롭지만 또한 죄인이라고 되풀이하여 지적한다. 이 사람은 부분적으로 의로우며 부분적으로 죄가 있고, 선과 악의 혼합이며, 영적이면서 육적이다. 이 세상에서의 의는 부분적이고 파편적이며, 항상 죄가 침투해 있다. 우리는 부분적으로 의롭게 되었다(ex parte iustificati). 그러나 의롭게 된 사람의 이 의는 매일 증대하며 저 세상에서 완성된다.[1]

루터는 사실상 동일한 낱말들을 갖고서 이 문제를 설명하지만, 그의 견해는 전혀 다르다. 루터도 인간이 동시에 의인이며 죄인이라고 말한다. 그러나 그는 부분적인 의와 부분적인 죄성을 염두에 두고 있지 않다. 죄성과 의로움은 전체 사람과 관련이 있다. 둘 다 전적이다.[2]

하나님의 심판과 죄의 지식

칭의는 죄에 대한 인간의 지식으로부터 시작한다. 하나님의 심판과 진노는 모든 죄에 겨누어져 있지만, 불신자는 이것을 알지 못한다. 하나님이 죄인을 정죄하실 때 그가 옳다고 인간이 인정하는 것이 믿음과 칭의의 시작이다.[3] 이미 이 인정이 제1계명을 받아들이는 믿음이다. 하나님은 인간의 죄를 드러내고 그를 정죄하시면서 그에게 자신의 진리와 의를 주시려고 한다. 인간이 이 심판에 굴복할 때, 하나님은 말씀을 갖고서 그를 갱신하기 시작하신다.[4] 하나님 말씀의

---

[1] Anders Nygren, "Simul iustus et peccator hos Augustinus och Luther," *Filosofi och motivforskning* (1940), pp. 140, 147.
[2] 참조: R. Hermann, *Gerecht und Sünder zugleich* (Gütersloh, 1930); W. Joest, *Gesetz und Freiheit* (Göttingen, 1951); A. Gyllenkrok, *Rechtfertigung und Heiligung in der frühen evangelischen Theologie Luthers* (Uppsala, 1952).
[3] WA 56, 226 (1515).
[4] WA 56, 62 (1515).

심판에서 생기지 않은, 죄에 대한 자연적 지식은 인간 도덕성의 저속한 성격을 어느 정도 깨닫게 해주긴 하지만, 양심 속에서 느껴진 하나님의 말씀만이 인간의 전적 타락을 보여줄 수 있다.

하나님은 인간을 심판하시고 은혜 가운데 받아 주실 때, 그를 자기중심주의의 마법으로부터 구해내신다. 인간의 거짓된 생각들은 그를 두 가지 잘못된 방향으로 이끈다. 한편으로, 그는 하나님이 자신을 있는 그대로의 모습으로 받아주신다고 상상한다. 다른 한편으로, 그는 하나님이 죄인들을 파멸에 빠트리기를 기뻐하시는 진노의 하나님이라고 상상한다.[5] 인간이 하나님의 심판에 굴복할 때 이 심판은 무효가 된다. 복음, 즉 그리스도는 슬퍼하고 애통하는 사람들을 위한 것이다.

외적이고 내적인 믿음과 불신앙

불신앙은 죄와 거룩함의 일들에 있어서 눈이 멀어있다. 불신앙은 외적인 것은 보지만 내적인 것은 보지 못한다. 루터는 불신앙과 믿음을 다음과 같이 구별한다:

> 불신자들은 의로움의 문제에 있어서 외적인 것으로부터 시작하여 내적인 것으로 진행한다. 먼저 그들은 행위를 흉내 내고, 그 다음에 말을 흉내 내고, 나중에는 사고(思考)를 흉내 낸다. 이것이 그들의 진정한 목표이다. 그리고는 즉시 선생을 하겠다고 나서면서 자신들이 생각하고 말하고 행하는 모든 것을 거룩하고 신적인 것으로 선언하고 싶어서 안달한다. 그러나 사실 어느 인간도 애쓴다고 해서 하나님의 비밀스런

---

5) *WA* 40 II, 331 (1532).

의지 속으로 들어갈 수는 없다. 성인들은 안으로부터, 하나님의 의지로부터 시작한다. 이로부터 명상이 따르고, 그 다음에 외적인 행위가 따르고, 마지막에야 다른 사람들을 교육할 수 있다.[6]

믿음은 내적 거룩함으로 이끈다. 거룩함에 대한 가톨릭의 견해에 반대하여, 루터는 그 견해가 외적인 거룩함을 지향하고 있다는 비난을 되풀이할 필요가 있다고 보았다. 이 견해는 자연인의 합리적 사고방식을 반영했던 것이다. 루터는 인간이 그 타고난 성향대로 바리새인과 열광주의자의 길을 따르고 싶어 하면서 하나님께 자신의 거룩함을 제공하려 한다는 것을 지칠 줄 모르고 강조했다.[7] 믿음의 거룩함은 눈에 보이지 않는다. 믿음은 하나님과 그의 거룩함을 찾고 그것에만 전적으로 의지함으로써 제1계명을 완성한다.

그리스도인은 근본적으로 긴장 속에 살며, 이 긴장은 제거될 수 없다. 은혜는 그를 전혀 새롭고 완전한 인간으로 개조하는 것이 아니다. 그의 허물들은 남아있다.[8] 인간의 전적인 죄성은 루터 신학의 핵심적 인식들 중 하나이다. 이것은 『소교리문답서』에서 간결하게 설명되어 있다: "우리는 매일 죄를 지으며 형벌만 받아 마땅하다."

루터는 수도원에서 하나님 안에서 안전을 구하는 동안, 자신의 수도회를 통해 전혀 다른 견해를 접하게 되었다. 이 수도회의 교부인 어거스틴은 자연과 은혜의 영역들이 밀접히 연결되어 있으므로 영혼이 비(非)가시적 세계의 보물들을 추구하기 위해 가시적인 것들로부터 진지하게 돌아서면 돌아설수록 인간은 그의 욕망과 욕구의 힘으로부

---

6) *WA* 5, 35 (1519). 참조: *WA* 16, 296 (1525).
7) *WA* 28, 173, 175 (1528).
8) *WA* 40 I, 312 (1531).

터 더 자유롭게 된다고 가르쳤다. 자비의 하나님을 찾으려는 루터의 몸부림은 이와 다르고 더 근본적인 대안을 만나게 되었다. 그의 진정한 문제는 "자연"과 "은혜"와 관련이 있는 것이 아니라, 다음의 질문과 관련이 있었다: 인간이 하나님을 순수하게 사랑할 수 있는가, 아니면 요컨대 하나님 안에서조차 실제로는 자기 자신의 것을 찾고 있지 않는가? 루터가 영적인 정욕(concupiscentia)에 대해 말하는 바는, 영적인 삶조차도 이기주의에 의해 전염될 수 있는 가능성이 분명히 있다는 것이다. 그는 지식, 의, 정결함, 경건은 바람직하고 선한 것이라는 것을 알았다. 이 때문에 사랑은 자주 그것들에게서 멈추고 하나님을 무시한다. 루터는 말한다:

> 우리는 이 행위들이 하나님을 기쁘시게 하기 때문이 아니라, 우리의 마음에 기쁨과 평화를 가져다주기 때문에 또는 우리에게 사람들의 칭찬을 가져다주기 때문에 행한다. 이처럼 우리는 하나님 때문이 아니라 우리 자신 때문에 이 행위들을 행한다. 그러나 시련이 우리의 행위들을 시험한다. 왜냐하면 우리가 비판을 받거나 하나님이 사랑의 행위들과 관련된 위안감을 치우신다면 또는 우리의 내적인 조화의 감정이 흐트러진다면, 우리는 선행을 포기하고 우리의 비판자들에게 앙갚음하고 자신을 방어하게 되기 때문이다.[9]

내적인 것과 외적인 것에 대한 질문은 참으로 무엇이 인간 속에 내주(內住)하느냐는 질문으로 좁혀진다. 루터는 죄 된 정욕(concupiscentia)이 인간의 가장 깊은 곳에 내주(內住) 한다는 것과 인간은 무엇을 하든 결코 그의 삶 속에서 이 유전된 죄 내지 죄의 뿌리를 송두리째 뽑아

---

[9] WA 56, 258 (1515).

버릴 수 없다는 것을 확신했다. 인간은 악으로의 경향을 갖고 태어났으며 하나님으로부터 떠나 있다. 이 상태에서, 인간은 하나님 앞에서 유죄이다. 루터에 관한한 원죄와 자범죄 사이의 차이는 거의 없다. 비록 죄의 뿌리가 남아 있더라도 하나님의 사죄는 죄의 제거를 의미한다.[10] 루터는 그리스도인의 죄에 대해 모순적인 두 개의 발언이 가능하다고 말한다. 어느 그리스도인도 죄를 갖고 있지 않다, 그리고 어느 그리스도인도 죄를 갖고 있다(Nullus Christianus habet peccatum et omnis habet peccatum). 죄는 용서받았고, 근절되어야 한다. 죄는 사함 받았으므로 더 이상 정죄하지 않지만, 새롭게 싹이 튼다(롬 7:23). 죄는 그리스도께서 우리를 자신의 것으로 만드시기 전에 지배했던 이전의 상태의 열매를 맺게 하려고 끊임없이 시도한다.[11]

루터는 그리스도인 속에 계속해서 내주(內住)하는 죄에 대해 말하면서 한 가지 경고를 발한다. 죄가 사함 받았지만 우리는 안심할 수 있는 근거를 갖고 있진 않다. 우리의 의는 항상 낯선(alien) 의이며, 하나님의 은혜는 밖으로부터 우리에게 온다.[12] 이러한 관계에서 무엇이 내적이고 무엇이 외적인가 하는 것은 루터에게 있어 대수롭지 않은 문제가 아니었다. 여기서 우리는 종교개혁의 핵심적 사상들 중 하나를 보고 있다.

그리스도인의 의가 그리스도의 의이기-그리스도인은 믿음으로 이 의의 옷을 입는다-때문에, 그것은 항상 낯선 의이다. 비록 우리의 옛 천성이 계속적으로 부정되긴 하지만 결코 전적으로 근절

---

10) R. Hermann, "Luthers These 'Gerecht und Sünder zugleich,'" *Zeitschrift für systematische Theologie* (1928), p. 310.
11) *WA* 40 II, 352, 354f. (1532).
12) *WA* 40 II, 353 (1532).

될 수는 없다. 이 사실로부터 두 가지 추론이 따른다. 첫째, 모든 인간적인 자기 신뢰와 자랑이 잠잠하게 된다. 둘째, 그리스도인은 자신이 도달할 수 없는 완전을 향해 나가지 않는 만큼 절망을 면하게 된다. 두 번째 것은 죄 있는 세상에서 살아가는 사람, 계속해서 죄의 권세와 씨름해야 하는 사람에게 진정한 위로가 된다. 그러나 그 의미를 오해하기가 쉽다. 왜냐하면 그리스도인이 죄인이며 또한 앞으로도 그럴 것이므로 새 사람으로 살려고 해봐야 소용없다는 결론을 내리기가 가장 그럴싸하지 않겠는가? 이 오해에 함축되어 있는 것은, 믿음에 대한 루터의 견해가 하나님의 은혜로 사는 신자로 하여금 죄의 노예로 머물러 있게 한다는 터무니없는 비난이다.

매일 매일의 전투인 회개

"동시에 의인이면서 죄인"(simul iustus et peccator) 이라는 구절은 평화와 안정보다는 지속적인 전투를 의미한다. 이러한 인식은 루터에게 일찍 임한 것이 분명하다. 왜냐하면 이것이 벌써 로마서강해에 나타나기 때문이다. 회개는 단지 양심의 짐에서 해방되고 평안을 누리는 것이 아니다. 회개는 하나님의 군대(militia Dei)에 지원하여, 마귀에 맞서 전쟁하고 우리를 끈질기게 따라다니는 죄에 맞서 전투하는 것을 의미한다. 이 전투에 참여하기를 꺼려하는 사람은 그리스도의 군대에 속했다고 할 수 없다.[13] 육적인 사람은 전적으로 육(肉)이라는 점에서 영(靈)의 사람과 다르다. 하나님의 성령이 그의 속에 내주(內住)하시지

---

13) WA 56, 350 (1515-16). 참조: WA 56, 346; R. Hermann, *Luthers These*, p. 282. 동일 저자의 *Gerecht und Sünder zugleich* (Gütersloh, 1930), pp. 22f.도 참조.

않기 때문에 그는 갈등을 모른다.14)

루터의 논문인 『교회회의들과 교회들에 관하여』(On the Councils and the Churches, 1539)에는 그가 회개의 단일성, 죄들의 용서, 새로운 삶을 강조하는 단락이 나온다. 그는 그리스도의 은혜, 죄 용서, 그리고 사도신조 제2항목의 다른 부분들에 대해 "멋지게" 그리고 "매우 진지하게" 설교하는 율법폐기론자들을 묘사한다. 그러나 이들은 인간들이 결코 겁에 질리거나 슬퍼해서는 안 되고 항상 그리스도 안에 있는 은혜와 사죄에 대한 설교를 들어야 한다고 느끼면서, 마귀처럼, 성화와 그리스도 안에서의 새로운 삶을 다루는 제3항목은 피한다. 루터는 여기서, 이들이 그 전제는 인정하되 그 결론은 부정하는 것을 본다. 그 결과, 그리스도가 요란스럽게 환호를 받는 동시에, 그는 제거되고 그의 사역은 파괴된다. "죄의 용서는 받으면서 죄를 버리고 새 삶을 살기를 시작하지 않는 죄인들을 위해 죽으신 그러한 그리스도는 없다."15) 그리스도의 속죄 사역은 우리를 새롭게 하는 목적을 갖고 있다. 성령의 선물은 우리가 죄 사함 받는 것을 의미할 뿐만 아니라, 우리가 죄를 버리는 것도 의미한다.

소위 율법폐기론 논쟁에서 루터가 성화에 대한 필요성을 강조한 것으로 인해,16) 율법의 일이 하나님 앞에서 전적으로 쓸모없다는 견해를 양보하려 했다는 결론을 쉽게 내릴 수 있다. 새로운 삶이 결국은 율법적 강제에 의해 가져올 수 있다고 말하는 듯하다.

그러나 그러한 타협은 여기 개입되어 있지 않다. 일단 루터는

---

14) WA 56, 343 (1515-16).
15) WA 50, 599 (1539). Works, 234.
16) WA 47, 671-673 (1539).

이 문제에 있어 분명한 이해에 도달한 후, 성령만이 그리스도를 우리를 위한 복음으로 만드신다는 것 외에는 아무것도 가르친 적이 없다. 성령의 사역 없이 그리스도는 우리에게 단지 율법일 뿐이고 우리의 삶은 그저 모방일 뿐이며 성령의 새로운 삶은 아니다.17) 만일 율법으로 충분하다면, 하나님 계명의 의도가 불경건한 자를 권하여 하나님을 기쁘시게 하는 일을 행하게 하는 것이라고 추측할 수 있을 것이다. 그러나 하나님의 계명은 믿음을 일깨우는 목적을 갖고 있음을 루터는 반복하여 강조한다. 오직 믿음 안에서 즉, 하나님에 대한 바른 관계 안에서 인간은 하나님의 뜻을 행할 수 있다.18)

신학자들은 이 문제를 두 가지 방식으로 다루었다. 어떤 이들은 율법의 목적이 단순히 순종이라고 보았다. 그들은 율법-모방이라는 단순한 등식으로 표현한다. 이러한 해석에 대해 우리는 바울과 루터와 함께, 율법-죄의 지식-절망-칭의-새로운 삶으로 설명한다. 그러나 이것들 중 어느 것도 인간의 능력 속에 있지 않다. 율법에 대한 강조는 쉽사리 율법주의로 인도할 수 있다. 성령은 율법을 인간의 양심에 적용하셔야한다. 이것이 나타날 때, 인간은 괴로워하고 고통에 빠진다. 이 고통(Anfechtung)이 그를 어디로 인도할지는 미리 정해질 수 없다. 고통 속에서 인간은 성령의 자유와 그리스도안의 참 생명을 찾지 못한 채 극도의 절망에 빠질 수 있는 가능성에 직면한다. 영적인 고통들은 인간을 전적으로 새로운 가능성들 앞에 놓는다.19) 하나님이나 사탄이 그 원인이 될 수 있다. 만일 사탄이 하나님의

---

17) R. Prenter, *Spiritus Creator* (Philadelphia: Muhlenberg, 1953), p. 59.
18) A. Siirala, *Gottes Gebot bei Martin Luther* (Helsinki, 1956), pp. 137, 330.
19) E. Vogelsang, *Der angefochtene Christus bei Luther* (Berlin, 1932), p. 4. Anfechtung의 주제에 관해서는 본서 제9장을 참조.

심판의 메시지를 갖고서 양심 속에 들어가게 되면 그 결과는 절망이다. 만일 하나님의 심판을 계시하는 이가 성령이시고 인간이 거기에 굴복한다면 그 결과는 은혜와 자유이다. 그러나 사람이 하나님의 절대적 요구로부터 그리스도에게로 가는 길을 찾기란 간단하지 않다. 칭의에서와 마찬가지로, 인간은 율법아래의 종노릇에서 은혜아래의 삶으로 옮겨간다. 그리하여 성화 중에 그는 지속적인 갱신을 경험한다. 매일 매일 그리고 매 순간마다 성화된 새 사람이 고통 속에서 그리고 심판에 대한 순종 속에서 태어난다. 우리 속에 있는 옛 사람을 죽이고 새 사람을 살리는 것이 칭의인 동시에 성화이다. 만일 성화의 본질이 우리가 생산하는 어떤 것이라면, 그것은 그저 *우리 자신의 것*이지 하나님이 주시는 "새 것"은 아니고, 아무런 선한 목적도 이룰 수 없는 옛 것이다. 새로운 삶의 "새 것"은 칭의 속에서 계속해서 태어나는 것이며, 그것의 "부모"는 하나님의 심판과 인간의 고통이다. 모든 다른 형태의 "새 것"은 모방이며, 율법-그 자체 결코 "새 것"일 수 없는-에 대한 종살이의 표현이다. 모방의 행위는 모조품들을 가지고 일하는 것이다. 그러나 하나님은 각 개인을 독창적인 존재로 창조하셨다. 하나님은 심판과 칭의 속에서 우리를 그가 원하시는 새로운 독창적인 존재들로 만드신다.

순례의 신학

루터는 두 가지 진리를 고려할 때, 그리스도인의 길을 더 쉽게 형상화할 수 있다고 믿는다. 1) 그리스도인은 자신의 죄 중에 계속 머물러 있지 말아야 한다. 2) 그러나 이에도 불구하고 그리스도인은 죄인으로 남아있다. 이 두 발언은 서로 모순되는 것처럼 보인다. 루터에 의하면, 기독교적 믿음의 특이한 성격은 이렇듯 해결되지 않을 것처럼 보이는 모순 속에서 발견된다. 하나님과 그리스도의 믿음 속에 사는 사람은 온 힘을 다해 죄로부터 자유롭게 되려고 애쓴다. 그러나 그는 자신 속에 죄가 있는 것을 안다. 사실, 믿음이 생기를 가지면 가질수록 인간은 더한층 그에게 착 들러붙는 죄를 더 분명히 본다.

루터는 이미 첫 번째 시편강해에서, 인간은 개선되기를 원치 않는 만큼 선하기를 멈춘다고 말한다. 의로운 사람은 그대로 의로운 채로 있게 하라(계 22:11). 그리고 서 있다고 생각하는 사람은 넘어지지 않도록 조심하게 하라(고전 10:12). 루터는 "사람이 모두 마쳤다고 생각했을 때 그것은 시작에 불과하다"고 하는 집회서 18장 7절을 힘주어 강조한다.[20]

바울 신학에서, 그리스도 안에서 이미 목표에 도달한 인간은 경주를 계속해야 한다. 그 이유는 그리스도인이 두 시대(eons)의 조건들 아래에서 살기 때문이다. 옛 시대와 새 시대는 똑같이 그에게 조건을 지운다. 마찬가지로 루터 신학에서, 그리스도인은 의로운 동시에 죄인인 한 언제나 도중(道中)에 있는 사람이다. 하늘에 있는 성도들만이 긴장을 풀고 축복들을 전적으로 즐길 수 있다.[21] 루터의 초기 복음주의 신학에서는 어거스틴의 영향이 사뭇 강하여, 성화를 일련의 점진적인 사건들이라고 해석하는 발언들을 우리가 발견할 수 있다.[22]

---

20) *WA* 3, 46 (1513-15). 참조: L. Pinomaa, "Die profectio bei Luther," *Werner Elert-Gedenkschrift* (1955), pp. 119-127; *Die Heiligung in Luthers Frühtheologie* (Helsinki, 1959).
21) *WA* 4, 400 (1513-15).

그러나 이후, 그의 신학은 거룩한 삶에 대한 모든 상세한 조사에 대해 뚜렷한 반감을 드러낸다. 전진에 대해 말하는 것은 어렵다. 왜냐하면 성화와 완전 속에서의 옛 사람의 성장과 같은 것은 없기 때문이다.『소교리문답서』가 말하듯, 우리 속에 있는 옛 사람은 매일 죽임을 당해야 하고 새 사람이 일어나야 한다. 우리의 자연적인 삶은 옛 사람의 삶이다. 어떤 형태의 치유도 옛 사람을 새 사람으로 만들 수 없다.[23] 옛 사람은 마지막까지 옛 사람으로 남아있다. 루터가 보듯이, 그리스도인은 자신을 단번에 정죄해야 한다. 새 사람은 우리 속에서 그리스도의 낯선 의로서만 산다. 이 의는 결코 우리의 인격(ego)의 일부로 바뀌지 않는다. 그러한 변화를 추구할 때 우리는 눈을 우리 자신에게 돌리고, "율법의 자칭 의로운 종들"이 된다.[24] 우리 속의 새 사람은 그리스도 자신이다.[25] 그러나 현재 삶의 조건들 아래에서 그리스도는 옛 사람이 매일 매일의 죽음을 통과할 필요가 없을 정도로 우리를 전적으로 통제하시지는 않는다. 새로운 사람은 결코 우리가 만지고 볼 수 있는 피조물이 되지 않는다.

어떤 특정한 견지에서, 루터의 가르침은 모든 외적 경건을 의심의 눈으로 본다. 프렌터(Prenter)가 말하듯, 인간이 어떤 특정한 순간에 영이든지 육이든지에 따라 그의 경건은 영의 표현이 될 수도 있고 육의 표현이 될 수도 있다. 그러므로 인간은 진정한 의로 향하는 명확한 성장에 대해 말할 수 없다. 다음과 같은 프렌터의 말은 확실히 옳다:

---

22) *WA* 4, 320 (1513-15).
23) R. Prenter, *op. cit.*, p. 39.
24) *WA* 40 I, 293 (1531).
25) *WA* 40 I, 230 (1531).

루터가 성화의 진전에 대해 말할 때, 그는 전혀 다른 생각을 갖고 있다. 루터는 세례와 부활사이의 도상에 있는 인간이 그리스도의 낯선 의에 피신하기 위해 지속적으로 또한 새롭게 자신으로부터 떠난다는 사실을 생각한다. 그리스도에 대한 믿음의 이 피신에서 인간은 영(Spirit), 새 사람이고 이 순간까지의 그의 모든 과거의 삶은 단번에 육, 옛 사람으로 간주된다. 이러한 방식으로 오직 그리스도의 낯선 의만을 아는 영은, 자신의 과거의 삶을 전유물(專有物)로 즉 자기 자신의 의로 붙잡는 육에 맞서 지속적으로 싸운다. 인간은 부활시 전적으로 영이 될 것이다. 그 때 영은 더 이상 육에 맞서 싸우지 않을 것이다. 그러나 세례와 부활사이의 도상에서 인간은 영이며 육이다.[26]

거룩함의 평가에 있어 외적인 것은 모두 의심스러울 수밖에 없다. 가시적 경건이나 구체적 행위 자체가 마음 내지 태도까지 거룩하다는 것을 보증하진 못한다. 그 반대로, 진보와 함께 후퇴가 있다. 더 나아지려고 할 때 그리스도인은 더 악화된다. 목표에 도달하는 것은 처음부터 다시 시작하는 것이다. 루터는 이 모든 것이 인간의 지혜에게는 또는 "궤변가들"에게는 이해가 되지 않는다는 것을 잘 알고 있었다. 그리스도인이 의인이면서 동시에 죄인이라는 것은 이성에게 정반대되는 생각이다. 인간의 이상은, 삶에서 죄가 전적으로 없게 되는 것이다. 하나의 요구로서 이 이상은 인간을 절망 속으로 몰아간다.[27]

---

26) R. Prenter, op. cit., pp. 69f.; Der barmherzige Richter (Copenhagen, 1961), pp. 140-148.
27) WA 40 I, 368 (1531).

진정한 전선(戰線)

우리가 순례자의 매일 매일의 전투에 대해 지금까지 말한 것들은 성화의 주된 논점인 무죄함의 문제에 대한 답은 아니다. 우리는 루터가 한편으로는 죄 사함 받은 인간이 죄를 버리고 새 삶을 살아야 한다는 것을 고집하고,[28] 다른 한편으로는 무죄함의 요구를 절망으로 이끄는 어리석음이라고 보는 것을 주목했을 뿐이다.

이렇게 서로 날카롭게 대립적인 발언들은 그렇게 이끈 상황들의 빛 속에서 이해해야 한다. 루터가 죄 사함이 죄의 거부와 새 삶을 의미한다고 썼을 때, 그는 한창 율법폐기론논쟁(1537-1539)중이었다. 복음이 술에 물탄 듯 물에 술탄 듯 되어서 상상 가능한 어떠한 죄의 형태도 허용 되었다. 율법의 경시로 인해 죄에 대한 모든 전투가 멈추게 되었다. 이러한 배경 하에서 루터는 새 삶의 추구에 대한 중요성을 강조했다. 그가 절대적 무죄함을 도달 가능한 목표로 생각했다고는 거의 생각하기 어렵다. 1531년과 1539년의 발언들은 겉으로 볼 때만 상충하는 것 같다. 어느 경우에도 루터가 하나님께 용납될 수 있는 무죄함을 가르쳤다고 볼 수 없다. 바라보는 시야는 바뀔 수 있지만 죄에 맞선 전투의 심각성은 타협될 수 없는 채로 있다. 이 전투는 하나님 앞에 서 있는 의에 언제나 근본적으로 연결되어 있다. 이 이유 때문에 무가치함의 고통(tentatio indignitatis)은 루터의 번민의 주된 근원이었다. 하나님은 절대적인 것을 요구하시지만, 인간은 단지 불완전한 것과 상대적인 것만 할 수 있다. 그래서 루터는 외친다: "주 하나님이시여, 죄가 사해지는 것만으로는 족하지 않습니다. 죄가

---

[28] WA 50, 599 (1539).

전적으로 멸절되고 죽고 장사되기를 원하나이다."29) 루터는 어거스틴으로부터 어떤 행위는 행해진 사실로서는 계속 남아있을지라도 그 행위의 죄책은 제거될 수 있음을 배웠었다(Transit reatu, manet actu).30)

죄에 의해 결정되는 상황들 곧 죄의 상태(habitus)는 인간이 죄 사함을 받았더라도 남아있다. 거룩함은 어떤 지속적인 상태로서 실현될 수 없다. 언제든지 우리의 의는 그리스도의 "낯선 의"이다. 성화에 있어서 진정한 전선(戰線)은 죄의 상태와 그리스도의 의 사이의 긴장가운데서 찾아야 한다. 죄 사함이 죄의 사실을 근절할 수는 없다. 죄의 사실을 되돌릴 수 없기 때문이다. 죄 사함은 단지 죄책을 제거할 뿐이다. 마귀가 절망에 빠트리기 위해 해야 할 일이란 오로지 삶의 사실들 곧 우리 존재의 실제를 가리키는 것뿐이다. 죄 사함만이 그리스도인을 마귀의 마수에서 자유하게 할 수 있다. 그리스도인의 거룩함은 이 기초에 근거한다: "마귀와 사망과 죄가 나에게 대항하도록 하라. 내가 그리스도를 믿고 그 분 알기를 배웠기 때문에 나는 여전히 거룩하다. 나는 말씀과 성례전의 참된 이해와 사용을 갖고 있다. 나는 이 모든 것을 내 스스로 갖고 있지 않고 성령의 선물로 갖고 있다."31)

이것이 루터신학의 심장이다. 서룩함은 외적인 행위 내시 삶의 형태에 기초를 두지 않는다. 거룩함은 윤리(ethos)와 동일할 수 없다. 하나님 앞에서 거룩함은 항상 믿음의 문제이다. 이 믿음을 인간 자신이 창조할 수 없다. 다시 말하건대, 이것은 인간의 내적 삶과 같지 않다. 실제로 믿음은 인간이 성취할 수 있는 모든 것의 정반대이다.

---

29) *WA* 40 II 351 (1531).
30) *WA* 40 II, 351 (1531).
31) *WA* 45, 615 (1538).

믿음은 말씀과 하나님의 약속에 의지한다. 말씀은, 계명(율법)으로서는 심판의 말씀이지만, 약속(복음)으로서는 그리스도를 포함한다. 그러나 심판의 말씀조차 은혜이다. 왜냐하면 그 안에서 하나님이 인간에게 오시기 때문이다. 계명도 인간 속에서의 믿음의 창조와 그와의 교제를 위한 하나님의 행위이다.[32] 우리의 거룩함과 의로움은 결코 우리의 소유가 아니다. 왜냐하면 이것들은 우리가 우리자신으로부터 눈을 돌려서 우리의 거룩함과 의로움이 되시는 그리스도를 향할 때 생기는 것이기 때문이다.

복음의 본질은 이러한 식으로 간단하게 말할 수 있다. 그러나 복음에의 참여는 결코 수학적 확실성이 있는 것은 아니다. 칭의는 — 복음을 자신의 것으로 하는 것 — 항상 양심을 통해서 된다. 양심 속에서의 하나님의 심판과 그 뒤를 잇는 번민과 고통(Anfechtung)은 인간의 개별적 행위만 아니라 전인(全人), 그의 전적인 존재를 포함한다. 이는 죄가 전인(全人)을 포함하기 때문인 것과 마찬가지다. 같은 이유로, 그리스도 앞에서 우리가 소유하는 은혜는 전인(全人)과 관계가 있다.

성화는 결코 회개의 개별적 행위들의 합(合)이 될 수 없다. 마찬가지로 개별적인 선행에 근거할 수도 없다. 성화는 칭의이다. 그러나 단순히 그리스도의 의를 옷 입는 의미에서가 아니다. 성화는 하나님의 심판에 굴복하고 그 결과로서 생기는 절망과 고통을 견디는 것이다. 그러나 성화는 동시에 그리스도 안에서 하나님을 신뢰하는 것이다. 성화는 말 그대로 믿음의 행위이다. 우리 자신이 생산해 낼 수 있는 믿음이 아니라 하나님이 주시는 그러한 믿음의 행위이다.

---

32) A. Siirala, *op. cit.*, pp. 82ff., 304ff.

마귀에 대한 지속적인 전투는 두 전선(戰線)에서 수행된다. 외적으로는 죄의 유혹에 맞서, 내적으로는 절망에 빠트리겠다고 위협하는 악마의 고발에 맞서 싸운다. 거룩함의 삶을 사는 것은 보이지 않는 것에 매달리는 것이며, 그리스도 속에 그리고 말씀과 성례전 속에 있는 하나님의 행위를 신뢰하는 것이다. 요약하여, 성화는 인간의 행위들로부터 하나님의 행위로 도망가는 것이다.33)

말씀과 성례전에 근거하고 객관적인 요인들에게 주된 강조를 두며 주관적인 영적 표지들을 가장자리에 두는 거룩함의 견해는 물론 밋밋하고 세속적으로 보일 수 있다. 그러나 민감하면서도 자주 불안해하고 고통을 당한 루터의 마음은 하나님께 대한 인간의 관계를 항상 하나님 편에서(coram Deo) 보도록 이끌었다. 그 결과 인간은 자신이 항상 심판받는 자의 위치에 있음을 발견했다. 인간은 고통(Anfechtung)을 경험할 때, 자신의 신뢰를 구원의 객관적 기초인 말씀과 성례전에 두어야만 한다. 그럴 때 믿음은 분투하는 믿음이 된다. 하나님의 심판에 대한 지식이 생생하게 있지 않으면 이러한 성화의 길은 쉽사리 피상적이고 세속적이 될 수 있다. 그러나 결국 대안이라고 해서 더 나을 것도 없다. 인간이 출발점이 될 때, 그의 경건과 믿음의 특징들과 하나님 앞에서의 유죄판정의 상태는 부차적인 것이 된다. 그렇게 되면 인간의 우선적인 존재성은 인간들 앞에(coram hominibus) 있는 것이 되며, 그의 영성은 자신을 타인들보다 더 높이는데 이용된다. 이것은 언제나 그리고 모든 일에 있어서 인간의 목표였다. 이 목표의 성공적 달성을 성화와 혼동해서는 안 된다.

---

33) WA 40 I, 69 (1531).

거룩함에 대한 루터의 견해의 논점은 언제나 믿음이지 행위가 아니다. 인간은 마지막까지 그 스스로는 죄인이며 하나님의 심판 아래 있다. 루터 당시 그의 고군분투하는 믿음에 대해 가해졌던 호된 비판은 그 이후의 시대에도 계속되었다. 그는 중도에 멈춰 섰다고 비판을 받아왔다. 열광주의자들과 재세례파교도들은 가톨릭교회가 믿음을 제대로 드러내지 못했다고 하여 종교개혁을 받아들였다. 그러나 이들은 종교개혁이 행위를 제대로 드러내지 못했다고 하여 이를 개혁하려고 했다. 경건주의에서 이 새로운 개혁은 터져 나왔다. 그러나 루터가 더 효과적인 거룩함의 실현을, 행위에 대한 모든 강조에서보다는 성령의 계속적인 사역 속에서 보았던 것은 잊혀져버리고 말았다.[34]

루터와 경건주의의 차이는 보통 생각하는 것보다 더 크다. 루터의 "새" 사람은 경건주의의 회심한 사람과 동일하지 않다. 후자는 심리학적으로 새로운 개인으로서, 회심에 의해 생명 속으로 각성이 된 사람이고, 그의 목표는 거룩함 속에서 완전한 성숙에 도달하는 것이다. 경건주의에 있어 "새로운" 것은 인간 속에 있는 심리학적 실제이다. 거룩함을 위한 투쟁은 삶의 두 단계, 즉 자연의 더 낮은 삶과 영의 더 높은 삶에서 발생한다. 루터의 견해에 있어 상황은 전혀 다르다. 그에게 있어 신자에게 "새로운" 것은 더 높은 수준의 자연이거나 고상한 말씨를 쓰는 새로운 개인이 아니다. 신자에게 있어서 "새로운" 것은 그리스도의 낯선 의이다. 옛 사람 전체, 우리의 옛 존재상태는—회심과 거룩함을 포함하여—오로지 우리 자신의 것

---

[34] L. Fendt, *Luthers Schule der Heiligung* (Leipzig, 1929), pp. 14f.

이며 따라서 육이다. 우리의 행위에 관한 한, 그것은 다른 것이 될 수 없다. 거룩함을 위한 투쟁은 믿음 안에서 수행되며, 참으로 현존하시고 우리의 전(全) 자아(self)가 되시는 그리스도를 포함한다. 이 전(全) 자아 속에는 영혼의 낮은 능력들과 의지의 자극들만 아니라 높은 능력들과 자극들도 포함된다. 우리 인격의 어느 단계도 결국에는 자아에 의해 지배당하지 않을 정도로 높지 못하다. 성화에서 하나님에게 거스르는 것은 바로 이 자아(homo incurvatus in se)이며, 이 자아는 쳐서 넘어뜨려야 한다. 루터는 항상 인간을 전적인 관점에서 보았다. 그에게 있어 인간은 나뉠 수 없는 통일체이다. 경건주의의 견해에 있어 인간은 나뉘어진 존재이며 옛 사람과 새 사람 사이의 투쟁은 인간 속에 있는 두 개의 심리학적 단계들의 투쟁이다.35)

루터가 거룩함을 우선적으로, 요구된 행위를 행하는 문제로 보지 않기 때문에 그 당시와 이후 시대에 수동적이라는 비판을 들었다. 그러나 그러한 비판은 피상적이고 근거가 없다. 피상적인 이유는, 그러한 비판이 거룩함을 감각으로 지각할 수 있게 만들려는 욕구와 신자의 마음속에 있는 하나님의 숨겨진 사역에 대한 신뢰의 부족에서 나온 것이기 때문이다. 그리고 근거가 없는 이유는, 루터의 목석이 인간들을 거룩함을 위한 투쟁 속으로, 마귀와 죄와 육체에 대항한 믿음의 투쟁 속으로 향하게 하는 것이었기 때문이다. 이 전투를 매일 매일의 회개라고 부를 수 있다. 주된 초점이 행위에 맞추어져 있지 않고 하나님에 의해 일깨워진 양심에 맞추어져 있을지 모르지만,

---

35) 참조: R. Bring, *Gesetz und Evangelium und der dritte Gebrauch des Gesetzes in der Theologie Luthers* (Helsinki, 1943), pp. 48ff. 그리고 R. Prenter, *Spiritus Creator* (Philadelphia: Muhlenberg, 1953), p. 83.

단순히 그리스도와 양심만 아니라 더 많은 것이 개입되어 있다. 매일 매일의 회개는 행위로서 표현되며 또한 그럴 수밖에 없다. 물론 율법의 행위가 아니라, 새 사람의 일로서, 믿음의 순종으로서, 사랑으로서 표현된다.

거룩함과 율법

새 삶은 오로지 전투로서만 실현될 수 있다. 이 전투는 그 윤리적이고 종교적인 전선이 있다. 공격은 한편으로는 유혹과 육체와 세상을 향한 것이고, 다른 한편으로는 인간이 단지 자신을 향상시키려는 도구로 쓰는 행위들을 향한 것이다. 이 전투는 믿음의 싸움이므로, 공격은 그리스도를 그냥 지나치고 절망에 빠지는 자아의 지식에게 향해진다. 이 모든 것 속에서 율법은 어떻게 개입되어 있는가?

루터는 젊은 신학도 시절 율법을 지킬 수 있는 인간의 능력에 대해 다소 낙관적 견해를 갖고 있었다. 그러나 오래지 않아 그러한 낙관주의는 율법이 죄를 제거하기 위해서가 아니라 죄를 증가시키기 위해 주어졌다는 견해에 밀려났다(롬 5:20). 율법은 절망으로 이끌고 따라서 죽음을 위해 봉사한다(롬 7:10). 율법은 파괴하는 세력들 중에 포함되어 있다.[36] 율법은 그 자체로서는 거룩하고 선하다(롬 7:12). 그러나 율법은 결코 인간을 선과 악 사이의 투쟁 속에 있는 중립적인 존재로 보지 않는다. 인간은 항상 악의 편에 서있으며 하나님의 원수이다. 인간은 결백한 방관자로 남아 있을 수 없으며, 따라서 율법이 그를 발견하는 어느 곳에서든 심판을 당한다.[37]

---

36) 참조: L. Pinomaa, *Der Zorn Gottes* (Helsinki, 1938), pp. 30ff.

율법은 죄의 상태를 드러낼 뿐 아니라 실은 그 상태를 악화시킨다. "육체를 따라" 이해될 때, 율법은 영원히 불완전하고 육적인 상태로 이끈다. 영적인 것으로서, 율법은 믿음 안에서만 성취된다. 인간은 믿음이 없는 곳에서는 언제나 실수와 허영에 빠지게 된다.38)

이 모든 견해는 전적으로 바울적이다(롬 7:9f.). 율법의 시민적이고 교육적인 의미와 관련하여 어떤 이들은 루터의 율법관을 전적으로 다르게 해석하려고 했다. 그들은 루터가 『소교리문답서』에서 계명들이 준수될 수 있음을 전제한다고 주장해왔다. 그들은 어느 곳에서도 그가 율법을 준수하기가 어렵다고 하거나 더구나 불가능하다고 하지는 않는다고 말한다. 그러므로 루터가 율법을 파괴적인 세력이라고 간주하는 것은 일관성이 없어 보인다는 것이다.

루터의 『갈라디아서강해』(Commentary on Galatians)가 그 영과 내용 때문에 그의 근본적인 견해의 참된 해설로 간주되어야 한다. 이 강해의 주된 주제는, 율법이 양심 속에서 아무런 볼 일이 없다는 것이다. 루터는 이 말을, 율법이 하나님께 대한 인간의 믿음-관계를 결정해서는 안 된다는 뜻으로 말하고 있다. 루터가 반복해서 주장하는 것들 중 하나는, 율법이 있는 곳에 이성(ratio)이 지배하며 이성이 믿음의 가장 악한 원수라는 것이다.39)

몇 가지 통찰로 말미암아 루터는 율법이 성화의 동인(動因, agent)이라는 것을 거부하였다. 그 중 다음과 같은 통찰이 있다:

1) 율법은 자신이 요구하는 것들의 성취를 가능하게 하지 못한다.

---

37) A. Siirala, op. cit., pp. 272ff.
38) WA 56, 408 (1516).
39) 참조: A. Siirala, op. cit., p. 92. 그리고 L. Haikola, Usus legis (Helsinki, 1958).

왜냐하면 이것은 자유롭고 기쁜 마음과 하나님의 뜻을 행하려는 마음의 소원을 요구하기 때문인데, 율법은 이것들을 제공할 수 없다. 따라서 결과는 거짓된 상태이다.

2) 율법은 하나님께 대한 어떤 관계를 가져오는데, 이 관계 속에서는 이성이 결정적인 역할을 하며 결과적으로 믿음에 적대적인 상황으로 이끈다. 종교적으로 말해 이성은 하나님, 그리스도, 복음, 은혜, 믿음에 대한 죄 된 인간의 증오이다.

3) 율법은 하나님에 의해 권위를 받았으므로 완전을 요구하며, 인간이 완전을 이루기가 불가능하기 때문에 절망으로 이끈다. 이렇듯 율법은 파괴하는 세력과 사탄의 동지가 된다. 율법은 진정 하나님의 율법이고 그 자체로 거룩하고 완전하지만, 그것의 요구들을 성취할 수 없는 죄 된 인간 때문에 파괴적인 세력이 된다.

4) 율법은 인간에게 그의 죄를 드러내고 그 자신에 대한 참된 깨달음을 주기 위해 주어졌다. 그러나 율법은 하나님으로부터 도망을 가고 하나님의 뜻에 역행하는 인간을 늘 만난다. 인간은 선과 악 사이에서 자유롭게 선택할 수 없다. 그러므로 율법은 거룩함, 곧 윤리적 완전으로 이끌 수 없다.

5) 율법이 긍정적 의미를 갖는 것은, 그것이 죄에 대한 훨씬 더 큰 지식을 통하여 인간을 그리스도에게 이끌 때이다. 그러므로 율법을 무시하거나 그 중요성을 최소화해서는 안 된다.[40]

---

[40] R. Bring, *Dualismen hos Luther* (Stockholm, 1929), pp. 154ff.; *Gesetz und Evangelium* (1943); L. Pinomaa, *Der existenzielle Charakter der Theologie Luthers* (Helsinki, 1940), pp. 155ff.

믿음의 순종

이 세상에서 믿음은 계속해서 애를 쓸 때만 생생하게 살아있을 수 있다. 믿음의 시야는 하나님 존전에서의 안식과 안전에 고정되어 있다. 그러나 인간들 앞에서조차, 믿음은 게으를 수 없으며 스스로를 동료 인간의 사랑으로서 표현하는 것이 필요하다고 느낀다. 동료 인간에 대한 도움은 그의 육체적 필요를 채워주고 그를 육체적 고통 속에서 구해주는 일에 제한되어 있지 않고, 믿음에 이르도록 돕는 것도 포함한다. 여기서 위대한 예는, 하나님으로부터 오셔서 우리를 자신에게로 인도하시고 그의 지상의 삶 내내 결코 자신의 행복이 아니라 오직 우리의 행복만을 구하셨던 그리스도 자신이다. 마찬가지로 우리는 서로를 섬겨야 하며 가능한 한 많은 사람을 구해야 한다.41) 루터는 쓰고 있다:

> 믿음은 받고, 사랑은 준다. 믿음은 인간을 하나님께로 인도하고, 사랑은 인간을 다른 사람들에게로 인도한다. 믿음 안에서 인간은 하나님이 선을 그에게 베푸시도록 하고, 사랑 안에서 인간은 그 자신이 다른 사람들에게 선을 행한다. 왜냐하면 믿는 사람은 하나님으로부터 모든 것을 갖고 있으며, 축복을 받았고, 부요하기 때문이다. 그러므로 그는 더 이상 필요한 것이 아무것도 없으나, 그의 삶과 행위를 동료 인간의 선과 복지에 바친다. 그는 하나님이 믿음 안에서 그를 위해 해주신 것을, 사랑 안에서 동료 인간을 위해 행한다. 이것은 마치 그가 믿음으로는 선을 위로부터 끌어내리고, 사랑으로는 선을 이 아래에서 나누어주는 것과 같다.42)

---

41) *WA* 5, 408 (1520).
42) *WA* 8, 355 (1521). 참조: *WA* 10 I, 1, 99 (1522).

루터주의는 간혹 게으르다는 평을 들었으나 게으른 기독교는 루터의 지지를 받지 못한다. 진정한 신자는 그의 동료 인간에 대해 무관심할 수 없다. 동료 인간에 대한 관계는 믿음의 본질적 부분이다.

루터에게 있어 믿음과 사랑의 상관관계는 최우선의 중요성을 차지했다. 가톨릭주의로부터의 그의 분리는 이 면에 있어서도 길이 엇갈렸다. 그는 외적인 행위들이 내적인 태도에 대한 보증이 되지 못한다는 사실을 충분히 경험했다. 그는 새로운 깨달음으로 인해, 우리의 의가 그리스도의 의이듯이 우리의 사랑의 행위들도 우리 속에 있는 그리스도의 사역들이라는 것을 알게 되었다. 나무의 열매처럼 그들은 스스로 과실을 맺는다. 이 자발성으로부터 행위가 믿음을 뒤따라야 한다는 결론이 나오며,[43] 만일 행위가 없다면 믿음은 참일 수 없고 "획득되는" 것(*acquisita*), 다시 말하면 어떤 식으로 스스로-만들어진 것이다. 그러나 행위의 문제를 명령의 형태로 만들어서는 안 된다. 행위가 요구 된다면, 믿음이 참되지 않으며 그것을 완성시키기 위해 무엇인가가 필요하다는 것을 의미할 것이다. 참된 믿음은 요구란 것을 모른다. 왜냐하면 믿음의 행위는 저절로 오기 때문이다. 믿음은 그 자신이 행위로 옷 입을 수 있는 것을 기뻐한다. 요구는 어떤 식으로도 믿음의 성격을 개선할 수 없다. 믿음은 하나님께 대한 관계가 바를 때 참되다. 그러나 요구는 하나님-관계를 개선할 수 없다. 참된 믿음과 공로를 쌓기 위해 미리 계획된 행위는 서로 모순 된다. 왜냐하면 참된 믿음은 하나님이 행하시는 것에 의존하는 반면, 공로를 위한 행위는 인간 자신의 행동을 반영하기 때문이다. 믿음에서

---

43) *WA* 39 I, 46 (1535).

생기지 않는 행위는 인간을 믿음의 참된 행위에 대한 거짓된 생각에 빠트릴 수 있다. 행위는 인간으로 하여금 믿음의 행위를 상상하게 만들지만 실제로 그러한 것은 없다. 그러나 참된 행위와 거짓된 행위의 구별은 참된 믿음과 거짓된 믿음사이의 차이만큼이나 어렵다. 어떠한 이론도 적합하지 않다. 사람은 그저 믿고 기도하고 애써야 한다.

믿음의 일은 하나님의 풍족한 선(善)의 샘으로부터 나온다. 어떠한 인간적 행위도 이에 비교될 수 없다. 왜냐하면 하나님과 인간은 비교가 불가능하고 인간이 행하는 모든 것은 실제로는 하나님이 하시는 일이기 때문이다.[44] 이 이유 때문에 하나님 앞에서 공적에 대한 생각을 갖는다는 것조차 어처구니없는 일이다. 세례의 은혜는 이미 너무나 위대하기 때문에 어떤 인간적 행위도 이에 비교될 수 없다. 그것으로 인해 "대담무쌍한 바보들이 하늘을 얻고 축복을 받는다." 다른 말로 하면 이 사람들이 자신의 행위를 하나님께 공적으로 드리지 않고 하나님의 선물을 바르게 신뢰하는 사람들이다.[45] 믿음의 행위는 자발적으로 온다.[46]

가톨릭주의가 성화를 인간 편에서의 지속적인 활동으로, 개인의 교화(敎化)로, "학교"로 본 만면, 루터는 그것을 신(神)중심적으로 보았다: 하나님이 모든 것을 하신다. 인간의 투쟁은 믿음을 위한 투쟁이지, 행위를 위한 투쟁이 아니다. 믿음은 인간 전체를 전적으로 관련시킨다. 믿음은 무(無)활동으로 결론이 날 수 없다. 왜냐하면 믿음은 하나님

---

44) 참조: 본서의 제3장.
45) *WA* 10 I, 1, 107 (1522).
46) *WA* 10 III, 5 (1522).

의 심판과 은혜로 살며, 이는 다시 믿음의 행위를 낳기 때문이다. 무엇인가 부족하다면 그것은 즉시 믿음의 문제가 된다. 믿음의 활동은 동료 인간의 섬김을 위한 것이다. 따라서 동료 인간은 믿음의 분리될 수 없는 한 부분이다. 믿음의 목표는 결코 자신의 구원만이 될 수 없다.

요약

루터에 따르면 성화는 항상 믿음을, 곧 믿음의 발생과 성장을 포함한다. 믿음은 하나님이 죄를 드러내고 죄인을 심판하실 때 옳으시다는 인간의 깨달음에서 시작한다. 그러한 믿음은 자신의 죄를 인정하는 죄인의 구원으로 이끈다. 하나님은 그의 심판에 굴복하는 인간을 의롭다고 하신다. 그러나 인간을 심판하시고 의롭다 하실 때 하나님은 또한 그를 자신의 의지와 조화시키는 일을 시작하신다. 믿음 자체가 비(非)가시적이듯, 이 일도 기본적으로 비(非)가시적 방식으로 일어난다. 이성과 불신앙은 그러한 비(非)가시적 거룩함에 만족하지 못해 이 세상이 볼 수 있는 행위들의 거룩함을 만들어 내기 위해 끊임없이 노력한다.

그리스도인의 존재는 이중적 특징이 있다. 곧, 신자는 죄인이며 의롭다. 그는 스스로는 죄인이지만, 그리스도 안에서는 의롭다. 루터의 이 통찰은 두 시대(eons)에 대한 바울의 개념을 특징적으로 반영한다(갈 1:4). 루터가 바울의 두 에온 교리의 현대적 형태에는 익숙하지 않았을 수 있다. 하지만 루터가 자주 반복한 "동시에 죄인이며 의인"의 개념은 바울의 이 견해에 본질상 가깝다. 그리스도 안에서 그리스도인은 "새" 사람이며 죄가 없다. 그리스도 밖에서 그는 "옛" 사람이며 죄의 세력 아래 있다. 그리스도인의 계속적인 죄인 됨을 죄의 지배에 대한 무력한 굴복이라고 이해해서는 안 된다. 그것은 오히려 인간 안에 "선한 것이 아무것도 있지 않다"고 하는 로마서 7장의 생각을 표현하고 있다. 그는 그리스도 안에서 새로운 피조물이므로 옛 것과 새 것 사이의 끊임없는 갈등 속에 개입되어 있다. 이 이유 때문에 새로운 삶은 지속적인 전투이다. 이 전투에서 그리스도인의 무기는 말씀과 성례전이다. 이것들을 통해 그는 그리스도와의 일치를 갖고, 그리스도 안에서 죄 사함을 얻는다. 그리스도와의 이 평화는 사탄에게서 그의 가장 강한 동맹, 즉 죄책감에 빠진 양심을 빼앗아 간다.

이성은 거룩함에 대한 투쟁을 경험상의 승리로―죄의 능력이 마침내 그리고 전적으로 파괴된―바꾸려고 한다. 그러나 이 세상과 이 세대에서는 완전한 거룩함에 도달할 수 없다. 이 곳에서는 투쟁이 계속되어야 한다. 말씀과 성례전에 신뢰를 두는 것은 삶의 불완전으로부터 믿음의 비(非)가시적 영역으로의 퇴거를 의미하지 않는다. 이 신뢰는 현혹시키는 인간적 가능성들을 거부하는 것을 의미하고, 하나님의 확실한 기초위에 세우는 것을 의미한다.

이렇게 해석될 때, 거룩함은 순전히 수동적인 것으로 나타날 수 있다. 그러나 루터의 이해에 있어서 믿음은 활력이 넘치고 능동적이다. 루터는 행위가 없는 믿음이 죽은 믿음이라는 야고보서의 말에 전적으로 동의할 수 있었다(약 2:26). 그렇다고 율법이나 어떤 외적 요구를 갖고서 행위를 유도하는 것을 뜻하지는 않았다. 행위는 믿음과 감사의 열매일 때만 참되다. 자발적 행위만이 참된 믿음에 대한 증거가 된다. 이처럼 거룩함이나 성화의 문제는, "정통"의 의미에서가

아니라 순수한 성경적 의미에 있어서, 처음부터 끝까지 참 믿음의 문제이다.[47]

---

47) 참조: 마 25:31-46; 롬 2:6; 15:18; 고전 3:12f.; 갈 6:4; 요일 3:17f.; 약 2:17.

제8장

성령의 사역

성령과 그의 사역에 관한 주제는 기독교회에서 지속적으로 논의되는 주제이다. 믿음이란 것이 우선적으로 어떤 특징적인 경험들이며 그것들이 일으키는 증거라고 보는 사람들이 늘 있어왔다. 그러나 우리는 종교경험이 보편적 인간 현상이며 기독교에만 독특한 것이 아님을 주목해야 한다. 세계의 모든 종교는 종교적 감정들, 독특한 경험들, 그리고 많은 경우에 무아경의 순간들에 대해 말한다. 이와 같이 무아경은 기독교에만 있는 현상이 아니다. 게다가 그러한 모든 경험들은 하나님과 그리스도의 지식으로 이끌지 않는다. 신약성경은 확실히 심령적인(psychic) 경험 일반에 무조건적 지지를 보내지 않는다. 그 한 예로, 바울은 유보적인 태도로 심령의 영역에 대해 말하며, 그것을 분명히 영의 영역에 종속시키는데, 전자는 후자의 전제조건일 뿐이다. 심령적인 것과 영적인(spiritual) 것을 혼동하지 말아야 한다.

루터에게 있어, 신학은 마음의 문제이지 이성의 문제가 아니었다. 루터는 신학 연구의 시초부터 경험의 가치를 매우 높이 샀다. 시련과 고통을 경험해보지 않은 사람이 무엇을 알겠는가?[1] 여기서 우리는 루터 신학에서 해결하기 어려운 문제 하나를 보게 된다. 곧 그는 믿음의 경험적 기초를 주장하면서도 자연적인 인간 감정에 대해서는 반대하는 입장을 취했다. 실제에 대한 믿음의 경험은 자연적 감정들로부터 생기는 것이 아니라 오히려 그것들에 모순 된다. 그리스도의 구원하시는 실제 그리고 그에 대한 믿음은 자연인이 스스로 경험할 수 있는 모든 것에 대립되어 있다. 이것들은 인간 이성을 넘어 있는 하나님의 실제와 관계가 있다.[2] 은혜를 자기 것으로 하는 것은 "주입된 특성"을 받는 것이 아니다. 그것은 심령적인 경험에 의해 증명될 수 없다. 그것은 눈에 보이지 않은 채로 믿어야 한다. 그 자체로 이것은 가장 힘든 일이다(arduissima res).[3] 하나님의 사역과 선물에 대한 신뢰가 루터로 하여금 칼슈타트(Karlstadt)와 심령주의자들을 반대하도록 만들었다. 루터의 신학과 교회 개혁은 가톨릭의 객관주의와 제도주의 그리고 열광주의자들의 주관주의와 심령주의 사이의 아슬아슬한 소용돌이를 무사히 통과했다.

루터와 열광주의자들

프렌터(Prenter)는 그의 널리 알려진 책 『창조주 성령』(Spiritus Creator)

---

1) WA 4, 95 (1514-15). 참조: L. Pinomaa, *Der existenzielle Charakter der Theologie Luthers* (Helsinki, 1940), p. 85.
2) R. Prenter, *Spiritus Creator* (Philadelphia: Muhlenberg, 1953), p. 44.
3) *Ibid.*, pp. 47ff. 참조: A. Siirala, *Gottes Gebot bei Martin Luther* (Helsinki, 1956), pp. 53-61.

에서 이 문제를 논의하면서 루터와 열광주의자들 간의 논쟁의 역사를 설명하려고 하지 않고, 서로 대조되는 견해를 서술하는데 만족한다.

루터는 논문 『천상의 예언자들에 대하여』(Concerning Heavenly Prophets)에서, 열광주의자들의 근본적 문제는 이들이 하나님의 질서를 뒤집는데 있다고 주장한다. 하나님은 두 가지 방식으로, 곧 외적인 방식과 내적인 방식으로 일하신다. 외적인 사역에 포함된 것은 말씀과 성례전들이고, 내적인 사역에 포함된 것은 성령과 그의 선물들이다. 하나님의 질서는 외적인 것이 내적인 것에 선행한다. 열광주의자들은 이 순서를 뒤집어서 내적인 선물들이 외적인 수단들 앞에 와야 한다고 주장한다. 사실, 그들은 하나님의 질서에 있어 외적인 것을 내적인 것으로 간주하고, 내적인 것을 외적인 것으로 간주한다.

루터와 열광주의자들의 믿음 이해의 근본적 차이점은 단순히 외적 요소와 내적 요소의 관계이상을 내포했다. 그 배경에는 17세기의 신학적 표현을 사용하자면, "구원의 서정"(ordo salutis) 개념에 대한 상이한 이해가 있다. 루터는 이 질서의 첫 번째 항목으로 율법을 꼽는데, 율법은 죄를 드러내고 인간을 부수고, 그 안에 생명을 주는 말씀 곧 복음에 대한 갈망을 불러일으킨다. 복음을 듣는 사람은 성령의 선물을 받는다. 그러나 이 수납(收納)은 기계적인 것도 아니고 자동적인 것도 아니다. 성령은 자신이 원하시는 곳에서 칭의의 믿음을 창조하신다. 곧 말씀을 들을 때 성령이 늘 필연적으로 오시는 것은 아니다. 성령은 말씀을 지배하시나 말씀의 지배를 받지는 않으신다. 열광주의자들과의 논쟁에서 루터는 외적 말씀의 중요성을 강조했고, 성령을 말씀에 종속시킬 수 있었다. 그럼에도 그는 성령의 주권과 외적 말씀의 불충분성을 쉬지 않고 강조했다. 그러면서도 그는 성령이 외적 말씀을 통해서만 사역하신다는 것을 강조했다. 성령만이 우리 속에서 칭의의 믿음을 창조하실 수 있다. 우리가 고통의 소용돌이 속에서 하나님에게서 도망치지 않고 오히려 "아바, 아버지"라고 소리치는 사실에 대해 그 만이 책임을 지신다. 인간은 성령아래 있을 때 비로소 하나님께 대한 관계에서 활동적이 되며, 세상에 대한 하나님의 활동에 참여할 수 있다. 우리의 주된 사명은 말씀을 선포하는 것이며, 이 선포를 통해 우리 자신이 구원 받는다. 그리스도의 왕국의 일에 참여하는 것은 우리에게 십자가를 지우는데, 이는 복음이 언제나 세상의 증오를 불러일으키기 때문이다. 이 십자가는 우리의 믿음을 정화시키고 우리의 소망에 바른 방향을 제시해준다. 세상에 더하여, 우리 안에 있는 "옛" 사람도 성령의 사역에 저항한다. 우리의 우선적 사명은 옛 사람을 죽이는 일이다. 복음의 선포와 옛 사람을 죽이는 일은 성령의 사역이고, 이 사역에 우리도 참여한다. 더 나아가 성령의 사역은 우리의 이웃 사람들을 위해 행해진 선행들도 포함한다.[4]

여기서 제안된 구원의 서정을 시간적 개념들로 이해해서는 안 된다. 주된 논점은 인간의 영적인 발전이 아니다. 만일 그렇다면 인간 중심의 견해를 전제하는 것이 될 것이다. 루터의 견해에 따르면, 우리는 여기서 오로지 하나님의 중단되지 않은 활동을 다루고 있다. 그 방향은 하늘로부터 땅으로 향한다. 하나님은 말씀과 성례전들을 보내신다. 인간은 이것들을 받는 반대 지점에 있다.

열광주의자들의 구원의 서정은 이와 다르다. 그 서정은 옛 사람을 어거(馭車)하는 것으로 시작하며, 이를 칭의 받음과 성령의 열매의

---

[4] R. Prenter, *op. cit.*, pp. 247ff.

전제조건으로 이해한다. 성령은 말씀을 들음으로 받는 것이 아닌데, 이는 들음 그 자체는 외적이고 비(非)영적인 것이기 때문이다. 성령을 받기 위해 인간은 회개를 통해 자신 속에 남아있는 죄를 파괴해야한다. 루터는 이것을, 인간이 스스로의 구세주가 되는 것을 의미한다고 이해했다. 그러므로 열광주의자들은 성령이 어떻게 우리에게 오시는지에 대해서는 가르치지 않고, 우리가 어떻게 성령에게로 가는지를 가르친다. 저들의 견해는 전적으로 인간중심적이다. 구원의 서정의 방향은 땅에서 위로 향한다. 율법은 하나님께로 이끄는 길이 되었고 그리스도는 모범이 되었으며 믿음은 모방에 불과하게 되었다.

열광주의자들의 관점에서 외적인 말씀과 성례전들에는 열등한 역할이 주어진다. 성례전들은 성령이 하늘로부터 아래로 역사하시는 수단으로 주어진 것인데, 인간이 만일 자력으로 성령에게 올라갈 수 있는 능력이 있다면 참으로 성례전들을 무시할 수 있다.

율법주의적 모방-경건은 주의 만찬에 대한 심령주의적 개념을 갖는다. 그리스도를 선물로 받는 것이 영적인 훈련으로 개조된다. 그리스도의 현존은 감정적으로 경험되어야 한다. 그러나 루터에게 있어 성찬에서 그리스도를 "기억함"은 성령의 사역이었다.

루터는 열광주의자들의 이 인간중심적이고 율법주의적인 모방-경건을 공격했다. 그들은 성령이 복음의 수여자이며 심령이 가난한 사람들의 위로자임을 이해하지 못하고 완전자들을 위한 보상으로 만들었다. 루터는 열광주의자들과의 논쟁에서 중대한 사안들이 걸려 있는 것을 보았다. 바로 복음 자체가 개입되어 있었다. 즉 우리가 그리스도를 선물로 받는 것인가, 아니면 그에게 가는 길을 우리가 만들어 가야 하는 것인가?[25)]

성령과 외적 표지들

열광주의자들은 성령을 가시적이고 물질적인 것의 반대로 이해했다. 말씀과 성례전들이 가시적인 이 세계에 속하는 것이므로, 이것들은 아무리해도 성령의 도구 역할을 할 수 없었다. 가시적 물체들은 기껏해야 상징으로만 소용이 될 수 있을 것이었다. 그러나 루터는 성령의 사역이 가시적이고 외적인 것들(eusserlich ding)과 관련되어 있다는 견해를 집요하게 고수했다.

프렌터는 루터가 열광주의자들과의 논쟁에서 성령과 외적 수단들 간의 형이상학적 일치를 방어한 것이 아니라고 강하게 강조한다. 성례전 참여자가 자동으로 얻을 수 있는 어떤 신적인 능력도 외적 표지들, 즉 세례의 물과 성찬의 요소들과 결합되어 있지 않다. 성령은 비인격적인 능력이 아니라 자신의 절대 주권 속에 계신 하나님 자신이다. 성령은 형이상학적으로 은혜의 수단들 속에 있은 다음에 우리 속으로 이전되는 것이 아니다.

루터는 외적 말씀의 필요성과 성령의 주권사이에 어떤 모순도 보지 않고 둘 다 강조했다. 그는 말씀과 성례전들이 결코 그 자체 안에 은혜를 내포하고 있는 것으로 보지 않았다. 이것들은 성령이 하나님을 기쁘시게 하는 장소와 때에 효력을 냈다(ubi et quando visum est Deo).

인간의 자연적 관점에서 볼 때, 그는 성령과 외적 표지들 사이의 본질적 연합을 보려는 경향이 있다. 그는 성령을, 인간이 하나님께로 갈 때 사용하는 은혜의 수단으로 인간에게 주어진 하나의 능력으로

---

5) *Ibid.*, pp. 251ff.

본다. 이것은 열광주의자들의 견해와 반대되는 것처럼 보이지만 역시 인간 중심적이다. 두 견해 모두 인간을, 자신의 단계에서 하나님의 단계로 노력해 올라가는 것으로 보기 때문이다. 차이점이란 단지 이것이 성취되는 방법에 있다. 루터에게 있어 은혜의 수단 그 자체가 성령과 은혜를 포함하고 있다는 생각은 불가능했다. 그러한 생각은 필연코 사효성(ex opere operato)의 개념으로 이끈다. 이에 의하면 "행해진 행위," 예컨대 성찬의 분배는 자동적으로 효과를 발한다. 루터의 일관된 신(神)중심적 견해에 따르면 성령의 사역은 살아있는 하나님의 행위이다.6)

우리는 이것을 염두에 두고서, 루터가 말씀과 표지의 필요성을 강조한 것이 어떻게 가능했는가를 묻지 않을 수 없다. 한 가지 대답이 루터의 "표지"(signum) 단어의 사용에 있다. 말씀과 성례전들은 계시의 표지들이다. 이것들은 하나님의 현존을 "담고"있다. 성령은 이것들을 도구로 사용하고, 이것들을 매개로 일하신다. 그리스도의 성육신은 계시의 표지였다. 이제 이 표지는 은혜의 수단으로 계속되어, 부활하신 그리스도가 그 수단 속에서 자신의 실제 현존을 인간적인 형태로 계속하신다. 이 세상 역사 내내 하나님은 보잘 것 없는 표지, 즉 그리스도의 인성의 베일 아래에서 우리 가운데 계신다. 이 표지는 우리에게 있어 하나님의(그리스도의) 실제 현존의 가시적 보증 내지 보장이다. 동시에 그것은 성령의 도구이기 때문에 우리의 삶에 영향을 미친다. 그것은 우리의 전 존재를 신적 사건에 묶는다. 우리는 그리스도의 형상으로 재창조되며 우리의 생명은 미래의 완성을 가리키는 종말론

---

6) *Ibid.*, pp. 255ff.

적 사건의 틀 안에 놓여진다.

외적 표지들 없이 하나님께 이르려는 열광주의자들의 노력은, 사변의 길을 통하든 도덕의 길을 통하든, 실패하게 되어있다. 그러한 길들은 벌거벗은 하나님(Deus nudus), 율법의 하나님, 무한한 신적 위엄에게로 이끈다. 그와의 대면은 죽음을 의미한다. 하나님은 외적 표지들 속에서 진정으로 발견될 수 있다. 그것들 속에서 그는 우리의 하나님(그리스도 안에 계신 하나님, 우리를 위한 하나님) 이시다.

하나님의 표지는 우리의 하나님-관계 속에서 율법의 지배를 뒤집는다. 땅에서 하늘로 올라가려는 우리의 갈망은 하나님이 우리에게 내려오심으로 무효가 된다. 프렌터는 말한다:

> 우리가 율법 아래 있을 때, 우리 각자는 하나님께로 가는 사다리 위에 있는 자신을 발견한다. … 어떤 사람은 수도원으로 들어가고, 어떤 사람은 콤포스텔라(스페인에 있는 중세의 유명한 순례지: 역자 주)를 향해 길을 떠난다. 그들은 모두 자신의 사적인 경건을 발전시킬 수 있는 구석을 찾는다. 이런 식으로 분파들이 시작된다. 그러나 우리에게 오시는 하나님의 길인 계시의 표지들은 공적인 것이다. 그것들은 우리의 곤궁과 영벌에 관한한 우리 사이에 구별이 없는 곳에서 우리 모두를 찾는다. 그러므로 복음은 닫힌 동아리들 속에서 선포되지 않고 공적으로(in media civitate) 선포된다. … 하나님이 우리에게 오실 때, 그는 특별한 입회자나 특별히 운 좋은 사람들만 그를 찾을 수 있는 어떤 구석에 자신을 숨기지 않으신다. 아니다, 하나님은 모든 사람 앞에 공개적으로 나타나신다.[7]

그러나 외적인 것들이 모두 하나님 계시의 표지들은 아니다.

---

7) *Ibid.*, p. 262.

말씀이 계시의 표지들을 다른 외적 표지들로부터 구별한다. 그리스도는 어디나 계시지만 표지로 계신 것은 아니다. 말씀과 성례전들은, 주의 만찬을 받을 때 그리스도가 떡과 포도주 속에 현존하시는 것을 그리고 말씀이 선포될 때 그 말씀 속에 현존하시는 것을 하나님이 원하셨기 때문에, 표지들인 것이다. 외적 표지들은 하나님의 베일이다. 하나님은 오직 표지들을 통해서만 우리에게 오실 수 있고, 여전히 하나님이실 수 있다. 하나님은 표지의 보호하는 덮개 아래에서 계시의 하나님으로, 그리고 심판자로서가 아니라 구세주로서 우리들 가운데 계신다. 하나님이 외적 표지 속에 숨겨져 계실 때 그의 자비로우신 현존은 증명될 수 없다. 그 현존은 믿음 안에서만 받을 수 있다. 불신자에게 표지는 단지 외적인 것에 불과하다. 이 표지들 안에서 하나님은 자신을 드러내시고 또한 숨기신다. 우리는 성령이 창조하신 믿음 안에서만, 살아 계신 하나님을 표지들 속에서 만날 수 있다.[8]

외적 표지와 그리스도

루터에 따르면 성령의 사역은 인간에게 집중되어있지 않다. 루터는 인간 속에 있는 성령의 가시적 효과들에 대해 또는 이상이나 계시에 대해 말하지 않으며, 그렇다고 하나님과의 비밀스런 연합에 대해서도 그리고 성령에 의해 계시된 새로운 진리들에 대해서도 말하지 않는다. 늘 그렇듯, 루터는 성령에 대해 말하면서 그리스도를 말하고 그리스도 안에 계신 하나님의 계시를 말한다. 성령의 사역에 관한 루터의 가르침은 그의 기독론의 한 면이다. 바로 물과 떡과 포도주가

---

8) *Ibid.*, pp. 266ff.

표지이듯이 인간으로서의 그리스도는 표지이다. 믿음만이 성례전 안에 있는 그리스도의 실제 현존을 알듯이, 믿음만이 그리스도 안에 계신 하나님을 본다.

루터의 기독론의 본질은 신약성경의 중심적인 두 구절에서 발견된다: "그 안에는 신성의 모든 충만이 육체로 거하시고"(골 2:9), "나를 본 자는 아버지를 보았거늘"(요 14:9). 그리스도는 성육하신 하나님이시고 표지들 중의 표지이다. 그의 인성은 하나님 계시의 표지이며, 신적 위엄을 담고 있는 외피(外皮)이다.

말씀과 성례전들은 그리스도의 성육신의 표지들로서 그리스도의 부활과 재림사이의 기간에 존재한다. 그리스도께서 이러한 표지들의 형태로서 기독교권 속에 현존하시기가 불가능하다면 그는 고대의 역사에 속하게 되고 그에 대한 우리의 믿음은 단지 역사적인 것일 것이다. 루터에게 있어서 역사적 믿음은 결코 구원하는 믿음이 아니다. 말씀과 성례전들에 의해 중개된 그리스도의 진정한 현존은 구원에 대한 절대적 전제조건이다.

루터의 기독론의 근본적 특색들은 필연적으로 서로에게 속한다. 즉, 그리스도는 주의 만찬이 거행되는 어느 곳에서나 존재 하신다(편재성). 신성이 그의 역사적 인격 속에 거주하며 말씀과 성례전들은 그의 계시의 표지들이다. 루터는 열광주의자들의 심령주의가 외적 표지들을 경멸함으로써 그리스도의 성육신 자체를 부정한다고 말한다. 표지들은 위로부터 주어진 것이고, 그것들을 무시하는 것은 하나님-관계를 땅에서부터 위로 세우려는 것과 같다. 그러면 두 길이 열리게 되는데 하나는 사변(思辨)의 길이고 하나는 공적(功績)의 행위들의 길이다. 위로부터 주어진 표지들 곧 말씀과 성례전들을 거부하는 것은

복음을 부정하고 이상주의적 형이상학 속으로 빗나가게 만든다.9)

그리스도의 성육신은 이상주의의 기본적인 대립을 분쇄한다. 왜냐하면 인간은 루터가 말하듯 동시에 영이면서 육이기 때문이다. 인간 전체가 육이고 하나님의 성령의 사역을 거역한다. 그러나 인간 전체는, 다시, 하나님의 성령의 통치하에 있는 영과 육 모두이다.

이 빛 속에서 우리는 주의 만찬의 육체적 유익에 대한 루터의 생각을 이해해야 한다. 이 생각들은 보통 잘못된 것으로 간주되어 왔다. 루터의 성령관의 배경은 한편으로는 삼위일체 교리이고 다른 한편으로는 신(神)중심성의 교리이다. 성령은 언제나 하나님의 성령이시다. 그를 창조와 구속과 성화의 관점에서 바라봐야 한다. 하나님의 성령의 사역에는 일관성이 있다. 영적인 것과 물질적인 것은 대립적이지 않다. 주의 만찬의 영적 참여는 항상 육체적 유익을 동반한다. 프렌터(Prenter)는 루터의 견해에 있어 성례전은 육적인 축복에 대한 확신과 소망이 없이는 영적으로도 받을 수 없다고 날카롭게 지적한다. 이것은 루터에게 있어 구원이 늘 인간 전체를 포함한다는 사실로부터 자연스럽게 나온다. 그리스도를 통해 우리의 것이 된 새 창조는 단지 영적인 것만 아니리, 그리스도 자신처럼 영적-육체적인 것이다. 우리는 구원에서 일부만이 아니라 그리스도 전체를 받는다. 여기에 루터의 반(反)심령주의적 입장에 대한 근본적 이유가 있다.10)

주의 성찬의 요소들인 떡과 포도주는 초자연적인 힘을 소유하고 있지 않다. 하나님의 성령의 사역은 마술적이지 않고 역사적-종말론적이며 그 주체가 하나님의 성령이시고 그 대상이 인간인, 구원의

---

9) *Ibid*., pp. 273ff.
10) *Ibid*., pp. 277ff.

행위이다. 그 목표는 기독교적 소망의 종말론적 완성인 육체의 부활이다. 성령의 사역은 "마지막 날까지 믿음과 소망 안에 숨겨져 있다." 이 전체적인 견해는 분리할 수 없는 통일체로 칭의와 성화를 포함한다. 성령의 사역은 17세기 신학의 구원의 서정(ordo salutis)에서 그랬던 것처럼 부분들로 나뉠 수 없고, 그 부분들을 연대순으로 볼 수 없다. 성찬의 "영적 양식"은 너무나 강력하여 마지막 날까지 우리의 육적 존재를 영적 존재로 변화시키며 그 궁극적 열매는 죽은 자들로부터의 부활이다. 죄의 사면과 육체의 부활에 대한 믿음은 성찬의 육체적 유익과 떼려야 뗄 수 없이 결합되어있다. 구원의 영적인 열매와 육적인 열매는 하나가 된다. 만일 복음을 오직 하나의 선물, 즉 영적으로 이해되는 죄의 사면만을 전달하는 것으로 간주하고, 성찬의 육체적 유익과 몸의 부활을 단지 자연주의적 사변이라고 간주한다면 우리는 루터에게 전혀 낯선 심령주의적 이상주의에 빠지게 된다.

루터의 견해에서 성찬의 육체적 유익은 동료 인간에 대한 사랑도 포함한다. 두 경우 모두에서 영적인 것이 물질적 세상의 사건과 결합되어 있고, 두 경우 모두에서 위로부터 오는 선물은 물질적 유익으로 전환된다. 루터에게 있어 이웃 사람을 사랑하지 않고 하나님의 선물을 받는 것은 믿음의 부인(否認)이었다. 믿음과 행위는, 행위의 필요성에 대한 합리적 진술의 필요 없이 서로 하나가 된다. 여기서, 믿음과 행위들을 구별하는 중세 가톨릭주의의 헛된 노력들로부터 초대 기독교 사상의 원천으로의 복귀가 이루어졌다.[11]

육체적인 것에 대한 루터의 이해는 두 가지 사상에 의해 구체화된

---

11) *Ibid.*, pp. 282ff.

다. 즉 육체적인 것은 우리의 동료 인간들을 섬기는 데 필요한 하나님의 도구라는 것과, 육체적인 것은 기독교 소망의 완성인 몸의 부활과 연관되어 있다는 것이다. 이 완성은 절망의 심연과 죽음의 골짜기 속에 있는 우리를 찾으시고 우리를—영과 육을—영광의 새 생명으로 일으키시는 하나님의 위대한 구원의 사랑을 입증한다. 여기에 사죄의 완전한 부요함이 계시되어 있다.

이 점에서 우리는 루터와 열광주의자들 간의 대조를 가장 분명히 본다. 열광주의자들에 의한 육과 영의 대립은 물질과 영에 대한 플라톤과 신플라톤주의내의 근본적 대립을 반영한다. 거기서는 물질이 영과 동등한 가치를 갖지 못하고, 사실, 죄와 동일시되는 낮은 형태의 존재를 항상 의미한다고 본다.

열광주의자들의 심령주의에서는 인간이 자신의 행위나 경험을 갖고서 스스로를 하늘로 들어 올리려고 노력한다. 이러한 구원의 방법과는 정반대로 복음 속에 계시된 구원방법이 있다. 이에 의하면, 하나님의 성령은 의지할 데 없는 사람의 삶 속으로 내려오시어 믿음을 창조하시고 마지막 날에 육체의 부활에서 완전한 구속을 가져오신다. 여기에는 일정한 외적 표지들이 내포되어 있다: 세례, 선포된 말씀, 성찬에 육체적으로 참여, 이웃 사람의 선(善)을 위한 소명적 활동, 육체의 부활. 율법적 구원의 방법은 이러한 외적 사항들에 대해 별다른 중요성을 부여하지 않는다. 왜냐하면 그 전면에 육체를 죽임, 영적인 경험들, 내적 완전, 그리스도의 모방, 영혼의 불멸을 내세우기 때문이다.

루터가 보았듯이 심령주의적 발달 개념은 사람을 그리스도로부터 이끌어 내어 진노의 하나님(*Deus nudus*)의 손 안으로 집어넣는다.

이 때문에 루터는 심령주의에 대한 비판에서 그렇게 단호했고, 놀랍게도 영적인 경험들을 교만과 이기주의의 표시라고 불렀으며, 그것들이 율법에 의한 구원의 방법에 속한 것이라고 했던 것이다.

제9장
고통의 문제

　최근의 루터신학 연구는 시련 내지 고뇌(*Anfechtung*)의 문제가 단지 루터의 영적이고 감정적인 기질의 표현 이상이었다는 것을 보여주었다. 그것은 그의 신학에 있어서 결정적 요소였으며 수많은 신학적 문제들과 결합되어 있다.

　루터는 감수성이 예민한 종교적 사람이었다. 그는 "하나님 때문에 아팠다."[1] 1505년 수도원에 들어갔을 때 이미 그의 주된 관심은 자비로우신 하나님을 찾는 일이었다. 그는 고뇌와 고통의 순간들에 낯설지 않았다. 그의 엄격한 가정교육은 이 예민함과 관련이 깊다. 그가 어떤 설교에서 어린이의 삶 속에 생긴 두려움에 대해 말할 때, 의심할 바 없이 자신을 가리키고 있다. "그러한 두려움이 사람의 유년

---

1) 핀란드어 "*Jumalssta sairas*"는 사람이 홍역을 앓는 것처럼 루터가 "하나님 때문에" 앓았다는 뜻이다. 육체적으로나 정신적으로 쇠약해졌다는 의미가 아니라, "하나님으로 인해 된통 아팠다"는 의미이다—영역자주.

기에 들어올 때, 그것을 몰아내는 일은 참으로 어렵다. 왜냐하면 아버지와 어머니의 모든 말씀이 아이로 하여금 떨게 할 때, 그는 남은 생애동안 바삭거리는 낙엽에도 두려워하기 때문이다."2) 순전히 육체적인 요인들도 이 고통에 한 역할을 했다. 루터의 질병 심지어 정신적 질병에 대해 많은 것이 쓰여 졌다. 이러한 경향의 루터의 발언들에 대해 뜨거운 관심이 기울여졌다. 충분한 지식이 없는 사람들은 기본적인 종교개혁적 인식의 발견을 루터개인의 위기의 문제로 치부했다. 그 이후에 출현하는 고통스러운 순간들은 심각하게 볼 것이 아니라고 하였다. 그러나 사실은 전혀 다르다. 두려움과 고통에 대한 루터의 가장 심각한 경험들은 수도원 시절 초기가 아니라 『95개 논제』(Ninety-Five Theses)의 발표이후에 생겼다. 이 경험들은 그를 형용할 수 없는 심연 속으로 되풀이하여 집어넣었다.3) 그러나 간혹 그는 이것들이 자신을 가장 종교적인 영웅들 가운데 놓는다고 하면서 그것들을 자랑스러워할 수 있었다.4)

　　루터는 자신의 고통과 고뇌의 경험을 하나님 진노의 경험으로 보았다. 포겔장(Vogelsang)은 고통(Anfechtung)의 개념이 교리적 개념이 아니라, 교리적 형식화가 별로 도움이 되지 않는 저 경계지의 삶을 가리키는 낱말이라는 놀라운 통찰을 한다. 그것은 일반적인 개념으로 표현될 수 없는 것이기 때문에 이를 개념화하려는 어떠한 시도도 실패할 수밖에 없다. 진정한 고통은 교리적이고 개념적인 모든 것이

---

2) Hausrath, *Luthers Leben* (Berlin, 1913), I, 2. 참조: WA 10 I, 1, 372 (1522).
3) N. Söderblom, *Humor och melankoli* (1919), pp. 129ff.; Hausrath, *op. cit.*, pp. 31ff.; K. Holl, *Gesammelte Aufsätze* (Tübingen, 1932), I, 68.
4) K. Holl, *op. cit.*, p. 67. E. Vogelsang, *Der angefochtene Christus* (Berlin, 1932), pp. 10ff.

바닥 난 곳에서만 경험된다.5) 고통은 인간의 영적 실존의 가장 신비로운 영역에 속한다. 그것은 새로운 형태로 나타났다가 사라지고 지속적으로 사람을 불시에 공격한다.

루터는 라틴어 *tentatio*를, 독일어로 "유혹"을 뜻하는 *Versuchung*으로 번역해야 적합하지만 *Anfechtung*으로 번역한다. *Versuchung*이 어떤 시험을 당하는 의미를 갖고 있다면 *Anfechtung*은 공격 내지 강습(强襲)의 의미를 갖는다. 루터는 한 교리문답 설교에서, 주기도의 여섯 번째 간구와 관련하여 *Anfechtung* 개념을 사용한다. 그는 중세의 용례를 따라, 그것이 육체의 죄에 대한 유혹을 의미한다고 이해한다. 육체, 세상, 사탄은 인간을 "방종과 난폭한 삶"으로 유혹한다.6) 그러한 죄악으로의 충동은 어두움의 권세에 의한 공격의 형태를 지닌다. *Anfechtung* 개념은 그 어근에 있어 검술을 한다(*fechten*)는 의미를 상기시키므로, 원수들에 의한 이 호전적인 행동을 묘사하는데 있어 적합한 개념이다. 반면 *Versuchung*은 인간의 영혼 내부에서 일어나는 것을 가리킨다.

볼프(Wolf)와 포겔장(Vogelsang)의 연구를 기초로 우리는 루터가 고통(*Anfechtung*)을 세 그룹으로 나누었다는 것을 안다. 1) 육적 고통, 2) 영적 고통, 3) 예정과 관련된 고통. 루터가 사용한 개념들은 상당히 바뀌었다. 그는 두 번째 그룹에 속하는 개념들을 믿음과 소망의 고통들(*tentatio fidei et spei*), 죄의 고통들(*tentatio peccati*), 또는 무가치함의 고통들(*tentatio de indignitate*)이라고 불렀고, 예정과 관련된 것들을 자르송(Gerson)을 따라, 하나님을 모독하게 하는 고통들(*tentatio de blasphemia*)이

---

5) *Ibid.*, p. 4.
6) WA 30 I, 49 (1528).

라고 불렀다.7)

루터 자신의 말에 의하면, 자르송(Gerson)과 타울러(Tauler)를 제외한 전통적 가톨릭 신학은 오로지 첫 번째 그룹의 고통만 알았다. 루터는 이 육적 고통들이 다른 두 그룹의 고통들과 비교할 때 아주 부드럽고 온순하게 나타나기 때문에, 냉소적으로 "여우 꼬리"라고 부른다.8) 영적 고통은 전적으로 다르다. 그는 이것을 최상의 고통, 죽음의 고통이라고 묘사한다. 포겔장은 이것의 내적 성격을 하나님의 영원성과 거룩하심과 전능하심에 의한 무한한 위협으로 묘사한다. 인간의 전 존재, 그의 삶과 활동, 그의 도덕적 의지와 판단, 그의 믿음과 소망, 한 마디로 그의 속에 있는 모든 것이 위협받는다. "하나님의 항상 현재적인 심판은 인간에 대한 지속적인 심판이다." 이 최상의 고통은 동시에, 악한 양심의 고통 또는 죄의 고통 또는 무가치함의 고통이다. 이것은 하나님이 양심 속으로 들어가심으로부터 온다.9)

예정의 고통은 영적 고통과 분명히 구별된다. 영적 고통 안에서 인간은 하나님 앞에서 그의 가치와 무가치에 대해 묻는다. 다른 한편으로, 자신의 예정에 대해 염려하는 사람은 복음의 진리 또는 실제에 대해 의심하기보다는, 오히려 그가 자신의 출생 시부터 복음의 울타리 밖에 놓여졌다는 것을 의심하는 것이다.

우리는 앞으로의 논의에서 육체적 고통을 생략한다. 그것은 루터 자신이 다른 두 종류를 훨씬 더 중요하고 어려운 것으로 간주했기 때문이다.

---

7) K. Holl, op. cit., p. 34. WA 22, 168. WA TR. 2, 1351 (1532), 5, 5897. E. Wolf, Staupitz und Luther (Leipzig, 1927), pp. 152ff. E. Vogelsang, op. cit., pp. 15, 17, 31.
8) E. Vogelsang, op. cit., p. 14. WA 40 III, 541 (1534).
9) E. Vogelsang, op. cit., pp. 18, 25ff 참조: WA 40 I, 558 (1531).

무가치함의 고통

루터가 묘사한 무가치함의 고통 중에서 가장 충격적인 것은 1518년에 쓴 내용일 것이다. 그는 하나님과 모든 피조물이 무섭게 노(怒)를 발한다고 말한다. 인간은 아무데도 피할 곳이 없고 안팎으로 어떤 위로도 찾을 수 없다. 어디를 가나 고소만 있을 뿐이다. 그는 곧 닥칠 영벌(永罰)의 무게를 느낀다. 그는 여전히 도움을 갈망하지만 그것을 부르짖을 힘조차 남아 있지 않다.10)

속수무책으로 있을 수밖에 없는 것은 고통의 특징적인 면이다. 하나님만이 도우실 수 있으나 인간은 그에게 향할 수조차 없다. 인간이 보는 유일한 하나님은 그리스도가 없는 하나님이다. 루터는 말한다:

> 그러나 그리스도 밖에서, 인간은 날뛰는 수많은 폭군들의 신하이다. 이 폭군들은 그의 왕들이 아니라 살인자들이고, 이들의 지배 하에서 그는 극심한 괴로움과 고통을 경험한다. 이것들은 마귀, 육신, 세상, 죄, 그리고 이에 더하여 율법과 사망과 지옥인데, 이 모든 것은 불쌍한 양심을 억압한다. 이것들 때문에 양심은 고생스런 감옥 속에 있고 비참한 삶을 산다. 왜냐하면 죄가 있는 곳에는 거리낌 없는 양심이 없으며, 거리낌 없는 양심이 없는 곳에는 오직 불확실성과 죽음과 지옥에 대한 끊임없는 두려움만 있을 뿐이기 때문이다. 그러므로 영혼은 참된 기쁨이나 즐거움이 없고 레위기 19장 [26:36]에서 말하는 것을 성취한다: "그들은 바람에 불린 잎사귀 소리에도 놀라 도망할 것이다."11)

---

10) *WA* 1, 557 (1518). 참조: L. Pinomaa, *Der Zorn Gottes* (Helsinki, 1938), pp. 8f.
11) *WA* 10 I, 2, 27 (1522).

고통 받는 영혼은 하나님의 진노가 억누를 때 도와 달라고 외치지도 못하고 고통으로부터 도망치려고 한다. 그러나 두렵게도 그는 "세상이 그에게 너무 작아지고 비좁아진 것을 발견하게 된다."12) 그는 피할 곳을 찾지 못한다. 모든 피조물이 진노와 심판으로 그를 위협하기 때문이다.13) 이 극심한 고통은 너무나도 크기 때문에 그를 총체적 절망과 불경(不敬) 속으로 밀어 넣을 기세를 보인다. 즉, 그는 다른 신을 갈구하고 심지어 그 자신이 그만 존재하기를 원함으로써 가장 높으신 왕을 조롱한다. 그가 할 수만 있다면 하나님을 끝장내려고 할 것이지만,14) 이것이 불가능한 것을 보면서 하나님의 진노가 그를 끝장내려고 위협하는 것을 깨닫는다. 절망의 고통은 죽음의 고통이다.15)

인간이 자신의 두려움 속에서 경험하는 하나님의 진노는 다른 특징들도 있다. 하나님은 자신을 마귀처럼 보이게 하시고, 마귀는 하나님처럼 보인다.16) 고통은, 그것이 믿음을 테스트하려고 의도된 것인지 아니면 진짜 심판인지에 대한 불확실성과 혼합된다. 한 가지는 분명하다. 즉, 고통 받는 사람에게 하나님은 그의 원수로 나타난다 (in forma hostili).17) 그리고 인간의 본성은 하나님의 영원한 진노의 무게를 이겨낼 수 없다.18) 고문당하는 영혼은 자신이 경험하는 것이 하나님으로부터 온 것인지 또는 사탄으로부터 온 것인지 알려고 하면서,

---

12) G. Jacob, *Der Gewissensbegriff in der Theologie Luthers* (Tübingen, 1929), pp. 23ff.
13) WA 5, 209 (1520).
14) Ibid.
15) WA 10 I, 2, 105 (1522).
16) K. Holl, *op. cit.*, pp. 68ff. 참조: E. Vogelsang, *op. cit.*, pp. 26ff.
17) WA 44, 99 (1544).
18) WA 1, 557 (1518); 16, 459 (1525); 25, 232 (1528).

하나님이 죄의 원수이며 그 자신은 죄인이라는 사실을 전적으로 깨닫는다. 이제 만일 그가 이 사실로부터 하나님이 그의 원수라고 결론을 내린다면, 그는 "사탄의 가장 커다란 시험"에 빠진 것이며(maxima tentatio Sathanae)[19] 가장 새빨간 거짓말을 믿은 것이다. 이 모든 것 위에 사탄은 신적 권위의 모습을 취한다.[20] 만일 고뇌에 지치고 괴로움당하는 영혼이 이 모든 것을 꿰뚫어볼 수 있다면, 그는 가장 큰 위험을 피한 것이다.

루터는 고통에는 위험천만한 구렁텅이가 있음을 보면서, 그것을 극복하는 것에 대해 무엇이라 말할 수 있었는가? 루터는 고통의 한 가운데서는 어찌할 바 몰랐지만, 평온과 안전의 순간에서는 고통이 자신의 자녀를 가까이 끌어당기시는 하나님의 게임이라고 볼 수 있었다. 이 때문에 고문당하는 영혼은 더 많은 질문을 삼간 채 하나님의 사랑과 선하심을 확신해야 한다.[21] 고통 중에 있을 때 제일 먼저 해야 할 일은 하나님께 달려가는 것이다. 사자(使者)가 마귀가 되었든 인간이 되었든, 시련들은 하나님이 보내신 것으로 봐야 한다.[22] 아무리 힘들거나 고통스러울지라도 성난 하나님께 도망가야 한다. 소망이 없을지라도 소망해야 한다. 불가능한 것을 시도해야 한다.[23] 비탄에 잠기고 괴로움당하는 영혼은 하나님이 그의 음성을 들으셨는지 느끼지 못하므로, 모든 것이 불가능하게 보인다.[24] 하나님을 의지함으로

---

19) *WA* TR. 1, No. 141 (1531).
20) *WA* 44, 100 (1544).
21) *WA* 1, 75 (1516).
22) *WA* 1, 159 (1517).
23) *WA* 5, 204 (1520).
24) *WA* 5, 204 (1520). 참조: E. Vogelsang, *op. cit.*, p. 62.

써 그 분께 도망가야 한다.25) 하나님은 우리에게 성이 나신 것이 아니라, 우리의 죄책이 용서받지 못한 상태로 남아 있기를 원치 않으신다. 그는 단지 우리가 우리 자신의 공적보다 그의 은혜를 더 신뢰할 것인지 확인하기 위해 우리를 시험하고 계실 뿐이다.26)

시련과 심판을 보내시는 하나님이 또한 은혜를 제공하시는 하나님이라는 말을 이 보다 더 분명히 할 수 없다. 고통 중에 있는 영혼은 하나님이 자신의 얼굴을 감추셨다고 말하는 불경자들의 공통된 신성모독을 따르면 안 된다. "왜냐하면 하나님이 제1계명에서는 우리에게 믿고 소망하라고 명하셨고, 제2계명에서는 곤란 중에 그의 이름을 부르라고 명하셨으며, 제3계명에서는 그의 행동을 기다리라고 명하셨는데도, 하나님이 가엾은 사람을 잊으시고 그에게서 얼굴을 돌리시며 그에게 마음을 쓰지 않으신다고 말하는 것은 실제로 신성모독이기 때문이다."27)

루터는 고통의 가장 깊은 소용돌이 속에서, 율법의 하나님을 율법의 하나님과 겨루게 한다. 고통의 원인은 하나님 율법의 심판에 기인하는데, 인간은 이 심판을 그의 양심 속에서 느낀다. 그러나 하나님은 또한 우리더러 그를 하나님으로 모시라고, 따라서 그를 믿고 신뢰하라고 명하신다. 고통이 일으키는 절망은 하나님의 뜻에 직접적으로 반대가 된다. 이 절망은 하나님의 제1계명에 대한 불순종이다. 하나님은 선하시다!

제1계명이 절망으로부터의 탈출을 제공한다는 사실은 우리의

---

25) *WA* 5, 204 (1520).
26) *WA* 5, 166 (1520).
27) *WA* 5, 346 (1520).

도움이 하나님의 말씀 속에 있음을 보여준다. 여기에 고통의 크기와 깊이가 드러나 있다. 복음 안에서 오는 위로는 도움이 되지 못한다. 고통당하는 영혼은 스스로 자격이 없다고 하면서 위로 받기를 거부한다. 계명 속에서 오는 도움이 더 깊은 인상을 주는데, 왜냐하면 도움의 거부가 하나님께 대한 불순종으로 보이기 때문이다. 고통은, 하나님만이 도우실 수 있는 그러한 특성이 있다. 따라서 고통당하는 영혼은 성경 말씀 속에서 그를 만나시는 하나님께 피신을 해야 한다. 제1계명을 거역하는 사람은 "당신은 하나님이 아닙니다!"고 외칠 때 가장 두려운 신성모독을 발하는 것이다. 고문당하는 영혼은 자신이 그러한 신성모독죄를 범하고 있다고 생각할 수 있으나, 실제로는 그의 마음 속에서 속삭이는 마귀의 속삭임에 고통당하고 있는 것이다.[28]

루터는 하나님의 말씀이 고통 중에 있는 우리의 도움이시라는 사실을 수 없이 강조한다. 마귀는 성찬을 받는 사람에게 받을 자격이 없다고 말을 하고, 그 결과 그 사람은 자신의 무가치함에 대해 절망하고 걱정하면서 위안을 줄 표지를 구한다. 루터는 그러한 사람에게 말한다: "여기서 그대는 앞에 십자가를 세우고 그대의 가치 있음이나 없음이 그대를 괴롭히지 못하게 해야 하오. 하나님의 참 말씀을 확실한 표지로 믿도록 주의하시오. 그러면 그대는 가치 있게 될 것이오. 믿음이 사람을 가치 있게 해주고 불신앙이 가치 없게 해준다오."[29] 그러나 한편, 가치가 있건 없건 별반 차이가 없다. "하나님은 그대에게 그대의 가치 있음에 따라 무엇을 주시지 않소. 그는 그의 말씀과 성례전들을 그대의 가치 있음 위에 세우지 않고, 순전한 은혜로 그대

---

28) WA 5, 171 (1520).
29) WA 2, 693 (1519).

를 그의 말씀과 표지 위에 세우는 것이라오."30) 하나님의 말씀과 약속 위에 그렇게 세움은 루터의 후기 작품에서 더 두드러지게 나타난다.31)

　　루터가 고통당하는 사람의 도움으로서의 하나님 말씀을 강조할 때, 실제로는 거룩한 말씀의 심장인 그리스도가 도우시는 분이라는 것을 말하려는 것이다. 그리스도 자신이 모든 사람 중에서 가장 크게 고통당하고 괴로움 당하셨다. 그가 고통을 극복했다는 사실은 우리 또한 극복할 것을 확신시켜 준다.32) 그는 십자가위에서조차 기도할 수 있었고 하나님께 감사할 수 있었다(시 18:6). 그러한 기도는 자연스러운 것이 아니라 성령에 의한 것이며 그리스도 안에 있는 모든 사람 안에서 실현될 수 있다.33) 루터는 인간 그리스도가 우리들 중의 한 사람과 같다고 말한다. 왜냐하면 어떤 의미에서는 "위로의 거룩한 산"이 그에게도 알려지지 않았고 이해할 수 없는 것이었기 때문이다.34) 루터는 시편 22편 1절의 말씀, "내 하나님이여, 내 하나님이여, 어찌 나를 버리셨나이까?"에서 우리 때문에 고통당하시고 괴로움 당하신 그리스도를 본다. 율법 안에서 계시된 하나님의 진노, 즉 사망과 지옥이 인간을 두렵게 하고 압제할 때, 이 성경 구절이 그리스도를 기억나게 해주고 든든한 지팡이같이 그를 지탱해준다. 그리스도가 이처럼 공포에 사로잡히고 절망에 빠졌을 때 그는 고통당하는 이들을 위한 동정심을 배웠다. 감사하게도 그는 자신의 필요 때문이 아니라

---

30) WA 2, 694 (1519). "표지"(sign)는 주의 만찬의 요소들과 관계가 있다.
31) 특히 루터의 대(大)『갈라디아서강해』(1531/35)에서 그렇다.
32) E. Vogelsang, op. cit., pp. 52ff.
33) WA 5, 86 (1519).
34) Ibid.

우리의 필요 때문에 고통 속으로 들어가 그것을 짊어지셨다.35)

　루터는 그리스도를 우리 앞에 하나의 모범(exemplum)으로 세움에 있어 중세 신비주의자들의 가장 뛰어난 전통 안에 서 있는데, 그리스도를 모방하는 것은 그들에게 흔한 일이었다. 루터는 그의 생애 내내 모범으로서의 그리스도에 대해 말했다. 비록 후반기에는 모범으로서의 그리스도만 말하면 늘 절망으로 이끌기 때문에 그리스도가 우리를 위해 해주신 것(sacramentum)에 주된 강조점을 두었지만 말이다.36) 그리고 그리스도를 완전히 모방하는 것은 우리에게 불가능하다. 사실 하나님과 꼭 같아지려는 욕망은 모든 죄의 뿌리이다. 그럼에도 불구하고 그리스도와 비슷한 모습으로 우리가 변화되는 것은 우리를 향한 하나님의 모든 행위의 궁극적 목표이다. 포겔장은 날카로운 이 양면이 그리스도의 모방개념에 내포된 가장 심오한 질문이라고 강조한다. "이것은 율법과 복음의 변증법이며, 루터에 의하면 모든 것은 이것을 이해하는데 달려있다."37) 루터는 1522년 까지는 구원의 길로서의 그리스도의 모방 개념의 거부를 완료했다.38)

　우리의 고통과 고뇌들을 극복하는 분으로서의 그리스도는 1528년 이후 루터의 신학에서 새로운 의미를 갖는다. 초기의 루터는 고난당하는 그리스도 안에서 하나님의 영원한 진노아래 고통당하면서 죽음과 지옥에 이르는 고통을 맛보는 고통과 고뇌의 주님을 보았었다. 1521년 이후 그는 겟세마네 경험을 우선적으로 마귀와의 투쟁으로 묘사한다.39) 그리스도의 구속사역을 마귀와의 투쟁으로 묘사하는

---

35) *WA* 5, 606 (1521).
36) E. Vogelsang, *op. cit.*, pp. 53ff.
37) *Ibid.*, p. 56.
38) *Ibid.*, p. 54.

것은 예를 들어 대(大)『갈라디아서강해』(Commentary on Galatians, 1531/35)에서 발견된다.40)

　　루터는 1522-1524년 사이에 의심과 절망을 극복하는 것으로서의 그리스도의 임재에 대한 즉각적인 느낌에 더 강조를 두었는데, 10년 뒤에는 동일한 주제에 대해 더 교리적이고 객관적으로 말한다. (그 이전에 열광주의자들과의 충돌이 있었다.) 이렇게 하여, 방금 언급한『갈라디아서강해』의 본문에서는 그리스도가 우리의 죄의 구속자(救贖者)라는 객관적 개념으로 묘사되고 있다. 루터는 우리가 우리 자신 속을 바라보는 만큼 죄와 절망과 죽음의 면전에서 파멸된다고 반복하여 말한다.41) 그러나 비록 내가 죄와 죽음만 느낄지라도, "그럼에도 나는 예수 그리스도를 믿으며 따라서 성령 안에서 의롭게 되며 나는 그 악한 것들 속에서 의의 출현을 기다린다. 그것의 시작을 나는 이미 내 자신 속에서 낳고 있다."42)

예정에 관한 고통

　　유명론 신학은 하나님의 예측불가능하고 불가사의한 의지를, 은혜 속으로의 인간의 용납 또는 은혜로부터의 인간의 거부의 유일한 기초로 삼았다. 예정과 관련한 루터의 고통(Anfechtung)은 이 가르침에서 유래하는데, 그는 신학 수업의 맨 처음부터 이 가르침에 정통해있었다. 그가 속했던 수도원의 신학적 분위기를 염두에 둘 때, 예정에

---

39) Ibid., p. 82.
40) WA 40 I, 439 (1531). 참조: 본서 pp. 109-113.
41) WA 40 I, 282, 235, 585 (1531).
42) WA 40 II, 31 (1531).

관한 그의 의심과 불안이 1515년경에서야 생겼다는 것이 자연스럽다기보다는 오히려 이상하게 보인다.[43]

루터의 로마서강해는 예정의 주제에 관한 그의 입장을 조명해준다. 그는 로마서 8장 28절을 주해하면서 예정 받은 사람들은 우연에 의해서가 아니라 필연에 의해서 구원받았다고 공포한다. 하나님은 그들의 수많은 원수들에도 불구하고 그들을 구원하시므로(롬 8:33-35), 구원은 그들의 공적에 의존할 수 있는 것이 아니라, 오로지 하나님의 예정과 영원한 의지에 의존해야 한다. 그는 말한다:

> 그런데 하나님의 영원하고 확실한 사랑이 인간으로 하여금 이것을 통과하도록 인도하지 않는 한, 그리고 성령이 연약한 가운데 있는 그를 도우시고 말할 수 없는 탄식으로 그를 위해 기도하시지 않는 한, 그를 수천 번 절망에 빠트리는 이 모든 것을 어떻게 그가 극복하기가 가능할 것인가? 그러한 일들 한 가운데에서 인간은 무엇을 해야 할지 또는 어떻게 기도해야 할지 모를 수 있다. 그는 아마 그러한 일들을 면할 수 있기를 기도할지 모른다. 그러나 그것은 바보 같은 기도가 될 것이다. 왜냐하면 그것은 그의 구원에 정반대가 될 것이기 때문이다. 그러므로 특별히 우리가 연약할 때, 즉 그러한 고난들 속에 있을 때 "우리는 어떻게 기도해야 할지 모른다."[44]

예정에 관한 고통과 그에 따르는 절망과 무력감은 루터에게 낯설지 않았다.

마귀는 인간을 의심과 절망 속에 던져 놓고, 이를 성취하기 위해

---

43) E. Vogelsang, *op. cit.*, pp. 31ff.
44) *WA* 56, 382 (1516).

여러 가지 기술을 사용하고 싶어 한다. 우선되는 기술은, 누가 예정된 자인지 인간이 알지 못한다는 사실을 포함한다. 마귀는 인간으로 하여금 이 문제를 조사하도록 몰아친다. 루터는 말한다:

> 이로써 마귀는 자신의 의도대로, 인간이 하나님을 넘어서 신적 의지의 표지들을 찾도록 이끌어 자신이 예정된 자들 중에 있는지 알 수 없을 때 조급하게 만들고 하나님의 존재를 의심하게 만들고 다른 신을 찾도록 한다. 요컨대, 마귀는 폭풍으로 하나님의 사랑을 소멸시키고 하나님의 진노를 타오르게 할 계획을 세운다. 인간이 마귀를 따르고 마귀의 생각이 지배하도록 하면 할수록 그의 상태는 더 위험하다. 마침내 그는 굴복하고 하나님을 미워하고 신성모독을 하기 시작한다. 왜냐하면 내가 예정된 자들 가운데 있는지 알려고 할 때, 그것이 하나님이 아시는 것을 알고 싶어 하고 따라서 하나님처럼 되기를 원하는 것과 다를 바가 무엇인가. 그러면 하나님은 내가 아는 것 이상으로 아시지 않는 것이 되고, 따라서 하나님이 되시지 않게 된다. 그러면 마귀는 얼마나 많은 이방인들, 유대인들, 그리스도인의 자녀들이 멸망하는지를 상기시키며 매우 위험스럽고 가상적인 생각들을 갖고서 인간을 유혹하여, 그렇지 않다면 기쁘게 죽을 사람을 이제 내키지 않게 만들기까지 한다. 자신의 예정에 관한 의심으로 시달리는 것은 지옥의 두려움과 괴로움을 경험하는 것인데, 시편에는 이에 대한 호소가 많이 나온다. 여기서 승리하는 사람은 지옥과 죄와 사망을 단번에 극복한 사람이다.[45]

여기서 예정에 관한 고통은 교만을 부추기는 마귀의 유혹으로 간주되고 있다. 인간은 하나님의 비밀스러운 구원 계획을 들여다보길

---

45) *WA* 2, 688 (1519).

원한다. 최초 인간의 죄를 볼 때, 이것은 제1계명의 위반이다.

절망은 예정에 관한 고통의 가장 중요한 특징이다. 공포에 떠는 육적 지식은 구원이 자신의 행위와 활동이 아니라 순전히 어떤 외적 원인, 즉 하나님의 예정에 근거한다는 것을 볼 때 신성모독으로 몰아간다.46) 더 이상 하나님의 지식과 인간의 지식 사이에 대립이 일어나는 것이 아니라, 하나님의 의지와 인간의 의지 사이에서 일어난다. 이 고통도 마귀의 일이다. 하나님은 마귀, 세상, 육신으로 하여금 하나님께 속한 사람들을 유혹하도록 허용하시는데, 이는 그들로 하여금 그의 자비에 전적인 신뢰를 두게 하기 위해서이다.47) 예정에 관한 고통은 많은 점에서 무가치함의 고통과 유사하다. 후자에서는 절망이 무가치함 자체에서 나오는 반면, 전자에서는 마귀와 육신의 유혹 앞에서 느끼는 무능력에서 온다. 그 때 무능력은 자신이 예정된 자들 속에 속하지 않는다는 표지로 보이게 된다.

루터는 예정에 관한 고통의 본질을 소위 두 번째 시편강해(*Operationes in Psalmos*)에서 죽음의 고통에 관해 설명하면서 매우 분명히 묘사하고 있다. 다른 시련들에서는 소망과 믿음이 서로 싸우는 반면, 여기 예정에 관한 고통에서는 싸움이 마귀와 있고 심지어 하나님 자신과 모든 피조물과 있다. 사탄은 그의 최종적이며 최상의 전투력을 갖고서 인간과 싸운다. 그는 우리를 절망으로 내몰지 않는데, 이는 그러한 공격이 우리의 저항을 불러일으킬 것을 알기 때문이다. 그 대신 마귀는 우리의 저항능력 자체를 공격하면서 소망을 회복하려는 우리의 노력들을 무효로 만들려고 한다. 그는 우리의 소망이 마치

---

46) *WA* 56, 386 (1516).
47) *WA* 56, 402 (1516).

오래 전에 상실된 것처럼, 우스꽝스럽게 보이도록 한다. 그러므로 전투를 수행해야 할 믿음과 소망 자체가 공격당한다. 우리를 전투 속으로 몰아넣는 것보다, 우리로 하여금 전투의 수행을 막는 것을 더 힘들게 극복해야 한다.[48]

이것은 아마 예정에 관한 고통의 특이한 본성에 대해 할 수 있는 가장 심오하고도 가장 인상적인 묘사일 것이다. 궁극적으로 절망은 확고히 버틸 수 있게 하는 믿음과 소망의 능력에 대한 위협으로부터 온다. 논쟁의 쟁점은 전투 자체의 지속과 관련이 있다. 상황이 이럴진대, 루터가 나중에 불신앙과 절망을 고통의 궁극적이고 가장 어려운 형태로 본 것은 놀라운 일이 아니다. 이것들을 극복한 사람은 하나님 의지의 지식 속으로 완전히 들어간 것이며 야곱과 함께 말할 수 있다: "나는 하나님을 대면하여 보았다."[49] 루터는 예정에 관한 고통이 한 번 이상 그를 절망의 가장 깊은 구렁 속으로 몰아갔으며, 자신이 결코 태어나지 않았더라면 하고 바라는 지점까지 유혹했다고 말한다.[50] 자신이 예정된 자들 속에 속하지 않는다는 생각은 지옥을 미리 맛보는 것뿐만 아니라 그것의 공포들을 실제로 경험하는 것이다. 영혼은 사실상 이미 지옥 속에 있다.[51] 다른 고통이 믿음의 강화로 끝날 수 있는 반면, 예정에 관한 고통은 믿음의 기둥 자체를 파괴한다. 인간은, 루터의 용어를 빌리자면, "벌거벗은 하나님"과 대면해 서있다. "벌거벗은 하나님"은 인간에게 공포이다. 왜냐하면 인간은 그리스도 안에서 스스로를 드러내신 하나님과만 관계할 수 있기 때문이다.

---

48) *WA* 5, 619 (1521).
49) *WA* 44, 97 (1535-45).
50) *The Bondage of the Will*, p. 217 (*WA* 18, 719). 참조: *WA* 5, 172 (1519).
51) *WA* 5, 622 (1521).

루터의 로마서강해(1515-1516)는 예정에 관한 진술들을 담고 있지만, 그 표현의 형태와 방향은 객관적이다. 이 고통의 목적은 인간을 겸손하게 만드는 것이다. 인간은 이 고통에 붙잡혀서 하나님의 자비만을 신뢰할 것을 배운다. 자신의 능력과 의지에 대한 교만한 신뢰는 사라진다. 그렇다면 이 고통도 하나님의 부성애로부터 오는 것이다. 하나님은 자신의 사람들을 그러한 고통가운데로 안전하게 통과시켜 믿음의 확신 속으로 인도하신다.52) 고통의 긍정적인 의미와 효과는, 인간이 그것에 대해 감사해야 한다는 생각 속에 훨씬 더 분명히 암시되어 있다. 루터는 시편 51편 17절을 가리킨다: "하나님께서 구하시는 제사는 상한 심령이라. 하나님이여 상하고 통회하는 마음을 주께서 멸시하지 아니하시리이다." 인간은 약속의 하나님의 실체를 신뢰하고 두려운 예지의 하나님을 외면해야 한다. 그러면 그는 복을 받고, 예정된 사람들 속에 들게 된다.53)

이러한 목회적 권면들은 루터가 예정에 관한 고통에 직면해서 결코 속수무책으로 있지 않았음을 가리킨다. 우리는 그의 후기 작품에서도 동일하게 분명한 지침을 발견한다. 그는 우리가 지옥과 영벌을 ― 심지어 심판 받은 사람들 속에 있는 ― 그 자체로서 바라보면 안 되고, 예정된 자들 중에 들어 있지 않을 수 있는 수많은 사람들에 대해 관심을 갖아서도 안 된다. 왜냐하면 우리가 경계를 늦추면 예정에 대한 골몰함이 우리를 가루로 만들 수 있기 때문이다. 이 이유로 루터는 우리가 이 점에서 억지로라도 우리의 눈을 꼭 감을 것을 제안한다. 결국, 천년동안 이 모든 것에 대해 숙고하고 나서 파멸하게

---

52) *WA* 56, 402 (1516).
53) *WA* 56, 387 (1516).

될 때 무슨 유익이 있는가. 결국 하나님은 하나님 되시도록 허용되어야 한다. 그는 우리 자신보다 우리에 대해 더 잘 아신다. 그러므로 루터는 강권한다:

> 그러므로 그대의 눈을 그리스도의 천상적인 그림에 맞추라. 이 그리스도는 그대 때문에 지옥에 가셨고 하나님에 의해 영벌의 저주에 처해진 분으로서 거부당하사 십자가위에서 "엘리, 엘리, 라마 사박다니. 나의 하나님, 나의 하나님, 어찌하여 나를 버리셨나이까?"라고 부르짖으신 분이다. 보라, 저 그림 속에서 그대의 지옥은 극복되었고 그대의 예정은 보증 되었다. 그리하여 오직 그대가 이 일이 그대를 위해 일어난 것을 주의하고 믿는다면, 그대는 분명 그 믿음 안에서 구원받을 것이다. 그러므로 이것이 눈앞에서 사라지지 않게 하라. 그대 자신의 힘이 아니라 그리스도께 매달리라. 그리하면 그대는 그 분 안에서 영원히 머물게 될 것이다.[54]

원수를 인식하는 것이 이미 고통에 대한 부분적 승리이다.[55] 원수가 마귀라는 것이 보일 때 승리의 길은 분명하다. 하나님이 예정에 관한 고통을 발생시키지 않으심을 알아야 한다. 왜냐하면 그러한 고통은 하나님이 전적으로 혐오하는 것이기 때문이다. 하나님이 무엇인가를 시작하실 때, 그 목적은 인간이 그의 명령들을 지키고 그의 뜻을 행하도록 돕는 것이다. 그러나 자신의 예정에 관한 염려는 하나님이 시작하신 일들 중에 속하지 않는다. 하나님은 그것을 명하시기는커녕 오히려 금하신다.[56] 고통을 당하는 사람은 자신의 예정에

---

54) *WA* 2, 690 (1519).
55) *WA* 5, 387 (1520-21).
56) *WA* 5, 172 (1519).

관한 걱정스러운 생각들이 전혀 하나님에게서 온 것이 아님을 깨달을 필요가 있다. 그것들은 마귀에게서 오는 것으로서, 마귀는 사람을 다음 두개의 죄들 중 어느 하나 속에 빠트리려고 노린다. 첫 번째 죄는, 하나님의 고유한 계획과 결정에 대한 확실성을 조르는 죄이다. 그러한 사람은 실제로는 하나님을 미워하며 하나님이 하나님 되심을 원치 않는다. 왜냐하면 그는 하나님이 자기보다 더 많이 알고 계시도록 허용하려 들지 않기 때문이다.57) 두 번째 더 큰 죄는, 하나님의 계획을 알려고 하고 따라서 하나님처럼 되려고 하는 것이다. 그러한 사람은 하나님을 자신의 하나님으로 갖기를 원치 않는다. 이것이 가장 큰 죄이다.58) 루터는 예정에 대한 고통을 피하는 방안으로써 우리가 이 문제들에 대해 마귀와의 대화조차 시도하지 말아야 한다고 제안한다. 우리는 다니엘서 3장 15-18절에 나오는 사람들처럼, 마귀에게 귀 기울이지 말아야 한다. 어떤 경우가 되었든, 인간은 하나님의 비밀스러운 계획 속으로 뚫고 들어가려고 해서는 안 된다. 그렇지 않으면 신적 위엄의 영광이 그를 티끌 속에 내던질 것이다. 그것은 물론 마귀가, 인간으로 하여금 신적 지혜의 대양(大洋)을 국자로 퍼서 마르게 하도록 부추길 때, 마음속에 노리는 것이다.59)

 그 바닥 모를 깊은 구렁과 수많은 실패의 원인에도 불구하고, 고통은 결국 긍정적이고 선한 목적을 갖고 있다고 루터는 말한다. 그것은 인간으로 하여금 하나님께 더 가까이 나가도록 재촉하고 하나님의 사랑과 선하심을 깨닫도록 가르친다. 그것은 인간에게 하나님의

---

57) *Ibid*.
58) *WA* 5, 173 (1519).
59) *WA* 5, 622 (1521). 참조: *WA* Br. 4, 590 (1528).

제9장 고통의 문제 179

진노와 심판에 대한 경험적인 지식을 주지만, 그렇게 함으로써 그를 하나님의 사랑에 대한 새롭고 더 심원(深遠)한 경험 속으로 이끈다.[60]

---

60) 참조: L. Pinomaa, *op. cit.*, pp. 153-182.

제10장

성령과 말씀

종교개혁을 통해 말씀은 믿음의 가장 중요한 원칙으로 복원되었다. 교황은 영적 문제들에 있어서는 말씀에 의해 대치되었으며, 세속적 문제들에 있어서는 행정 당국 즉 세속의 영역에 있어서 유일하게 인정받은 권위에 의해 대치되었다. 본장에서 우리는 말씀의 본질과 능력에 대한 루터의 이해에 관심이 있다.

역동적 말씀

루터가 말씀의 혁명적 능력의 성격을 규명할 수밖에 없었던 일은 다소 극적인 상황들 아래에서 이루어졌다. 그가 바르트부르그성에 은둔해 있는 동안 동료 중 하나인 칼슈타트(Karlstadt)는 비텐베르그에서 급진적 개혁들을 시작했다. 성화들은 교회에서 제거되었고 제단들은 파괴되었으며 혼란 상태가 야기되었다. 이것이 계속 허용됐더라면 복음적 대의는 모두 상실되었을 것이다. 따라서 루터는 은둔상태로부터 나오려고 결심했다. 그는 비텐베르그에 1522년 3월 6일 도착하여 다음 주일에 질서의 회복을 위한 첫 설교를 했다.

루터는 칼슈타트의 개혁들 중에서 많은 것이 적합하다고 여겼지만 그것들을 수행하는 방법에 있어서는 동의할 수 없었다. 기독교적 사랑은 우리가 모든 개혁의 문제들에 있어 극단적 행동과 폭력을 피할 것을 요구한다. 루터는 다음과 같이 말한다:

> 어느 누구도 머리채가 잡혀서 그것(미사)으로부터 끌려가서는 안 된다. 왜냐하면 그 일은 하나님께 맡겨드려야 하며, 우리의 행위나 간섭 없이 그의 말씀만이 홀로 역사하도록 허용되어야 하기 때문이다. 왜 그런가? 왜냐하면 토기장이가 진흙을 빚듯이 사람들의 마음을 빚는 것은 내 능력 안에 있지 않기 때문이며 그 마음을 내 뜻대로 할 수 없기 때문이다.[1]

루터는 인간의 말이 사람들의 귀까지만 다다를 수 있지 마음까지는 다다르지 못한다는 것을 지적한다.

> 그리고 내가 믿음을 그들의 마음속에 부어 넣을 수 없듯이, 나는 어느 누구도 믿음을 갖도록 강제 할 수도 없고 또 강제해서도 안 된다. 그것은 오직 하나님의 일로서, 그는 믿음이 마음속에 살도록 역사하신다. 그러므로 우리는 말씀이 자유로운 진로를 취하도록 하고, 우리 자신의 일들을 그것에 덧붙여서는 안 된다.[2]

---

1) *WA* 10 III, 15 (1522). *LW* 51, 76.
2) *Ibid.*

그러므로 루터는 교황의 교회로 하여금 거짓된 미사를 포기하도록 명령하기가 가능하지 않다고 느낀다. 이것은 자발적 활동에 의해서만 일어날 수 있다. 말씀은 선포되어야 하는데, 오늘은 이 사람의 마음을 만지고 내일은 저 사람의 마음을 만진다. 그리하여 그들은 차츰 차츰 말씀에 사로잡힌다. 하나님이 그의 말씀을 갖고서 마음을 사로잡는다는 것이 원칙이어야 한다. 마음이 사로잡힐 때, 전체 사람을 얻은 것이다. 이 관계에서 루터는 아테네에서 우상들에게 바쳐진 제단들을 발견했던 바울을 가리킨다. "그는 우상들 어느 것 하나도 발로 걷어차지 않았다. 오히려 시장 한 복판에 서서 그것들은 우상일 뿐이라고 하면서 내버리라고 사람들에게 간청했다. 하지만 그것들 중 어느 하나도 무력으로 파괴하지 않았다. 말씀이 그들의 마음을 붙잡았을 때 그들은 자발적으로 우상들을 버렸으며, 결과적으로 그 일 자체가 저절로 해결됐다."[3] 말씀이 하늘과 땅을 생기게 했으므로 말씀이 교회의 관습들을 갱신시킬 수 있음을 신뢰해야 한다. 그 자신의 노력과 관련된 한에 있어서 루터는 말한다:

> 나는 그저 하나님의 말씀을 가르치고 설교하고 말씀에 대해 진술했을 뿐이다. 그 밖에 나는 아무 것도 하지 않았다. 그리고 내가 잠자는 동안 혹은 내 친구들인 필립과 암스도르프와 함께 비텐베르그 맥주를 마시는 동안, 어느 제후나 황제도 손해를 끼칠 수 없을 정도로 아주 크게 말씀이 교황권을 약화시켰다. 나는 아무 것도 하지 않았다. 말씀이 모든 것을 했다.[4]

---

3) *WA* 10 III, 16 (1522). *LW* 51, 77.
4) *WA* 10 III, 18 (1522). *LW* 51, 77.

성령의 도구

분명 말씀 자체가 이 위대한 능력을 소유하고 있지는 않다. 그것은 성령의 도구로서 힘을 갖는다. 말씀과 성령의 관계에 있어서, 성령이 항상 말씀 안에서 일하시는지 또는 둘이 각자 따로 일하기도 하는지에 대한 질문이 일어난다.

루터는 말씀이 없거나 말씀 밖에 있는 성령의 사역을 인정하지 않았다. 그는 모든 비매개적인 성령의 계시들에 맞서 성경의 기록된 말씀을 내세웠다. 그러나 그는 말씀이 성령 없이는 효력이 없다고 주장하였다. 우리의 귀가 말씀을 받을 때, 하나님 자신이 마음에 말씀하지 않으신다면 말씀은 단지 외면적인 것 곧 인간의 말에 지나지 않는다. 말씀은 그 능력을 인간으로부터 받지 않는다. 성령의 작용이 없이는 어느 누구도 하나님의 말씀을 바로 이해할 수 없다. 외적 말씀, 기록된 말씀은 그 자체로서 약하고 단편적이다. 그것은 "내적 말씀"의 작용 하에서 하나님의 말씀이 된다.

따라서 외적 말씀자체의 가치는 오히려 작다. 내적 말씀에 비교할 때 그것은 상징에 불과하다. 그러나 이것이 전부는 아니다. 그 시작점이 외적 말씀이 아니라면 성령과 내적 말씀은 다 흩어져버릴 수밖에 없다. 루터는 외적 말씀이 성령의 도구라는 사실로 되돌아가고 또 되돌아간다. 사실, 말씀은 성령의 성육신이다. 태양 광선이 빛만 아니라 열도 갖듯이, 외적 말씀은 성령을 내포한다. 성령이 말씀을 뒤따른다. 이 순서는 뒤바뀌면 안 된다. 말씀이 우선이고 성령이 그 다음이다.

여기서 우리는 모순처럼 보이는 것을 하나 발견한다. 한편으로,

루터는 성령의 주권을 너무 강조한 나머지 외적 말씀이 성령의 단순한 결과가 되어 버리기 직전까지 간다. 그러나 다른 한편으로, 그는 외적 말씀을 너무 강조한 나머지 성령의 사역이 외적 말씀의 단순한 속성이 되어버릴 위험에 빠질 정도가 된다. 외견상의 이 모순이 어떻게 해결될 수 있는가? 성령의 사역에 대한 더 강한 강조가 루터의 초기 저작들에서-어거스틴의 영향력을 더 강하게 반영하는-나타나는 반면, 후기 저술에 나타나는 외적 말씀에 대한 더 큰 강조는 열광주의자들과의 경험으로부터 오는 것이라고 단순히 말할 수 있는가?

프렌터(Prenter)는 이 문제에 대한 자세한 연구를 통해, 루터의 저술에서 성령에 대한 어거스틴적 강조가 약화되지 않은 채로 계속됨을 관찰한다. 후기에 그것은 외적 말씀과 더 강하게 결합된다. 그러나 루터는 이 결합을, 이미 열광주의자들과의 논쟁 이전에 완료했다. 그러므로 루터자신의 발전이 이 문제의 해결에 대한 근거를 제공하지 않는다. 정통주의는 성령을 외적 말씀에 제한함으로써 이 문제를 풀려고 했다. 축자영감설(verbal inspiration)은 성령을 말씀 속에-그 말씀이 사용 중에 있든지 있지 않든지 관계없이-고정시켰다. 잘 알려진 다른 해결책도 루터에게 낯설다. 소위 성경의 역사적 이해에 따르면, "종교적 가치"를 갖고 있는 성경의 부분들이 하나님의 말씀이다.

성령은 누가 되었든 자신이 원하시는 사람 속에서 일하시는 만큼, 성령의 주권에 대한 독점적 강조는 원칙적으로 예정으로 이끈다. 다른 한편으로, 만일 성령이 외적 말씀에 매여 있다면 그 결정은 말씀을 듣는 개인에게로 이전된다. 이 둘 중 어느 것도 루터의 견해를 대변하지 못한다. 그는 팽팽한 긴장을 무릅쓰고라도 이 둘을 결합한다. 그러나 여기서 생겨난 긴장은, '역설들'이 살아있는 믿음의 중요한 부분이며 어떤 사유의 과정에 의해서도 제거될 수 없다는 사실을 그 나름대로 증거한다. 만일 이것이 참되지 않다면 믿음의 전제 자체가 파괴될 것이다.5) 긴장은 오직 그리스도 안에서 제거된다.6)

말씀의 심장이신 그리스도

루터의 성경관은 그리스도 안에 중심을 둔다. 성경 전체가 그를 증거한다. 성경의 이 유일한 목적을 파악하지 못하는 사람은 단지 외적인 목소리들, 즉 성경의 "육"과 "껍데기"만 들었을 뿐이고, 그 "영"과 "심장"은 듣지 못한 셈이다. 성경에는 "확대되고" "불완전한" 것, 표상(figures)과 그림자들(shadows), 논점과 직접적인 관계가 없는 내용이 다수 들어있다. 그러나 그 모든 그림자와 비현실적인 것들 한 가운데, 성경의 진정한 메시지인 그리스도가 서 계신다. 그분 안에서 우리는 성경 전체의 메시지를 "요약되고" "완전한" 형태로 가지고 있다. 확대되고 불완전한 말씀이 "율법"이고, 요약되고 완전한 말씀이 "복음"이다. 동일한 진리를 육과 영 사이의 대구(對句) 개념으로 표현할 수 있을 것이다. 불완전한 말씀은 그것이 줄 것이라고 기대 된 것을 주지 못한다. 완전한 말씀, 즉 복음이 은혜를 준다. 율법은 그리스도를 목표로 삼지만, 복음만이 그를 전달해준다.

루터 신학에서 율법과 복음은 성경의 특정 부분을 가리키지 않는다. 오히려 두 종류의 견해 내지 자세를 나타낸다. 성경은 항상 그 독자를 하나님의 면전에 세운다. 이 신성한 책의 메시지는 죽고살기

---

5) 참조: G. Ljunggren, "Paradoxen som teologiskt uttrycksmedel," *Svensk Teologisk Kvartalskrift* (1928), pp. 333ff.
6) R. Prenter, *Spiritus Creator* (Philadelphia: Muhlenberg, 1953), p. 106.

만큼이나 심각하다. 이 이유 때문에 믿음만이 성경의 참된 의미, 즉 복음을 이해할 수 있다. 믿음 없이, 신성한 말씀은 성경의 핵심이 아니라 껍데기일 뿐이며, 성령의 말씀이 아니라 공허하고 성령이 없는 지식일 뿐이다. 이것은 인간의 교만과 거짓된 태도의 결과이다.

율법과 복음의 대조는 교만과 겸손이라는 정반대되는 인간의 태도 속에 반영되어 있다. 죄가 지속적으로 우리를 모든 가능한 방법과 형태로 움켜쥐려고 하므로, 우리는 회개하고 또 회개하면서 우리 자신과 우리의 지혜와 완전과 선으로부터 떠나야 한다. 성령이 일으키신 믿음의 이 투쟁 없이 우리는 성경의 메시지를 성령의 말씀, 즉 복음으로 이해할 수 없다.

기독론은 이 모든 것에게 중요한 빛을 던진다. 예수께서 육신으로 있었던 날들 동안 그리스도가 그 안에 있었던 것처럼, 성령의 영향을 통해 그리스도는 외적인 말씀 속에 있다. 루터는 성경을 그리스도의 영적인 몸이라고 본다. 성경 안에는 부활하신 주님이 우리 한 가운데에 계신다. 말씀은 성령에 의해 변모 되어서 우리에게 기독론의 중심 진리, 곧 그리스도의 부활을 선포한다. 루터는 이 변모에 대해 말하면서 참된(proper) 부활과 영광이 여기 이 세상에서 복음의 말씀 안에서 일어나지 하늘 안에서 일어나지 않는다고 말할 수 있다. 성령은 부활을 하나님의 숨겨진 세상으로부터 복음의 세상 속으로 옮기신다. 이 말씀 속에서, 부활하신 주님은 우리 한 가운데에서 부활의 삶을 사신다. 그리하여 그리스도의 부활은 저 멀리 있는 형이상학적 사건이 아니라 우리에게 오며 우리 속에 있는 구원 사건이다.

그러므로 그리스도는 말씀의 심장이며 비밀이다. 성육신에서 그는 세상 속으로 오셨다. 또는 다른 화법을 쓰자면, 성육신에서 이 말씀이 세상 속으로 선포되었다. 우리는 그의 인성을 외적인 말씀 속에서 만난다. 이 말씀 속에서, 부활하신 그 분 자신이 우리 가운에 하나님의 선물로 계신다. 이것으로부터 다음의 결론이 도출된다: 1) 살아 계신 그리스도 없이 외적인 말씀은 단지 죽은 문자들이다. 2) 성령은 외적인 말씀을 통해서만 일하실 수 있다. 외적인 말씀 없이는 그리스도가 선포될 수 없다. 복음은 성례전적인 특성이 있다. 즉, 복음도 가시적인 부분인 기록된 말씀을 갖고 있다. 이것 없이, 그리스도는 우리가 다른 어떤 관념을 다루듯이 다룰 수 있는 하나의 관념이 되어버릴 뿐이다.

어느 누구도 조사를 통해서든 청취나 탐구나 탐색을 통해서든 자력으로 그리스도를 받을 수는 없다. 그리스도의 지식에 대한 모든 책은 너무 작고, 모든 교사는 너무 약하며, 모든 이성은 너무 둔하다. 성부만이 그를 계시하고 우리에게 주실 수 있다. 인간은 자신의 이성을 통해 그리고 자신의 능력을 가지고 하늘로 올라가 하나님을 기쁘게 해드릴 수 없다. 외적인 말씀은 인간에게 낯선 것이므로 인간의 사고와 행위에 대립 되지만, 하나님은 이 말씀 안에서 인간에게 오셔서 인간이 믿음으로 그를 받을 수 있게 하신다.

말씀에 대해 말한 것은 동일하게 제단의 성례전에 대해서도 말할 수 있다. 말씀 없이, 그리스도의 실제 현존은 우리에게 이롭지 않을 것이다. 왜냐하면 외적인 말씀 없이는 우리가 성례전도 가질 수 없기 때문이다. 마찬가지로 그리스도의 성육신도 믿음이 받을 수 있는 외적인 말씀에 의해 우리에게 전달되지 않았다면 별로 이롭지 못했을 것이다. 외적인 말씀은 믿음에 대한 접촉점이다. 그 안에서 성령은 우리에게 다가오시며 구체적인 방식으로 우리 속으로 들어오신다.

외적인 말씀이 약속이라면, 내적인 말씀은 완성을 의미한다. 그리하여 믿음이 걸린 중대한 문제에서, 논점은 우리의 행위와 성취에 대한 것이 아니라 우리의 수납(受納)을 위해 제공된 선물에 대한 것이다.7)

선포된 말씀과 기록된 말씀

우리는 이제 선포된 말씀에 대한 루터의 강한 강조를 옳게 이해할 수 있는 위치에 있다. 루터는 그리스도께서 말씀은 상당히 많이 하셨으나 기록은 한 마디도 하지 않으셨다는 사실을 가리킨다. 마찬가지로 사도들은 기록을 하기보다는 말을 더 많이 했다. 신약의 메시지는 생명이 없는 석판에 기록된 것이 아니라 구두의 말씀으로 주어진 것이다. 루터는 복음서의 단락들이 원래는 개별적인 설교문들이었고 구전된 것이었으며 나중에 현재의 복음서들 속으로 수집되었다고 하는 금세기 양식비평의 주요 논점을 놀라운 방법으로 미리 예고한 셈이었다. 루터는 『교회설교』(Church Postil)에서 책 저술의 성격은 매우 "신약과 다르다"고 단호하게 말한다. 만일 그렇지 않다면, 구두로 고대의 저술들을 해석하고 그것들의 영을 전달해 준, 훌륭하고 학식 있으며 영적이고 열심 있는 교사들을 어디서나 갖는 것이 바른 순서였을 것이다.8) 율법은 책들 속에 기록된 사어(死語)들이지만, 복음은 살아있는 음성이다.

우리는 한편으로는 율법과 책들을 갖고 있고, 다른 한편으로는 복음과 구술된 말씀을 갖고 있다. 말씀은 선포될 때 책들, 곧 율법

---

7) R. Prenter, *op. cit.*, pp. 106-114.
8) *WA* 10 I, 1, 626 (1522).

속에 숨겨져 있는 복음을 선전해야 한다. 프렌터(Prenter)는 루터의 견해에서 기록된 말씀이 율법이라고 결론 내린다. 기록된 말씀은 역사를 일부 제공해 주고 기껏해야 우리에게 모방을 유도한다. 그것은 단순한 저술로서 우리만 홀로 남겨두며, 우리의 가능성만 의지하게 한다. 반면, 구두의 말씀은 복음이다. 그것은 그리스도를 선포하고 그를 우리에게 선물로 전달한다. 살아있는 말씀은 성령이 우리 위에 내려오시는 것(下降)과 우리 속에서의 그의 사역을 약속한다. 그러나 율법과 복음의 차이는 단지 형태와 관계가 있다. 왜냐하면 이 둘의 내용은 그리스도이기 때문이다. 율법은 그 속에 그리스도를 요구로 갖고 있으며, 복음은 그 속에 그리스도를 선물로 갖고 있다. 프렌터는 루터의 생각을 다음과 같이 요약한다:

> 율법의 외적인 형태는 기록된 말씀이고 내적인 형태는 육의 지혜이다. 복음의 외적인 형태는 선포된 말씀이고 내적인 형태는 하나님의 성령이다. …
> 문자의 외적인 형태는 지식, 즉 육의 지혜가 자신의 대상으로 주무를 수 있는 지식에 해당된다. 이런 의미에서 성경 전체는 기록된 말씀으로서 내적인 지식으로 만들어질 수 있다. 그러나 성경이 지식의 대상으로 만들어지는 만큼 그것은 또한 율법이 된다. 율법은 우리가 이 지식을 자력으로 깨닫도록 만든다. 외적인 선포는 인간 자신의 능력의 표현인 이 내적인 지식과 전적으로 다르다. 외적인 선포에서 말씀은 우리가 전혀 그것의 주인노릇을 할 수 없는 그 무엇으로 우리를 만난다. 그것은 우리 스스로는 전혀 얻지 못할 것 곧 살아있는 그리스도를 주는 낯선 힘으로 우리를 만난다. 이것은 청중에게만 해당되는 것이 아니라 설교자에게도 해당된다. 이것은 설교자가 복음을 선포할 때 행하는 '불가능한 일'이다. 이것은 설교자 자신의 지식과 능력의 과시

가 아니다.9)

기독교 전 역사에서 루터보다 더 깊이 말씀과 성령의 문제를 파헤친 사람도 없다. 그는 책의 연구가 성령의 도우심 없이 말씀을 다루려는 교만한 의지를 자주 숨긴다고 말한다. 그러므로 가장 훌륭한 그리스도인들이란 책을 가장 많이 읽은 이들이 아니다. 왜냐하면 성령의 도우심이 없이는, 기록된 율법은 인간에게 영향을 주지 못한 채 그를 자기 신뢰의 상태로 계속 놔두기 때문이다.

말씀은 선포될 때에만 그리스도 전체를 제공하는 복음이 된다. 이단자들이 교회에 의해 선포된 복음을 듣지 않으려 할 때, 그들은 그리스도 전체를 받기를 거부하는 것이다. 그들은 오히려 자신의 취향과 기분을 따르는 것이다. 그리고 이 이유 때문에 그들의 믿음은 예수의 역사적 사실만 받아들인다. 그들은 그가 탄생하시고 돌아가셨다는 것을 알지만 그가 주님으로 살아 계시다는 것은 알지 못한다. 볼프(Emst Wolf)는 루터의 이 주장이 중세의 모방-경건에 대해 겨누어진 것이라고 설명했다.10) 모방은 일관되게 율법적이며, 불완전한 그리스도를 갖는다. 기록된 말씀은 율법이 승인하고 인간 자신의 행위와 취향과 비판적 재능, 다른 말로 하면 인간 자신의 능력이 승인한 경건으로 이끈다. 한편 구두의 말씀(verbale vocale)은 그 속의 핵심적인 부분이 선물로서의 그리스도, 성례전으로서의 그리스도에 의해 정복된 경건으로 이끈다. 그리고 이것은 성령이 승인하신다. 그러나 구두

---

9) R. Prenter, *op. cit.*, p. 116.
10) E. Wolf, "Die Christus Verkündigung bei Luther," *Jesus Christus im Zeugnis der Heiligen Schrift und der Kirche* (Munich, 1936), pp. 182ff. R. Prenter, *Spiritus Creator* (Copenhagen, 1946), p. 130에서 인용.

의 말씀은 설교자가 발설하게 되는 모든 말이 아니고 복음의 말씀으로서, 믿음은 이 복음으로 산다. 어느 누가 더 이상 말씀의 선포를 들을 필요가 없을 정도로 완전한 믿음을 소유하고 있다고 스스로 상상한다면, 그는 하나님의 말씀이 거짓되다고 저항할 것이기 때문에 말씀을 들을 수 없을 것이다.

하나님으로부터 새로운 메시지 또는 복음을 받을 준비가 항상 되어 있지 않은 사람은 자신의 그릇된 준비에 의해 기만당하고 자신의 그릇된 생각들에 의해 속임을 당한다. 그러나 지극히 필요한 이 말씀, 이 메시지 내지 복음은 초라하고 생소한 외관아래 숨겨져 있다. 하나님은 자신을 계시할 때 항상 정반대의 모습으로 자신을 숨기신다. 그리하여 하나님의 계시인 그리스도는 곤궁과 사망과 지옥의 고통가운데서 오셨다.

참된 믿음은 항상 과정 중에 있다. "완성된" 믿음은 역사적 그리스도, 모방-경건의 그리스도를 받을 뿐이지, 살아있는 주님, 전체의 그리스도를 받지 못한다. 그 믿음이 하나의 완성품인 신자는 그리스도 전체를 잃는다. 참된 그리스도 또는 전체의 그리스도라 함은 현재 율법의 심판아래 있는 이들을 위해 지금 사시는 그리스도에 대한 구속의 메시지를 의미한다. 이 메시지는 세상으로부터 아주 깊숙이 숨겨져 있기 때문에 입술의 말로 선포되어야 한다. 프렌터는 그리스도의 실제가 숨겨져 있지 않고 다른 모든 실제와 다르지 않다면 우리는 비복음적인 그리스도-신비주의로 마치게 될 것이라고 말한다. 죄와 고통의 이 세상에서 하나님은 오로지 변형된 채로만, 즉 정반대의 형태로 숨기우신 모습으로만 자신을 드러내신다. 이것은 믿음과 감각 지각 사이의 대조에 대한 설명이 된다. 인간은 자신의 생각과 비판적 능력을 통해 그리스도와의 접촉을 추구한다. 그러나 그리스도의 현존은 숨겨진 것이므로 그러한 접촉은 믿음 안에서만 가능하다.11)

이중적 결론이 도출될 수 있다. 첫째, 살아있는 말씀은 현재시점에서 인격적으로 말씀한다. 그리하여 그리스도가 그의 교회에서 살아계시고 말씀하시며 자신을 나누어주시는 부활의 그리스도라는 것을 증명한다. 둘째, 그리스도는 믿음의 그리스도, 숨겨져 계신 주님으로만 참으로 현존하신다. 그는 손으로 붙잡을 수 있고 느낄 수 있으며 감지할 수 있고 경험할 수 있는 모든 것의 정반대가 되시며 오직 믿음으로만 이해될 수 있다. 살아있고 선포된 말씀은 그리스도를 최종적으로 소유하려는 모든 시도들을 - 그것이 스콜라주의 신학이든, 모방-경건이든, 영적 각성 운동이든, 날짜가 명확한 감리교적 회심이든, 오순절 운동의 성령세례이든 - 다 털어 내버린다.

기록된 말씀과 선포된 말씀 둘 다 필요하다. 둘 다 계시의 수단이며 성령의 수단이다. 그리스도가 육신이 되셨듯이, 말씀도 기록된 형태를 취한다. 또한 그리스도께서 이 순간에 사시고 활동하시듯이, 선포된 말씀은 성령의 도구로 사용된다. 기록된 말씀은 하나님의 구속 행위들 - 이스라엘의 역사, 메시아의 오심, 그의 죽으심, 부활, 승천 - 을 가리킨다. 이 모든 것은 역사이며, 다른 모든 역사적 사건들과 동일한 방법으로 기록된 사료에 의해 증명되는 것이 적절하고 또한 당연하다. 그러나 성육하신 말씀은 단지 역사만 아니라 계시이기도 하므로, 구두의 선포로 나타나야 한다. 그렇지 않으면 그것은 과거의 일로 남아 있다. 그것은 선포에서 실제가 된다.

---

11) R. Prenter, *op. cit.*, pp. 115-122.

이 견해들은, 많은 개신교가 주로 성경의 축자영감설에 지배당하고 기록된 말씀에 대한 배타적인 의존에 지배당하기 때문에 의외로 보일 수 있다. 루터에게 있어, 그리스도의 참된 현존이 결정적 요소이며 성령만이 그리스도가 실재하도록 만드신다. 그러나 성령은 우리의 능력 안에 계시지 않다. 그리스도의 참된 현존은 성령의 기적이다. 그러나 이 기적을 행함에 있어 성령은 말씀을 사용하시는데, 말씀의 핵심은 예수의 역사이며 부활이다. 성령은 문자 즉 기록된 말씀을 자신의 도구로 사용하시면서 역사를 선포하시는 가운데, 그만이 할 수 있는 일 곧 믿음을 창조하신다. 루터의 신학에서 말씀과 성령은 서로에게 속한다.

제11장
교회

하나님께 감사하게도 일곱 살배기 아이는 교회가 무엇인지, 곧 교회는 자신의 목자의 음성을 듣는 거룩한 신자들과 양떼라는 것을 알고 있다. 그러므로 아이들은 기도한다. "나는 유일하고 거룩한 기독교회를 믿습니다." 교회의 거룩함은 저들이 성경에 반하여 그리고 성경 위에 올라서서 고안해 낸, 중백의(中白衣), 체발, 장백의(長白衣), 혹은 여타 예식들로 이루어지는 것이 아니다.

이것은 『슈말칼드신조』(Smalcald Articles)에 나오는 루터의 말이다(제3부 12항). 본캄(Bomkamm)은 신학자들이 다분히 질투와 의혹을 품고서, 교회의 개념을 철저히 터득한 저 "일곱 살배기 어린이"에 대해 종종 생각했다고 진술한다. 어쨌든 역사는 이 개념이 개신교회 안에서 많은 변화를 겪었다는 것을 보여준다. 가부장적 국가의 시대에는, 국가의 통치자가 그 신민들에게 행사하는 영적 돌봄을 교회가 대표했다. 전제 군주제 하에서는, 교회가 절대 질서의 한 부분이었다. 국가는 그 신민들에게 그들의 믿음의 내용과 삶의 행동을 모두 지시했다. 계몽주의 시대에는 교회가 우선적으로 공적 예배의 유지를 위한 신자들의 사회였다. 낭만주의는 교회를 감정적인 삶에 대한 관심과 그 육성의 한 표현으로 보았다. 교회 지도자들과 교인들은 예술가들과 그 추종자들의 관계처럼 서로 연관되어 있었다. 그 결과 교회는 뜻이 맞는 사람들의 종교적 공동체가 되었는데 이 공동체는 비(非)신앙고백적 국가에서 완전한 자유를 요구하게 되었다. 이것은 아마 오늘날 대부분의 국가에서 처해 있는 개신교회의 상황일 것이다.

신약은 구약의 유산의 일부로서 "하나님의 백성"이라는 명칭을 교회에 대한 이름으로 사용한다. 우선적으로, 이스라엘만이 하나님의 백성이었다. 이 명칭은 기독교인들에 의해 채택됨으로써 신속히 모든 민족적 경계선들을 뚫고 지나갔다. 그러나 기독교 역사의 초기에 교회의 개념은 다른 개념들과 마찬가지로 주변 환경에 의해 모양이 잡혀졌다. 그리스동방의 신비 종교들은 특징적인 방식으로 그것에 영향을 주었다. 즉, 종교는 밀교(密敎)적인 능력을 갖춘 신비로서 사람은 특정한 제의 의식을 수단으로 하여 그것에 참여했다. 이 초기 시기의 교회 개념은 구약에 의해서도 강하게 영향을 받았다. 유대교와 로마가톨릭주의는 모두 잘 정의된 법률적 시스템에 근거를 두고 있다. 교회법은 조직체로서의 로마 교회에 기초를 제공한다.[1]

가톨릭교회는 자신이 참된 제의를 소유하고 있기 때문에 스스로를 참된 교회라고 간주한다. 로마 교회의 미사는 신비이며 또한 유대교 성전의식의 연속이다. 구약의 희생은 미사의 피 없는 희생이 되었

---

1) H. Bornkamm, *Luther's World of Thought* (St. Louis: Concordia, 1958), pp. 134-140.

다. 가톨릭 사제는 신비들의 안내자이며 유대교 성전 제사장의 직무를 취한다. 이것이 바로 그가 교회의 평신도로부터 그렇게 멀리 떨어져 있는 이유이다. 사제는 서품식에서 지울 수 없는 특성(character indelebilis)을 얻는다고 간주된다. 그는 성례전의 보호자로서 그것의 성성(聖性)을 더럽히지 않도록 하기 위해 결혼하지 않은 상태로 있다. 2세기에 이미 교회가 주교 안에서 구체화된다는 관념이 등장했다. 마침내 교리와 정치 조직의 모든 사항들에 있어 주교가 교회를 대표한다는 관념이 더 분명히 발전하게 되었다.2)

가톨릭교회에서 개신교회로 개종한 독일 신학자 프리드리히 하일러(Friedrich Heiler)는 로마가톨릭의 교회관을 그의 유명한 책『가톨릭주의』(Der Katholizismus)에서 분석했다. 그는 가톨릭교회에서 다음 일곱 가지 요소를 발견 한다. 1) 원시적 종교, 2) 율법의 종교, 3) 법률적·정치적 교회 기구, 4) 합리적 신학, 5) 신비적 의식, 6) 완전에 대한 고행적·신비적 이상, 7) 복음주의적 기독교 믿음.3) '종합'은 가톨릭의 사고와 실천에 있어 특징적인 면이다. 가톨릭은 새로운 종족 또는 민족 사이에서 퍼질 때, 이 민족들의 삶과 종교 속으로 침투할 수 있기 위해 그들로부터 충분히 많은 용어들과 믿음체계들을 받아들인다. 그 프로그램은 개혁을 거스르지 않은 채 종합을 반복하는 것이었고, 전통이 원칙의 문제로서 중요한 자리를 차지하기 때문에, 끊임없이 증가하는 이방적 믿음체계들이 수세기에 걸쳐 전해 내려온다. 이 종합의 결과, 가톨릭교회는 항상 모든 집단들에게 그들이 원하는 것을 다 줄 수 있었다. 원시적 수준에 머물러 있는 이들은 그들에게 적합한 종교적

---

2) *Ibid.*, pp. 141f.
3) Fr. Heiler, *Der Katholizismus* (Munich, 1933).

자양분을 받았으며, 심미적인 사람들은 여러 영역에서 서방 문화의 가장 중요한 소산들을 즐겼으며, 철학자들 그리고 다른 지성인들은 인간 지식의 최상의 열매들을 영적 양식으로 제공받았다. 이처럼 교회는 서방 문명의 발전에 깊이 관여되었다. 교회와 문화생활의 간격은 개신교권에서 만큼 뚜렷하지 않았다. 르네상스는 자유를 추구하는 인문주의와 기독교회간의 간격을 벌려놓았는데, 가톨릭교회는 이 간격을 이백년간 제거하려고 시도했고 어느 정도 성공을 거두어왔다.

물론 오늘의 로마가톨릭교회는 루터 당시의 교회는 아니다. 그러나 그 주된 특징들은 극히 조금만 바뀌었다. 이것들에 대한 지식은 이 논점들과 관련한 루터의 공헌을 이해할 수 있는 배경을 제공해준다.

성도들의 공동체

루터는 비록 전적으로 조직적인 방식으로는 결코 아니더라도 교회의 본질에 대한 자신의 생각들을 광범위한 저술에서 반복하여 제시한다. 이미 그의 첫 번째 역작인, 시편에 대한 첫 번째 강해(*Dictata*)는 교회에 관한 수많은 발언들을 담고 있다. 가톨릭과 개신교 학자들은 그 발언들에 대해 정반대의 결론에 도달했다. 가톨릭 측으로부터 그리자르(Grisar)는 루터의 초기(1513-1515) 교회 개념이 개신교적이라기 보다는 가톨릭적이라고 주장한 반면, 홀(Holl)은 시편에 대한 첫 번째 강해는 루터가 결코 포기하지 않은 교회 개념을 내포하고 있다는 의견이다. 파거베르그(Fagerberg)는 루터가 활동 초기에 홀(Holl)이 인정하려고 하는 것 보다 더 가톨릭 전통에 의존적이었으나 동시에 그의 교회관은 가톨릭교도들이 인정하는 것보다 더 영속적인 특색들이 있었다고 말함으로써 논점에 대해 중간적 입장을 취했다.[4)]

루터가 의도한 것은 결코 어떤 외적인 교회 조직이 아니었다. 그는 가톨릭교회의 많은 오류들에 반대하는 동안 새로운 교회 조직을 만들려고 하지 않았으며, 단지 본래의 사도적 교회를 갱신하려고 했다. 중요한 것은 성령의 교회, 내적인 교회였다. 제도적 교회는 성령의 교회의 한 형태이며 종복(從僕)일 뿐이었다. 루터에게 있어서 교회는 무엇보다도 성도들의 교제였다. 개신교회가 이 사상을 늘 생동적으로 유지한 것은 아니지만, 오늘날 에큐메니컬 운동은 다시금 이것을 영광스러운 자리로 올려놓고 있다.

성도들의 교제(communio sanctorum)는 사도신조 안에서 고백되고 있다. 이 개념의 이해를 위한 열쇠는 "성도"라는 단어이다. 가톨릭교회는 성도들이 하늘에 있다고 가르쳤다. 홀(Holl)이 인상적으로 표현했듯이, 루터는 이들을 땅으로 끌어내렸다. 사도적 이해에 따르면, 신자는 모두 그리스도 안에서 성도이다. 따라서 성도들과 일반적인 그리스도인들 사이에 어떤 경계선도 그을 수 없다. 물론 두 종류의 성도들이 있다고 할 수는 있다. 즉, 살아있는 성도들과 죽은 성도들 말이다.[5)]

루터는 『슈말칼드신조』(Smalcald Articles)에서 진정한 회개에 대한 논의를 하는 중에 성도들을 묘사하고 있다(제3부 3항). 그는 전통적 가톨릭 참회 행위들을 거부하는데, 사람들은 이 행위들을 따라 자범죄들

---

4) H. Fagerberg, "Die Kirche in Luthers Psalmenvorlesungen 1513-1515," *Elert-Gedenkschrift* (1955), pp. 109f.
5) P. Althaus, *Communio sanctorum* (Munich, 1929), I, 27ff.

로부터, 즉 "그들이 동의한 사악한 생각들 … 곧 자유의지를 갖고 있는 사람이 피할 수도 있었을 사악한 말들과 사악한 행위들과 같은" 죄들로부터 자유하게 되기를 구한다.6) 사람이 자신의 행위를 통해 하나님 앞에서 죄를 극복하려고 희망하기 때문에 여기서 그리스도나 믿음에 대해서는 일언반구도 없다. 모두가 자신의 모든 죄들을 열거할 수 있어야 한다는 생각은 루터에게 불가능한 일이었다. 그 뿐만 아니라 그것은 무시무시한 고문이었다. 루터는 로마서 3장과 사도행전 17장을 가리키면서, "우리가 전적으로 버림받았으며 머리끝부터 발끝까지 선한 것은 우리 속에 하나도 없으며, 우리는 전적으로 새로우며 다른 사람이 되어야 한다"는 의미에서 성경이 우리에게 죄를 알도록 가르치신다는 것을 깨닫는다.7) 이러한 성경적 의미의 전적인 회개의 빛 속에서 우리 속의 모든 것은 죄로 나타난다. 회개가 불필요한 항목들을 우리가 추려낼 필요가 없기 때문에 불확실한 것은 아무 것도 없다. 그리스도인들에게 있어 회개는 죽을 때까지 지속되며, 우리 자신의 힘이 아니라 성령의 힘으로 수행 된다. 성령의 선물은 "남아 있는 죄들을 날마다 씻어내고 쫓아내며 사람이 참으로 정결하고 거룩하게 되도록 해준다."8)

성도들은 수도원이나 참사회 안에서 살지 않는다. 그러한 기관들은 하나님 말씀 속에 어떠한 근거도 두지 않은 인간들의 창안물이기 때문이다. 그것들을 "일상적인 기독교적 삶과 하나님이 제정하신 직무와 소명보다 더 우월한" 삶의 형태들이라고 부르는 것은 전적으로

---

6) *The Book of Concord*, ed. T. G. Tappert (Philadelphia: Muhlenberg, 1959), p. 305.
7) *Ibid.*, p. 309.
8) *Ibid.*

잘못된 일이다.9) 성도들이 유혹을 모른다고 생각하는 것도 똑같이 잘못된 일이다.10) "참된 성도들은 궤변가들과 수도사들이 상상하듯이, 통나무나 돌이 아니라 유혹을 받고 육체의 욕정들을 느꼈던 사람들이었다. 왜냐하면 그들의 육체는 바울이 말씀하듯, 성령을 거역했기 때문이었다."11) 연약함에 빠지는 이들은 아무리 자주 그렇게 빠지더라도 용서를 받는다. 그러나 죄에 계속 남아 있으려고 하는 이들은 속이는 영에게서 온 자들이다.12) 성도들은 지속적인 회개 가운데 있는 죄인들이다. 거룩함은 연약함 가운데 숨겨져 있으며, 이는 하나님의 성도들이 숨겨져 있음을 의미한다.13) 그들은 평범한 사람들이다. 그들은 가톨릭 식으로, 예배 받을 대상이 아니라 섬김을 받을 대상이다. 루터는 말한다: "성도들은 가난한 자들, 목마른 자들, 벌거벗고 가난한 자들, 아내와 자녀가 있고, 수모를 당하는 자들이다. 그들을 도와주고, 그들을 위해 일하고, 그들을 보호하기 위해 그대의 혀를 사용하고, 그대의 외투로 그들을 감싸주고, 그들의 명예를 세워주라."14)

루터는 사도신조의 세 번째 항목에 대한 『대교리문답서』(Large Catechism)의 설명에서 communio sanctorum(성도들의 교제)의 의미에 대해 다룬다. 그는 이 단어들이 앞에 나오는 단어인 ecclesia(교회)를 부연 설명하기 위해 나중에 추가된 것이라고 생각한다. 그는 ecclesia(교회)라

---

9) *Ibid.*, p. 298.
10) *WA* 40 I, 584, 194 (1531).
11) *WA* 40 II, 96 (1531).
12) *WA* 40 II, 101 (1531).
13) *The Bondage of the Will*, p. 123 (*WA* 18, 652).
14) *WA* 10 III, 408 (1522).

는 단어를 좋아하지 않는데, 그 이유는 그에 상응하는 독일어 *Kirche* (교회)가 봉헌된 건물을 뜻하게 되었기 때문이라고 말한다. 따라서 그는 교회를 *heilige Christenheit*(거룩한 기독교회)라는 이름으로 부르기를 선호한다고 말한다. 이 단어들이 세례 받고 믿는 모든 이들의 통일성을 가장 잘 표현하기 때문이다.15)

교회는 무엇보다도 성도들의 교제이다. 루터는 말한다: "나는 지구상에 그리스도를 머리로 삼는 작고 거룩한 양떼 또는 정결한 성도들의 공동체가 있음을 믿는다. 그것은 한 믿음, 한 마음, 한 이해 속에서 성령에 의해 같이 부름을 받았다."16) 그에게 있어 늘 주된 것은, 거룩하고 믿는 사람들의 공동체로서의 교회의 내적 본질이었다. 루터는 그의 중요한 논문 『공의회들과 교회들에 관하여』(*On the Councils and the Churches*, 1539)17)에서 외적인 제도로서의 교회에 대해서는 한 마디도 언급하지 않고, 그리스도 안에 있는 거룩한 사람들의 통일체인 교회의 내적 본질에 대해서만 논의한다. 이것은 로마 교회와 루터 사이의 대조를 보여준다. 로마의 견해에서 기독교회는 우선적으로 지상에서의 그리스도의 대리자인 교황을 우두머리로 하는 광대한 외적 제도이다. 루터는 일평생 이러한 외적이고 제도적인 교회관에 맞서 한 믿음 안에 있는 심령들의 단일체로서의 성도들의 공동체를 강조했다.

개신교 학자들은 사람들의 공동체로서의 교회에 대한 그릇된 강조에 뒤따르는 위험성을 주목해왔다. 교회가 교인들의 총체라고

---

15) 『대교리문답서』, 제2부 사도신조의 제3조.
16) *Ibid*.
17) *Works* V, pp. 131-300.

간주된다면 우리는 심령주의적 주관주의에 빠지는 것이다. 이 위험은 소위 교회 '연합'(association) 개념 속에 내재해있다. 기독교회는 동일한 관심을 중심으로 연합한 사람들이 세운 금주협회와 같은 방식으로 생겨난 것이 아니다. 기독교회의 토대는 그리스도 자신이시다. 우리는 세례에서 그리스도라는 나무에 접붙여졌다. 그는 그의 교회의 첫 번째 교인이 존재하기 전부터 계셨다. 그러나 루터에 따르면, 주관주의의 위험에도 불구하고, 믿음이 선행 조건이다. 그러나 믿음은 하나님이 우리 속에서 일하시는 사역이므로 하나님 앞에서의 공적을 의미하지 않는다.[18]

루터는 두 전선에서 원수들을 대면했다. 우편으로는 가톨릭이었고 좌편으로는 열광주의자들이었다. 가톨릭교회가 교회의 기초로서의 법률적 질서를 강조한데 대해, 루터는 말씀이 교회의 존재에 유일하게 필수적인 것이라고 강조했다. 그는 내적인 말씀과 즉각적인 계시들에 의존한 재세례파들에 맞서 외적인 말씀의 독특한 성격을 강조하였다. 각 경우에서 말씀의 의미는 루터에게 약간 다르다. 루터는 로마주의자들에게 대하여, 말씀이 충분하며 교회 법규는 이차적인 것이라고 주장했다. 그가 열광주의자들에 대하여 말씀을 강조한 것은 [저들이 말하는] 계시들은 충분하지 않으며 적합한 기초를 제공하지 않는다는 것을 의미했다. 말씀만이 분명하다. 루터가 세상에서 스스로의 길을 내고 믿음을 일깨움으로써 성도들의 모임을 창조하는 복음의 상(像)을 늘 지니고 다녔다고 아울렌(Aulén)이 말할 때, 그것은 매우

---

[18] A. Nygren, "Corpus Christi," *This Is the Church* (1952), p. 13. R. Bring, "The Subjective and the Objective in the Concept of the Church," *This Is the Church* (1952), p. 211.

적절한 표현이다. 복음 혹은 말씀은 하나님이 각 사람 안에서 "새로운" 것을 창조할 때 사용하시는 도구인데, 하나님은 이 동일한 도구를 갖고서 교회를 창조하신다. 루터는 이것을 다르게도 표현했다. 즉, 성령이 이 세상에서 교회를, 하나님의 말씀을 통해 각각의 그리스도인을 낳는 어머니로 갖고 있다고 말했다. 지상에 있는 그리스도의 교회는 복음 선포의 피조물이다. 교회는 복음의 피조물이다(creatura evangelii).19)

루터의 견해에서 죄인은 교회 곧 성도들의 모임에서 선포되는 복음의 도움으로만 그리스도에게로 올 수 있다. 그는 교회 밖에는 구원이 없다는(extra ecclesiam nulla salus) 기본적인 가톨릭 이해를 받아들였지만, 여기에 새로운 의미를 부여한다. 루터는 교회 기구의 구성원이 되는 것이 구원의 조건이라고 생각하지 않는다. 그는 복음 혹은 구원하는 말씀이 오로지 그리스도의 교회 안에서만 발견될 수 있다는 생각이다. 그의 말이다:

> 누구나 그리스도를 찾으려고 하는 사람은 우선 교회를 찾아야한다. … 이제 교회는 나무와 돌이 아니라 그리스도를 믿는 사람들의 모임이다. … 그리스도는 분명 그들 한 가운데 계신다. 기독교회 밖에는 진리도 없고 그리스도도 없으며 구원도 없다.20)

루터에게 있어 교회는 종교적 실제였다. 각 사람에게 있어 교회는 무엇보다도 각각의 그리스도인에 앞서 존재하는 구원의 신적 제도여

---

19) L. P. Tapaninen, *Lutherin kirkkonäkemys* (Helsinki, 1942), pp. 24f. G. Aulén, *Till belysning av den lutherska kyrkoidén* (Stockholm, 1912), p. 24.
20) WA 10 I, 1, 140 (1522).

야 한다. 교회는 그리스도인을 낳고 또한 영접한다. 참으로 교회 밖에는 구원이 있을 수 없다.

로마가톨릭교회 안에서는 교회 조직이 지배적이다. 교회가 말씀의 도구 곧 성령의 구원 사역의 도구이기 보다는, 말씀이 교회의 도구이다. 루터에게 있어서 말씀 혹은 복음의 특징은 절대적이기 때문에 교회의 전 삶과 본질이 하나님의 말씀 안에 있다고 말할 수 있다(tota vita et substantia Ecclesiae est in verbo Dei).21) 복음의 표준적 기능은 "구두의 말씀이 되는 것인데, 그(성령)는 이 말씀을 통해 전 세계에서 사죄를 선포하신다." 복음은 성례전들 안에서도 우리에게 오지만, 성례전들 안에서도 약속 내지 말씀이 표지보다 더 중요하다. 말씀 내지 복음이 역시 그들의 진정한 본질이다.22)

루터의 교회관은 계시 혹은 하나님 말씀에 대한 그의 견해와 떼려야 뗄 수 없이 묶여져 있다. 그리스도 자신이 말씀 안에 현존하시는 실제이다. 말씀은 우선적으로 그리스도 자신이다. 말씀과 그리스도와 교회는 하나의 단일체를 이룬다. 교회의 전적 권위는, 교회 안에서 성령을 통해 현재의 순간에 하나님을 계속 계시하시는 분이 바로 그리스도 자신으로서 그가 복음을 선포하시고 이 땅에서 그리스도의 백성을 모으신다는 사실에 있다.23)

로마가톨릭교회에 대항한 루터의 격렬한 공격에 비추어 그가 교황과 그리스도의 교회 사이에 어떤 종류의 연결도 보지 못한 것처럼 보일 수 있다. 그러나 실제로는 그렇지 않다. 그는 가톨릭교회를 떠나

---

21) *WA* 7, 721 (1521).
22) H. Bornkamm, *op. cit.*, pp. 95f.
23) *WA* 50, 647 (1539).

려는 어떠한 의도도 없었다. 사실, 그는 그것을 자신의 영적인 어머니로서 인정했다. 그는 그 가슴에 안겨 양육을 받았었다. 그는 교회와의 관계를 끊으려는 의도가 없었다. 다만 교회의 본질에 대해 교황과 사제단이 갖고 있던 그릇된 견해를 받아들이지 않았을 뿐이었다. 그가 나중에 로마 교회라는 "도적들의 소굴" 속에 머무를 필요가 없게 된 데에 대해 기뻐했지만, 그는 교회를 자원해서 떠나지 않고 출교당한 것을 기뻐했다. "루터교회"가 생겼을 때 그는 자신과 지지자들만이 참된 교회라는 생각을 받아들이기를 거부했다. 그는 "루터란"(Lutheran)이란 이름에 대해 결코 기뻐하지 않았다. 안팎의 분쟁을 경험하는 가운데, 그리스도의 교회는 어떤 개인이나 시간이나 장소에 한정될 수 없다는 것이 그에게 점점 분명해졌다. 교회는 외적인 단체가 될 수 없었다. 교회는 성도들의 공동체로서 전혀 다른 실제, 대대로 계속되고 살아 있는 실제였다. 교황 시대의 암흑기에도, 하나님은 그 가운데 복음이 계속해서 존속한 작은 무리를 자신을 위해 보존하셨다. "사도신조는 우리에게 하나님의 백성이 지상에 있어야 하며 세상 끝까지 남아있어야 한다는 것을 가르쳐 준다. 이것은 믿음의 조항으로서, 그리스도께서 '내가 세상 끝 날까지 너희와 함께 있다'고 약속하시듯이, 믿음의 대상이 올 때까지 멈출 수 없다."24)

    루터는 비록 자신이 로마 교회의 많은 오류들에 맞서 싸웠지만 그것을 거룩하다고 불렀다. 여기서 그는, 비록 빌립보의 교회가 "어그러지고 거스르는 세대 가운데서"(빌 2:15) 살았지만 그것을 거룩하다고 부른 바울을 뒤따랐다. 로마 교회는 비록 그것이 "늑대와 강도들,

---

24) WA 50, 628. *Works of Martin Luther* (Philadelphia, 1915-1943), V, pp. 269f.

즉 영적인 압제자들의 수중에" 있었지만 교회는 교회였다. 왜냐하면 그 한 가운데에 "세례, 주의 만찬, 복음의 말씀과 본문, 성경, 거룩한 직무들, 그리고 그리스도와 하나님의 이름"이 보존되어왔기 때문이었다.25) 기독교회 안에 있는 성도들의 공동체의 경계들은 어떤 외적인 교회 기구의 경계들과 일치하지 않는다. 그 경계선들은 말씀의 수용 혹은 거부에 따라 그어진다. 그리스도인 개인처럼 교회도 "동시에 의로우면서 죄가 있다." "교회는 진정 거룩하지만, 동시에 죄가 있다. 그러므로 교회도 죄의 사면을 믿으면서 '우리의 죄들을 용서하여 주소서'라고 간구한다."26) 그리스도의 거룩함에 모든 교회와 모든 그리스도인들이 동참한다. 교회는 거룩하지만 오직 그리스도의 믿음 안에서만 그렇다. 교회는 자신의 거룩함이 없다. 교회는 가시적으로 거룩하지도 않고 완전히 거룩하지도 않다. 왜냐하면 그 구성원들이 많은 방식으로 넘어지고 쓰러지기 때문이다.27)

참여로서의 교제(*communio*)

앞서 언급했듯이 루터에게 있어 그리스도의 교회는 *communio sanctorum*(성도들의 교제)이다. *communio*라는 말은 여러 가지 개념과 여러 가지 뜻으로 번역될 수 있다. 루터는 이 말에 특히 '참여' 내지 '나눔'의 뜻을 부여하였다. 이와 같이 이 개념은 그리스도의 교회 안에서는 모든 것들이 공유된다는 사실을 가리킨다. 교회에 가입한다는 것은 공동의 보화에 참여하는 것을 의미하지만, 또한 곤궁과 고통에

---

25) *WA* 40 I, 69 (1531).
26) *WA* 40 I, 197 (1531).
27) *WA* 40 II, 88, 107 (1531).

도 참여하는 것을 의미한다. *communio* 단어 속에 내포된 이 의미는, 초대교회 교인들이 그리스도라는 몸 안에 있는 공동체가 누렸던 풍요함을 루터에게 보여주었다. 그리스도인들은 그리스도 안에서 한 몸이다. 그리하여 그들은 또한 서로 하나로 연합하였다. 이 연합은 가장 친밀한 것이다. 왜냐하면 "오직 하나의 세례, 하나의 그리스도, 하나의 성례전, 하나의 양식, 하나의 복음, 하나의 믿음, 하나의 성령, 하나의 영적인 몸이 있을 뿐이고, 각 사람은 다른 사람의 몸을 이루기 때문이다. 어떤 형제애도 이처럼 친밀하고 강할 수 없다."[28] 하나가 되게 하는 요소는 신자와 그리스도를 하나로 만드는 믿음이다.

공동체는 교회 내의 모든 구별들을 제거한다. 가톨릭주의 안에 존재하는 사제와 평신도사이의 장벽은 사라진다. 왜냐하면 그리스도는 두 종류의 몸, 즉 지상의 몸과 영적인 몸을 갖고 있지 않기 때문이다. 수도원 삶에 붙여진 특별한 탁월성은 사라진다. 루터는 갈라디아서 3장 28절을 가리키면서 말한다: "모두 다 그리스도만을 자랑해야 한다. 모두 그리스도 안에서 하나이므로, 그 분 안에는 남편과 아내, 처녀와 기혼자, 과부와 독신자의 구별이 없다." 그리스도의 몸으로서의 교회는 믿음, 사랑, 봉사, 고난, 희생의 공동체이다. 그리스도인의 삶은 사실상 이 세상 안에서의 그리스도의 삶이다.[29]

교회를 성도들의 공동체로 본 루터의 견해에서 조직이나 교권제도로서의 교회개념은 거의 사라진다. 그리스도 안에 있는 신자들의 공동체 개념이 지배적이 된다. 그리스도의 거룩함이 신자들의 거룩함이고, 그의 완전이 그들의 완전이다. 그들을 다른 사람들 보다 높여줄

---

28) *WA* 2, 756 (1519). *LW* 35, 70.
29) P. Althaus, *op. cit.*, pp. 39ff.

그들 고유의 본성은 없다. 그들은 새 백성이지만 오직 그리스도 안에서 즉 오직 믿음 안에서 그렇다. 그들은 그리스도 없이 그리고 믿음을 떠나서는 죄인일 뿐이다.

예배의식들은 믿음을 창조하고 보존하는데 도움이 되는 한에서만 가치가 있다. 예배의식들의 유일한 의미는 인간들을 그리스도와 하나 되게 도와주고 그들을 이 일치 안에서 강화시키는 것이다. 의식들은 하나님을 위해 우리가 행하는 어떤 것으로서 가치가 있는 것이 아니다. 하나님은 의식을 필요로 하지 않으시기 때문이다. 의식들을 통해 하나님께 영향을 주려는 어떠한 시도도 마술이다. 이 시도는 구원의 문제에 있어서 인간의 행위를 하나님께 제공하려는 것이다. 행위의 의는 그것이 어떤 형태를 취하든 우상숭배이다. 우리에 대한 하나님의 생각들은 사랑의 생각들이다. 우리는 이것을 그리스도의 성육신, 그의 삶, 죽음, 그리고 부활에서 본다. 우리의 예배행위를 갖고서 하나님의 사랑에 털끝만큼도 보탤 수 없다. 그렇게 하려는 어떠한 노력도 하나님의 진노를 자초할 뿐이다. 왜냐하면 이는 하나님이 우리의 구세주로 주신 그리스도를 믿음으로 받기를 거부하고 그 대신 우리 자신의 것을 그에게 제공하는 것을 의미하기 때문이다. 자신의 행위를 갖고서 스스로를 의롭게 하려는 사람은 그리스도를 자신의 것과 바꾸고 싶어 하기 때문에 하나님의 최대의 선물을 멸시하는 것이다. 종교개혁은 예배의 급진적 개혁을 의미한다. 그러나 그것은 유대교 성전 예배에 대항한 최초 그리스도인들의 태도와 일치한다 (히 10:11-25).

동방의 신비 종교들로부터 유래한 사상들의 계열을 루터가 거부한 것도 이에 못지않게 급진적이다. 목사는 밀교(密敎)적 지식의 보관자도 아니고, 일반인들의 경건보다 더 큰 경건의 대표자도 아니다. 그의 거룩함은 교회의 모든 구성원의 거룩함처럼 그리스도의 "낯선 의"이다. 바울이 주장하듯이, "구별이 없다"(롬 3:22).

개신교의 가장 우편에 속하는 영국 성공회는 성례전들과 교회의 직무들을 결정적인 것으로 만든다. 그들에 반대하여 좌편 끝에는 교회를 개인주의적 방식으로 생각하는 이들이 있다. 이들은 교회를 마치, 그 입회의 전제조건이 개인적 결정, 경험들, 행위들, 그리고 종교적이고 도덕적인 자질들인 협회처럼 생각한다. 이 두 극단 사이에서 우리는 수많은 변형들을 본다. 루터의 교회관은 자주 그것들 중 어딘가에 속할 것이라고 생각해왔다. 루터의 교회관은 조정적인 견해로서 우편의 극단적인 "객관성"과 좌편의 과장된 "주관성" 둘 다 피하고 싶어 하는 것처럼 보일 수 있다.

그러나 이 "객관성"이란 어떤 것인가? 이 개념은 세속의 삶을 거룩하게 하는 교회 제도, 성례전들, 직무들과 의식들에 관계가 있다. 이것들을 통해 인간이 하나님께 용납되어질 것이라고 기대되는데, 이것이 바로 루터가 무너뜨리려고 했던 견해이다. 그리고 "주관성"은 무엇을 가리키는 것인가? 인간의 경험들과 노력들, 그의 자유의지의 결정들을 가리킨다. 루터는 이것들을 하나님께 대한 인간관계의 결정인자들로 간주하여 동일하게 확고히 거부한다. 이것들도 행위의 의를 내포하기 때문이다. 그의 견해에 따르면, 이 두 가지 방법은 형태는 다르지만 동일한 행위의 의를 대표한다. 다시, 우리는 이 둘 사이에 "구별이 없다"는 말을 할 수 밖에 없다.

우리는 이 두 가지 대안, 즉 "고교회주의"와 "저교회주의"가 루터의 견해에 의하면 동일한 것의 두 가지 형태를 대표하는 것이라는,

좀 이상하게 보이는 결론에 도달했다. 그 잘못은 인간에게 중심을 둔 출발에 있다. 우리는 인간-중심에 빠져 있기 때문에 루터의 하나님 중심적인 견해를 이해하기가 어렵다. 루터는 우리에게 하나님의 행위와 하나님의 사랑인 복음을 선포한다. 그의 사상의 모든 면에서도 그렇지만, 그의 교회관에 있어서도 가장 큰 주제는 이것이다: 그것을 행하시는 이는 바로 하나님이시다.

루터는 여기서 그 자신이 창안해 낸 어떤 진리에 근거하여 주장을 펴고 있지 않다. 신약성경 전체가 우리의 구원을 위한 하나님의 행위를 일관되게 증거 한다. "모든 것이 하나님께로서 났으며 그가 그리스도로 말미암아 우리를 자기와 화목하게 하시고"(고후 5:18). 루터는 기독교 역사에 있어서 아마 그 누구보다 더 일관되게 교회의 개념을 이 토대 위에만 세웠다.

제12장

영적 직무

    우리는 전장에서 루터의 교회관을 다루면서 동양의 신비종교들을 고대 가톨릭 신학 발전의 한 요소로 간주했다.[1] 가톨릭 사제가 어떤 밀교(密敎)적 의식들의 집전자가 된 것은 이 영향에 기인했다. 신비들에 대한 지식이 그를 다른 사람들보다 높이 올렸다. 가톨릭 신학에서 이해했듯이 안수례에서 그는 지울 수 없는 특성을 받았다. 그리고 독신으로 살면서 일반 사람들의 눈에 성인과 같은 영광을 받았다. 로마가톨릭의 사제는 우선적으로 미사 희생의 집례자로서 성례전들은 그의 진정한 임무이다. 이것은 죄 고백의 청취와 사면의 선포를 포함한다. 일반적으로, 교회의 직무가 교리와 선포의 순수함을 보장한다는 것이 로마 견해의 본질적 특징이다.

---

1) 참조: 본서 pp. 196-197.

직무의 권위

프로테스탄트 개혁의 본질적 특징들 중의 하나는, 영적 직무가 그 권위와 능력을 말씀과 성례전으로부터 받지 교회로부터 받지 않는다는 인식이다. 핵심적인 것은 하나님의 말씀이지 제도적 교회가 아니다. 하나님 자신이 그의 말씀을 도구로 사용하시면서 자신의 교회에서 활동하신다.[2] 이처럼 교회는 제도나 단체가 아니라 하나의 유기체이다. 그러나 말씀과 성례전은 직무를 갖고 있는 사람들을 그 도구로서 필요로 한다. 여기에 영적 직무의 정당성이 놓여있다.

루터는 이 문제들을 『그리스도인 귀족에게 보내는 호소』(Address to the Christian Nobility, 1520)에서 다루었다. 여기서 그는 먼저 로마주의자들이 자신들 주위에 세운 세 개의 벽을 가리키면서 계층질서적 조직을 공격한다. 그들은 먼저, 영적인 직무가 세속의 직무보다 우월하므로 자신들이 세속 권위의 판단에 종속하지 않는다고 주장했다. 두 번째로, 교황만이 성경을 해석할 권리가 있다고 했다. 세 번째로, 그들은 교황을 제외한 어느 누구도 보편적 교회 회의를 열 권리가 없다는 구실을 만들어냈다. 루터는 모든 그리스도인의 보편적 사역(만인사제직)에 호소함으로써 이 세 개의 벽을 무너뜨린다.

첫 번째 벽을 공격하면서 루터는 쓰고 있다:

> 교황, 주교들, 사제들, 그리고 수도사들을 "영적 계급"이라고 부르고, 제후들, 영주들, 장인들, 농부들을 "세속 계급"이라고 불러야 한다는 것은 순전한 날조다. 이것은 진정 허울 좋은 거짓과 위선이다. 그렇다고

---

[2] V. Vajta, *Luther on Worship* (Philadelphia: Muhlenberg, 1958), pp. 109ff.

아무도 그것을 무서워해서는 안 된다. 그 이유는 다음과 같다. 모든 그리스도인들이 참으로 "영적 계급"이며 그들 사이에는 직무의 차이 외에 어떤 차이도 없다. 바울이 고린도전서 12장에서 말하듯, 우리는 다 한 몸이지만 각각의 지체는 다른 지체들을 섬기기 위해 자기 자신의 일을 갖고 있다. 그 이유는 단지 우리가 하나의 세례, 하나의 복음을 갖고 있으며 모두 동일한 그리스도인들이기 때문이다. 세례, 복음, 믿음만이 우리를 "영적"으로 만들고 그리스도인들로 만든다.3)

그리스도인은 누구나 그의 세례에 의해 "영적"이다. 주교나 사제에 의한 안수례가 그를 영적 계급 속에 넣을 수 없다. 왜냐하면 그는 이미 거기에 속해 있기 때문이다. 루터 당시의 교회의 교리와 실천의 관점에서 이것은 참으로 급진적이고 혁명적인 주장이었다. 그러나 루터는 이 이해를 신약성경으로부터 이끌어냈고, 그렇게 함으로써 사제와 평신도와의 구별을 제거했다.

가톨릭교회의 안수식은 사제에게 성례의 요소들을 성별하고 그 희생을 실행하는 능력을 전달하기 때문에 근본적인 중요성을 갖는다. 루터는 주교에 의한 안수례를, 주교가 교회의 대표로서 그리고 교회의 이름으로 그 일원들 중 하나를 택하여 교회의 모든 일원들이 소유하는 권리를 다른 사람들 대신에 행사하도록 지목하는 것을 의미한다고 이해했다.4) 가장 우선적인 강조는 안수례에 두는 것이 아니라 소명에 둔다. 소명을 받은 사람은 안수례가 없다 하더라도 직무를 갖고 있다.

상황에 따라 소명이 다양할 수 있다. 루터는 『갈라디아서강해』

---

3) *WA* 6, 407 (1520). *Works*, II, p. 66.
4) *Ibid.*

(*Commentary on Galatians*, 1519)에서 사도적 직무를 해석하는 가운데 제롬(Jerome)을 따라 네 종류의 사도적이고 영적인 직무를 구별한다. 첫 번째 형태는 자신의 소명을 인간적인 중개 없이 하나님으로부터 직접 받은 이들로 대표된다. 두 번째 형태는 사도들의 제자들과 추종자들의 경우처럼 인간들을 통해 하나님으로부터 소명을 받은 이들을 포함한다. 세 번째 형태는 인간들에 의해 소명을 받았으나 하나님으로부터는 받지 못한 이들이다. 마지막으로 하나님이나 인간들 어느 편에 의해서도 소명을 받지 못하고 스스로 소명을 받은 이들, 곧 거짓 선지자들과 거짓 사도들이다.[5]

루터는 보편사제직 교리가 무질서의 원칙으로 변질되는 것을 거부했다. 그는 말한다:

> 우리는 모두 동일한 방식으로 사제들이기 때문에, 어느 누구도 스스로를 천거하여 우리의 동의와 선정 없이 우리 모두의 능력 안에 있는 것을 떠맡아서는 안 된다. 왜냐하면 모두에게 공통적인 것을 어느 한 사람이 공동체의 뜻과 명령 없이 감히 스스로 떠맡으면 안 되기 때문이다.[6]

보편적인 영적 사역은 그리스도인들이 비록 하나님 앞에서는 동등하지만 그들의 영적 기능들 때문에 다르다고 하는 관념을 구체화한다. 비록 그들의 개인적 신분에 있어서는 아무런 차이가 없지만, 그들이 받은 임무들은 같지 않다.[7] 루터는 목사 내지 사제의 직무가

---

5) *WA* 2, 454 (1519).
6) *WA* 6, 408 (1520). *Works*, II, p. 68. 참조: *WA* 6, 566 (1520); *LW* 36, 116.
7) *WA* 6, 409 (1520). *Works*, II, p. 69.

하나님이 뜻하시고 제정하신 것인 반면, 교황과 주교들의 직무는 형제단이나 승단들처럼 스스로 취한 짐들이라는 것을 잘 알고 있었다. 교황과 주교들의 직무는 인간적 기원을 갖고 있었으며 통상 그들이 실천한 독신생활도 마찬가지였다.8)

하나님이 뜻하신 목사 직무의 기능들은 설교와 성례전의 집전이다. 사역자는 우선적으로 말씀의 직무에 임명된 것이다. 이 직무에서 그는 그의 양떼를 먹이고 보호하는 목자이며, 이 보호는 거짓된 가르침에 맞서 필요하다. 루터에게 있어 이것은 설교의 직무를 가장 높은 사역으로 만든다. 설교 다음으로, 목사의 세례집례, 공적 예배 집전, 그리고 여타 사역행위들은 이차적이다. 이는 자연적인 것인데, 왜냐하면 설교는 믿음을 창조하는 말씀과 관련이 있기 때문이다.9)

그러므로 영적 직무에 대한 로마가톨릭교회와 종교개혁의 개념은, 전자가 교회와 영적 직무가 교황과 성직계급제도 위에 세워진 것으로 보는 반면, 후자는 교회와 영적 직무가 말씀과 회중에게 기초하고 있다고 보는 점에서 서로 다르다. 전자는 교회가 "위에" 닻을 내리고 있다고 보는 반면, 후자는 교회가 "아래에" 닻을 내리고 있다고 본다. 전자는 원칙에 관한 모든 문제들에 대한 권위를 교황에게 부여하는 반면, 후자는 하나님의 말씀을 결정적인 것으로 만들고 교회에서의 말씀의 참된 선포가 중요함을 강조한다.

---

8) *WA* 6, 441 (1520). *Works*, II, p. 120.
9) V. Vajta, *Luther on Worship* (Philadelphia: Muhlenberg, 1958), pp. 109ff. 또한 G. Hök, "Luther's Doctrine of the Ministry," *Scottish Journal of Theology* (1954), pp. 16ff.

직무와 공동체

영적 직무에 대한 루터의 분명한 진술들의 요지에 대해서는 이제까지 불일치가 매우 적었다. 그러나 루터에게 있어서 목사의 직무와 그리스도인의 보편사제직이 어떻게 서로 연관되어 있으며 어떻게 서로 구별되는 가에 대해서는 의견의 차이가 아직 있다. 19세기에 행해진 연구를 살펴보면 우리는 초기의 루터가 엄격히 공적 사역을 지지했다고 해석한 것을 발견한다. 영적 직무는, 그 모든 다양한 기능들을 포함하여, 하나님이 제정하신 것이다. 즉 하나님은 설교, 세례, 사죄, 파문이 그의 명령에 의해 특정 인물들의 영속적 기능이 되어야 한다고 정하셨다. 루터의 안수 교리에 관해 이 견해를 주장한 사람들 중 율리우스 슈탈(Julius Stahl)이 있다. 그는 신적 권위를 유일하게 결정적인 것으로 간주하면서, 회중의 위탁을 전혀 당치 않은 것으로서 배제했다.[10]

이와 반대되는 견해의 대표자는 회플링(J. W. Fr. Höfling)이었다. 그의 견해에 따르면, 루터에게 있어 교회의 성례전적 직무는 신적 질서의 한 차원이 아니라, 내적 필연성에 의해 보편사제직으로부터 생긴 것이다. 디크호프(A. W. Dieckhoff)는 루터의 견해가 1523년경에 바뀌는 것을 보면서, 루터의 초기와 후기의 견해들에 대해 나누어 말하는 것이 필요하다고 했다. 루터는 초기에(1520-1523) 로마가톨릭의 개념에 반대하여 보편사제직을 강조했다. 후에 그는 계속해서 그리스도인들의 보편사제직을 말했지만 그것을 영적 직무에 잘못 적용시키는 것은 거부했다.[11]

---

10) H. Brunotte, *Das geistliche Amt bei Luther* (Göttingen, 1959), p. 10.

20세기의 첫 30년간 대부분의 학자들은 루터의 견해에 대한 회플링의 해석을 받아들였고, 모든 그리스도인들의 보편사제직을 특별사역 — 오로지 외적 질서를 위해 존재한 — 의 근거로 만들었다. 1930년대 세 명의 독일 학자들인 엘레르트(W. Elert), 되르네(M. Doerne), 볼프(E. Wolf)는 각자 독립적으로, 루터가 영적 사역의 신적 기원을 믿었으나 보편사제직의 중요성을 경시하지는 않았다고 지적했다. 이전의 견해가 직무의 신적 기원과 보편 사역을 양자택일로 제시한 반면, 이 새로운 견해는 둘을 하나로 묶어 제시했다.12)

최근의 신학자들 중 회크(G. Hök)는 실질적으로 동일한 결론에 이르렀다. 그가 보기로, 루터의 견해는 두 개의 영적 직무를 갖고 있는데, 하나가 다른 하나 없이 있을 수 없다. 좁은 의미에서 영적 직무(ministerium ecclesiae)는 정식으로 안수를 받은 직무자들에 의해 대표되는 반면, 넓은 의미에서 모든 신자는 복음의 사자들이다. 영적 직무에서 복음의 설교와 성례전의 공적 집행은 교회의 이름으로 행해진다. 이 직무로의 취임은 안수례를 통한다.13)

루터는 영적 사역을 규정함에 있어 다시금 두 전선에서 대적들을 직면해야 했다. 로마가톨릭교도들에 맞서, 그는 사역자의 직무가 미사 희생 집례자의 직무라는 생각을 거부했다. 이 때문에 그는 복음 선포자로서의 모든 그리스도인들의 보편적 임무를 강조했다. 열광주의자들에 맞서, 그는 "교회의 직무"라는 말로 가장 잘 표현될 수 있는 생각을 강조했다. 목사의 직무는 질서 있는 교회생활의 특유한 기능

---

11) *Ibid.*, p. 13.
12) *Ibid.*, p. 21.
13) Hök, *op. cit.*, p. 21.

이다. 루터가 상황에 따라 자신의 생각을 바꾼 것처럼 보일 수 있지만 우리는 그렇게 이해해서는 안 된다. 오히려 우리는 루터에게 있어 "직무"라는 말이 이중의 의미—즉, 교회의 직무와 복음의 직무—를 품고 있었다고 해야 할 것이다. 전자에 따르면 직무는 교회의 기능이고, 후자에 따르면 직무는 모든 신자들의 보편사제직의 한 면이다.[14]

신자의 보편사제직과 사역의 직무 사이의 관계에 대한 루터의 견해를 이해하려고 할 때, 우리는 그가 동일한 개념을 동일한 저술에서 심지어 동일한 일련의 논의들에서 다양한 의미로 사용할 수 있음을 명심해야 한다. 그의 진술들이 불분명한 것이 아니지만 그 의미를 제대로 알기 위해서는 앞뒤 문맥에 비추어 연구해야 한다.

그러므로 루터가 그의 논문 『교회의 바벨론 포로』(The Babylonian Captivity of the Church)에서 다루는 이 문제를 연구할 때, 우리는 그가 안수식을 성례전으로 보지 않는다는 것을 발견한다. 어느 목사라도 요구를 하는 사람에게 말씀과 성례전을 허락하지 않을 권리가 없다. 그리스도인들은 누구나 그것들을 받을 권리가 있다.[15] 마찬가지로 어느 그리스도인을 통해서나 위로와 사면을 받을 수 있다. 왜냐하면 만일 우리가 우리의 속마음을 어느 형제에게 은밀히 털어놓고 그에게 우리 마음의 악행을 드러낸다면, 우리는 하나님 자신에게서 온 것처럼, 그 형제의 입술로부터 위로의 말씀을 받을 수 있기 때문이다.[16] 여기서 모든 그리스도인들의 보편사제직이 비상수단을 의미하는 것은 아니다. 왜냐하면 사면은 그리스도인들의 보편적 기능들 속에

---

14) *Ibid.*
15) WA 6, 507 (1520). LW 36, 21.
16) WA 6, 546 (1520). LW 36, 87.

포함되어 있기 때문이다. 그러므로 그리스도인들의 보편사제직은 공적 사역과 나란히 명예스러운 자리가 주어진다. 루터가 이 논문에서 공적 사역에 대해 작은 가치를 부여하고 있다고 추측할 수 있다. 그러나 이것은 사실과 다르다. 루터는 사제들, 주교들, 교황의 절대적 권세에 대비하여 그리스도인의 자유를 강조면서도 교회적 사역(ministerium ecclesiasticum)을 그리스도인들의 보편사제직보다 위에 놓는다. 그는 말한다:

> 그러므로 스스로 그리스도인이라 자처하는 사람은 누구든 이것 즉, 우리는 모두 동일하게 사제들이라는 것, 다시 말하면 우리는 말씀과 성례전에 있어서 동일한 권세를 갖고 있다는 것을 알게 하시오. 그러나 어느 누구도 이 권세를 공동체의 동의 또는 상급자의 소명 없이 사용할 수는 없다. (왜냐하면 모든 이들의 공동 소유인 것을 어느 한 개인이, 소명을 받지 않고서, 자기 것으로 삼을 수 없기 때문이다.) 그러므로 안수례의 이 "성례전"은—설사 그것이 성례전이라도—사람이 교회의 사역에 소명을 받는 어떤 의식 이외에 아무 것도 아니다. 더 나아가, 사제직은 정확히 말해 말씀의 사역—이 말씀은 율법이 아니라 복음이다—이외에 아무 것도 아니다.17)

루터는 교회의 특별한 직무를 부정하지 않고 오히려 그것을 전제한다. 그 직무는 필요한 것이며 그리스도인들의 보편사제직과 동일시되어서는 안 된다.18)

브루노테(Brunotte)에 따르면, 『교회의 바벨론 포로』(The Babylonian

---

17) WA 6, 566 (1520). LW 36, 116.
18) Brunotte, op. cit., p. 51.

Captivity of the Church)에서 직무자들과 비직무자들은 두 가지 면에서 구별 된다. 첫째로, 소명의 사실이 그들을 나눈다. 왜냐하면 신적 사역, 교회의 사역은 직무자에게 주어졌기 때문이다. 비직무자는 그러한 사역을 갖고 있지 않다. 두 번째로, 직무자는 하나님의 말씀의 능력, 즉 교회 전체에 속한 능력을 사용할 수 있도록 부름 받았다. 거꾸로, 말씀의 능력에 관한 각각의 그리스도인의 권리는 말씀을 집행할 수 있는 권리에 있는데, 이 권리는 오직 개인적으로 혹은 개별적으로 각자에게 적용된다. 그리스도인들의 이 보편적 권리는 다른 사람에게 양도될 수 없는데, 왜냐하면 그것은 각자의 개인적 권리이기 때문이다. 그렇다면 영적 직무, 즉 목사의 직무는 다른 종류의 임무로 이루어져있다.[19]

우리는 루터의 논문, 『모든 가르침을 판단하며 교사들을 부르고 임명하고 해고할 수 있는 그리스도 교회 또는 공동체의 권리와 권능』(*The Right and Power of the Christian Congregation or Community to Judge All Teaching and to Call, Appoint, and Dismiss Teachers*, 1523)을 연구할 때 본질적으로 동일한 결론에 이른다. 이 논문의 주된 사상은, 기독교회는 설교자들과 교사들 없이 존재할 수 없다는 것이다. 이 이유 때문에 교회는 하나님 말씀의 설교자를 부를 수 있는 권리가 있다. 이로부터 나오는 결론은, 사역자는 이 일에 자신이 적합하다고 주장할 수 없으며 다른 사람에 의해 부름을 받아야 한다는 것이다. 또한 설교할 수 있는 권한은 회중으로부터이지 어느 한 개인 또는 개인들로부터 부여받는 것이 아니라는 결론이 된다. 이는 직무의 권한이 그리스도인들의 보편사역에 기초하는 것이 아니며, 감독이 목사를 소명할 권리를 갖고 있지

---

19) *Ibid.*, p. 56.

못함을 의미한다. 오직 회중이, 전체로서, 이 권리를 소유한다. 이 소명이 회중에 의해 전달된 후 감독은 단지 직무에 취임을 시키고 소명을 확증할 뿐이다. 비상사태일 경우, 목사는 감독의 확증이 없이도 소명 받을 수 있으며, 또한 감독은 영혼들이 하나님 말씀의 결핍으로 인해 멸망하지 않도록 회중의 참여 없이 설교자를 소명하는 일이 필요함을 판단할 수 있다.[20]

학자들은 루터가 생을 마칠 때까지 이 견해들을 견지했다는 것을 보여주었다. 그가 여러 저술에서 바뀐 상황들에 맞게 자신의 견해들을 수정했을 수는 있지만, 주요 사항들에 있어서는 어떤 변화도 눈에 띄지 않는다. 이 사항들 중 하나는, 직무보유자의 자격이 영적 기능들에 대한 그리스도인들의 보편적 권리와 동일시되어서는 안 된다는 인식이다. 비록 로마가톨릭의 사제관(觀)에 대항한 논박은 루터의 일생동안 계속되지만, 영적 직무는 당연한 그 무엇으로서 계속된다. 영적 직무는 그리스도에 의해 세워졌고, 하나님이 특별히 뜻하신 것들 가운데 포함되어야 한다. 루터는 생을 마감할 때 까지 그리스도인들의 보편 사역을 믿었지만, 그렇다고 해서 영적 직무의 특별한 기능을 축소하거나 악화시키지는 않았다.[21]

열쇠들의 권능

루터의 견해에서 열쇠들의 권능은 영적 직무에 속한 기능의 핵심적인 면으로 지속된다. 이에 대해 특별히 고찰 할 가치가 있다.

---

20) *Ibid.*, p. 68.
21) *Ibid.*, pp. 112-116.

직무보유자들은 회중을 대신하여 열쇠들의 권능을 행사하는 것이지 사람들 위에서 주장할 수 있는 어떤 특별한 권위를 받았기 때문에 그렇게 하는 것이 아니다. 루터에게, 그리스도의 열쇠들 또는 참된 열쇠들은 회개하는 죄인들에게 그리스도께서 그의 피로 획득하신 것을 전달할 수 있는 직무와 권위를 의미한다. 이 열쇠들은 그리스도의 피, 죽음, 그리고 부활을 포함한다. 이것들은 은혜를 의미하며, 이것들이 사용될 때 죄를 그대로 두거나 사하시는 분은 그리스도 자신이다. 그리스도의 제자들이 매거나 풀었을 때, 매고 푸신 분은 바로 그리스도 자신이다. 그리스도는 자신의 제자들에게 주신 것들 외에 다른 열쇠들을 갖고 있지 않다. 루터는 말한다: "'너희들은 왜 내 열쇠들을 찾으려고 하늘을 응시하고 있는가? … 베드로의 입은 내 입이고, 그의 혀는 나의 열쇠 주머니이다. 그의 직무는 내 직무이고 그의 맴과 풀음은 나의 맴과 풀음이다. 그의 열쇠는 내 열쇠이고, 나는 다른 열쇠가 없으며, 다른 열쇠에 대해서도 알지 못한다'고 그리스도는 말씀하신다."[22] 루터는 하나님이 선포된 말씀을 통해 죄를 용서하신다고 되풀이하여 말한다.

　루터가 열쇠들에 대해 말할 때, 특별히 그는 푸는 열쇠를 염두에 두고 있다. 그러나 매고 푸는 열쇠들을 나누어서는 안 된다. 둘 다 인간의 구원을 위해 의도된 것이다. 매는 열쇠는 율법의 영역에서 작용하고, 푸는 열쇠는 복음의 영역에서 작용한다.

　루터는 그리스도의 열쇠들 혹은 참된 열쇠들에 반대되는 것으로서 교황의 거짓된 열쇠들을 언급한다. 이것들은 참된 실체에 비교하

---

[22] *WA* 30 I, 498 (1530). *LW* 40, 365f.

여, 페인트칠된 상(像)과 같다. 그리스도의 열쇠들이 죄인들을 위한 것인 반면 교황의 열쇠들은 스스로를 의로우며 죄 없다고 여기는 사람들을 통치하기 위한 것이다. 교황은 법을 제정하고 인간의 행위를 요구한다. 그의 권능은 율법적이어서, 열쇠들을 갖고서 행위를 짜낸다. 그러나 그리스도는 행위를 요구하기 위해서가 아니라 은혜를 수여하기 위해 자신의 참된 열쇠들을 사용하신다. 이렇듯 교황의 열쇠들과 그리스도의 열쇠들은 행위와 믿음사이의 대조를 반영한다.

루터의 해석에서 교황의 열쇠들의 권능은 흥미 있는 결론들로 이끈다. 루터는 말한다:

> 매는 것이 율법을 제정하는 것과 동일한 의미라는 것을 우리가 인정한다면, 다른 한편으로, 푸는 것은 율법을 무효로 하고 제거하는 것을 의미할 수밖에 없다. ··· 이제, 교황과 그의 교회가 율법들을 제정하는 권세를 갖고 있다면 그는 그것들을 무효로 하는 권위도 갖고 있음에 틀림없다. 왜냐하면 율법이 매는 과정에 적용된다면 푸는 과정에도 동일하게 적용되기 때문이다. 자 그렇다면 이러한 사정들 아래에서는 교황이 복음과 모든 성경만 아니라 하나님의 십계명도 무효로 할 수 있으며 전 세계를 그것들로부터 자유롭게 할 수 있을 것이다.[23]

그러나 그리스도는 율법의 일점일획도 없어지지 않을 것이라고 말씀하신다. 그러므로 오직 한 가지 가능성, 즉 교황이 자신의 법을 무효로 할 수 있는 가능성만 남는다. 루터는 "그것은 맞다"고 인정한다. "그러나 충분하지는 않다. 왜냐하면 푸는 열쇠, 곧 죄 용서의 권세는 매는 열쇠, 곧 죄를 그대로 두는 권세에 견줄 수 없기 때문이다."[24]

---

23) *WA* 30 II, 472 (1530). *LW* 40, 333.

루터의 견해에 의하면, 특별히 악한 상황이 가톨릭교도들 가운데서 지배적이었다. 왜냐하면 저들은 푸는 열쇠의 신뢰성을 의심했기 때문이었다. 가톨릭 견해에서, 묶는 열쇠는 항상 신뢰할만하지만 푸는 열쇠는 결코 그렇지 못하다. 그러므로 교황은 어떤 사람을 파문함에 있어 틀릴 수 없다. 그러나 그가 사죄를 선언할 때, 결코 무조건적으로 할 수는 없다. 왜냐하면 그러한 사죄는 참된 통회를 전제하며, 어느 누구도 그의 통회와 관련하여 확신할 수 없기 때문이다.

가톨릭교도들 가운데에서, 지배의 권세와 지식에 대한 권세는 열쇠들의 권세에 포함되어 있었다. 따라서 교황에게는 그가 하늘과 땅에서 원하는 무엇이든지 명하고 금할 수 있는 권세와, 황제와 왕과 제후들에게 왕관을 씌우고 벗길 수 있는 권세가 있다고 이해되었다. 그는 또한 원하면 연옥을 비울 수 있는 권세가 있었다. 그러나 루터는 그리스도께서 그러한 권세를 베드로에게나 그의 후계자들에게 주시지 않았다고 느꼈다. 그리스도의 권세는 이 세상으로부터 온 것이 아니다(요 18:36). 그리스도는 말씀 하신다: "이방인의 임금들은 그들을 주관하며 그 집권자들은 은인이라 칭함을 받으나 너희는 그렇지 않을지니 …"(눅 22:25f). 세속권력을 교황이 행사하는 것은 세속정부와 영적 정부를 혼동한 것이다.

구약의 현세적 왕권은 영속적으로 의도된 것이 아니라, 신약의 영적 왕권의 한 유형과 그림자 역할을 하도록 의도된 것이었다. 그것은 어떤 외적 권세를 반영하는 것이 아니라 죄와 사망과 마귀에 대한 그리스도의 권세를 반영한다. 이 이유 때문에 교황권은 처음부터

---

24) *WA* 30 II, 472 (1530). *LW* 40, 334.

끝까지 하나의 잘못이다. 열쇠의 권세가 지식에 대한 권능을 포함한다는 관념도 이 잘못에 포함되어 있다. 바리새인들은 지식의 열쇠를 갖고 있다. 그러나 이것이 의미한 것은 오직, 그들 자신도 하나님의 왕국에 들어가지 못하였고 남들이 들어가는 것도 막았다는 것이다.

교황은 자신이 참된 열쇠들을 소유하고 있으며, 사람을 죄안에 묶고 또 죄로부터 푸는 권세를 갖고 있다고 주장한다. 그리스도는 진정 그러한 권세를 베드로에게 주셨지만, 베드로와 그의 후계자들에게 개인적으로 주신 것이 아니다. 그 권세는 그리스도의 교회에게 주어진 것이다. 그러므로 회중이 매고 푸는 권세를 갖고 있다. 회중은 각 개인에게 율법과 복음을 적용할 수 있는 권리가 있다. 이것은 회중의 교역자가 설교의 직무를 바르게 완수할 때 일어난다. 그러므로 참된 열쇠들은 설교로부터 분리될 수 없다.

교황이 자신의 권세를, 예수께서 베드로에게 열쇠들의 권세를 주셨다는 사실에 기초하였으므로, 루터는 자연히 교황권에 대한 그의 논쟁 속에 마태복음 16장 18-19절의 해석을 포함시켰다. 그는 열쇠들이 베드로에게 개인적으로 주어진 것이 아니라 교회에 전체적으로 주어진 것임을 강조한다. 루터의 견해에서, 이것은 베드로의 믿음이 신뢰할만하지 못했다는 사실에서 이미 분명하다. 그리스도로부터 열쇠들의 권세를 받은 후 곧 그는 믿음에서 떨어졌고 그리스도의 질책을 받아야 했다. 다른 제자들의 믿음도 마찬가지로 신뢰할만하지 못했다. 그러나 교회의 믿음은 결코 땅위에서 사라지지 않을 것이다. 이것은 그리스도께서 지옥의 문들이 그것을 이기지 못할 것이라고 말씀하셨을 때(마 16:18) 뜻하신 것이다. 루터는 어려운 상황들 속에서 교회에 호소할 수 있다는 그리스도의 권면(마 18:17) 속에 교회의 결정적인 역할이 암시된 것을 본다. 그 이유는 열쇠들의 권세가 감독들만 아니라 세례 받은 모든 이들을 포함하는 전체 교회에 주어졌다는 것이다. 무엇보다, 교황은 로마에 있는 교회의 주교일 뿐이었다. 루터 논쟁의 주된 요점은 주교제도 전반에 대해 겨누어졌다.[25]

영적 직무와 열쇠들의 권세에 관한 루터의 생각은 그의 전체 신학의 중추적인 부분이다. 그 생각은 수 세기 동안 발전한 로마의 교리와 실천을 초대 교회 시대의 교리와 실천으로 바꾸려는 그의 투쟁을 특징적으로 반영한다.

---

25) Hök, *op. cit.*, p. 26.

제13장
성례전

　로마가톨릭교회는 성례전적 교회이므로 그 신학의 주 신경 조직을 성례전의 교리에서 찾을 수 있다. 이러한 성례주의로 이끈 발전은 토마스 아퀴나스의 신학에서 그 절정에 달했다. 어거스틴은 이 발전을 촉진시키지 않았고 대신 그것에 대해 비판적 자세를 취한 듯하다. 예를 들어 그는 세례가 죄의 사면을 가져온다고 가르쳤으나 자동적인 의미에서 그린 깃은 아니라고 했다. 왜냐하면 세례는 하나님이 인간을 회심시키시고 바른 마음을 갖도록 하시는 것을 전제로 하기 때문이다. 악한 마음은 세례의 효과를 무효로 만든다. 어거스틴은 세례가 참으로 중생의 성례전이지만, 이 중생은 물에 의한 것이지 성령에 의한 것이 아니라고 하였다. 성례전적인 행위와 그 영적인 효과는 두 개의 구별된 것들이다. 그 효과는 본질적으로 세례 받는 사람의 주관적 상태에 달려있다.[1]
　가톨릭의 성례전 교리는 토마스 아퀴나스의 신학에서 그 전형적 형태를 물려받았다. 교회의 일곱 성례전은, 실제로는, 육화된 말씀의 신비들(mysteria verbi incarniti)이다. 그것들은 구원을 주는 거룩한 표지들이다. 형상이 질료와 연합하듯이(아리스토텔레스), 하나님의 말씀이 어떤 지각 가능한 요소들과 연합하여 하나의 성례전이 탄생하는 것이다. 성례전들은 인간이 하나님의 은혜를 받아들일 수 있도록 그를 자연적이고 인식 가능한 방법으로 성령과 접촉시킨다. 이것이 성례전들을 하나님의 은혜의 수단들(causa instrumentalis gratiae)로 만드는데, 그 수단들 안에서 영적이고 육체적인 요소들이 하나의 사건으로 용해된다. 아퀴나스는 성례전에 대한 언급 없이 자신의 은혜 교리를 전개 하면서도 성례전들에 의해 매개된 은혜가 결코 추가적이거나 특별한 은혜는 아니라고 주장한다. 은혜는 하나의 질(質), 또는 하나님 본성안의 참여이므로 영적-물질적인 성례전에 의해서만 인간에게 전달된다.[2]

    루터가 1510년대에는 성례전들에 대해 관심을 별로 기울이지 않은 것처럼 보인다. 명백히 루터에게 있어 성례전들의 중요성은 종교개혁운동의 장래에 대한 그의 책임이 커지면서 강화되었다. 한편으로, 이 책임감으로 인한 고뇌가 그것을 극복할 수 있는 하나님의 객관적이고 신뢰할 만한 행위를 요구했다. 다른 한편으로, 논쟁의 시기 중에 – 이 시기는 재건의 시기이기도 했는데 – 교회의 고대 유산이 필요하고 유익하다는 것이 증명되었다. 분명히 루터 당시의 성찬의 성례전은 종교개혁의 신학과 맞지 않았다. 그리하여 성례전은 말씀에 의해 교체되었으며, 미사의 희생은 믿음에 의해 교체되었다. 떠오르는 종교개혁신학의 빛 안에서 미사의 희생은 죄들의 속함을

---

1) W. Jetter, *Die Taufe beim jungen Luther* (Tübingen, 1954), pp. 1ff.
2) *Ibid.*, pp. 58ff.

위해 하나님께 바치는 인간의 제물로 보았다.[3] 성례전에 관한 일반적 가톨릭 개념이 서구 신학을 그야말로 전적으로 지배했기 때문에, 루터가 성례전들의 가치와 관련하여 외부로부터 부정적 영향을 받지 않기란 불가능한 일이었다.[4] 일어난 일에 대한 납득 가능한 유일한 설명은, 루터 자신의 성품과 은혜로우신 하나님을 찾기 위한 수도원 안에서의 그의 분투이다. 1513년부터 1518년까지 모든 신학적 문제들은 그에게 있어 점진적으로 심각한 생사의 일이 되었다. 그 문제들은 그의 존재까지도 포함시켰는데, 왜냐하면 그는 모든 일들 가운데서 자신이 거룩한 하나님의 존전에 서 있음을 감지했기 때문이다.[5]

첫 번째 시편강해(1513-1515)에서 루터는 성례전에 대해 특별한 관심을 보이지 않는다. "성례전"은 우선적으로 신약 성경적 의미의 "신비"였다. 그것은 계시의 신비일 수도 있지만, 교회의 맥박은 거기서 느껴지지 않고 말씀의 선포 안에서 느껴진다. 선포는 교회에게 자녀들을 낳아준다. 루터의 성례전 교리는 말씀을 성례전들보다 위에 놓는다. 그가 본대로, 구약에는 많은 의식들이 있었는데 당시의 교회는 그 중에서 일곱 가지를 인정했다. 그러나 장래에는 오직 말씀만 남을 것이었다. 교회의 삶은 말씀의 선포와 성례전들의 집행 속에 있지만, 단연코 말씀의 선포가 둘 중에서 가장 중요하다.[6] 말씀에 대한 이 강조는 시편강해에 뒤따른 기간 중에 계속되었다.[7]

---

3) *Ibid.*, pp. 109ff.
4) *Ibid.*, p. 127.
5) 참조: L. Pinomaa, *Der existenzielle Charakter der Theologie Luthers* (Helsinki, 1940), pp. 143ff.
6) W. Jetter, *op. cit.*, pp. 175ff.
7) *Ibid.*, pp. 258ff.

세례

　루터는 1519년의 한 논문에서, 10년 후 『소교리문답서』에서 소개하게 될 세례 교리의 윤곽을 이미 제시하고 있다. 세례에서 사람은 영적으로 태어난다. 그는 하나님의 자녀가 되고 의로운 사람이 된다. 죄는 이 세상에서 결코 사라지지 않으므로, 죄의 수장(水葬)을 상징하는 영적 세례는 평생 계속되어야 하고 죽을 때까지 끝나지 않는다. 루터는 "이 모든 삶은 죽을 때까지 그치지 않는 영적 세례 이외에 아무 것도 아니다"고 말한다.8) 그는 세례의 종말론적 성격을 이같이 묘사한다: "영적 탄생 그리고 은혜와 의의 증가는 비록 세례 안에서 시작하지만 죽을 때까지, 진정 마지막 날까지 지속된다. 오직 그 때에야, 세례에서 들어 올림이 의미하는 바가 종결될 것이다."9) 많은 이들이 이것을 바로 이해하지 못하고 죄 된 본성을 죽이는데 태만하고 부주의하다.10) 이 이유 때문에 루터는 싸움을 계속해야 할 필요성을 강조할 필요가 있다고 느꼈고, 또 그렇게 되풀이하여 강조했다. 그는 세례를, 하나님이 죄와 육을 죽이기 위한 목적으로 인간과 체결하신 언약이라고 기술한다:

　　그대는 살아 있는 동안, 실로 죽는 날까지, 이 소원 중에 계속 있을 것을 그리고 그대의 죄를 더욱 더 죽일 것을 맹세한다. 이것 또한 하나님이 받아주신다. 그는 일생동안 많은 선행과 온갖 종류의 고난을 통해 그대를 훈련시키시고 시험하신다. 그렇게 함으로써 그는 그대가

---

8) *WA* 2, 728 (1519). *LW* 35, 30.
9) *Ibid*.
10) *WA* 2, 729 (1519). *LW* 35, 32.

세례에서 소원한 것, 즉 죄로부터 해방되고 죽고 마지막 날에 다시 일어날 것을 성취하시고, 그리하여 그대의 세례를 완성하신다.[11]

루터는 세례가 위로도 포함한다는 사실을 가리킨다:

> 만일 이 언약이 존재하지 않았다면 그리고 하나님이 자비하사 우리의 죄들을 묵과하지 않으셨다면, 우리를 정죄하지 않으실 정도로 작은 죄란 전혀 없을 것이다. 왜냐하면 하나님의 심판은 어떠한 죄도 묵인할 수 없기 때문이다. 따라서 이 세상에서 세례보다 더 큰 위로는 없다. 왜냐하면 우리가 은혜와 자비의 심판아래 오는 것은 바로 세례를 통해서이기 때문인데, 이 심판은 우리의 죄들을 정죄하지 않고 많은 시련을 통해 그것들을 몰아낸다.[12]

물, 또는 떡과 포도주의 표지들과 결합되어 있는 약속의 말씀 내지 유언이 성례전의 근본 토대이다.[13]

"유언"이라는 단어는 이 시점에서 사뭇 흥미 있는 방법으로 등장했다. 루터는 그것을 주의 만찬의 제정의 말씀에서 찾았다("내 피로 세운 새 언약"). 헬라어 *diatheke*(언약)의 라틴어 번역은 *testamentum*(유언)이다. 루터는 이 라틴어 단어를 보고 영감을 얻어 "언약"을 그리스도가 자신을 위해 세우신 "유언"으로 해석했다. 그러나 음성학적이고 실제적인 실수는 바른 결과를 가져왔으니, 이는 성례전이 죄들의 사함이라는 하나님의 선물을 참으로 보증하기 때문이다. 유언의 개념이

---

11) *WA* 2, 730 (1519). *LW* 35, 33f.
12) *WA* 2, 731 (1519). *LW* 35, 34.
13) *WA* 6, 518 (1520). *LW* 36, 44.

루터 초기 신학에 나타나는 성례전 해석을 표현했다.

미사의 희생이 로마가톨릭의 성찬 교리 속에 공적(功績)의 관념을 집어넣었던 반면, 세례 속에 내포된 선물은 손상되지 않은 채로 내려왔다. 루터는 말한다: 하나님은 자신의 풍성한 자비 가운데서 "그의 교회에서 최소한 이 성례전이 인간들의 법령들에 의해 손닿지 않고 손 때 묻지 않게 보존하셨다. 그리고 그것이 모든 국가들과 모든 인류 계층에게 제공되도록 만드셨다."14) 가장 핵심 되는 내용은 마가복음 16장 16절에 표현되어 있다: "믿고 세례를 받는 사람은 구원을 얻을 것이요." 세례는 절망 중에 있고 양심이 찔린 사람에게 역사한다. 우리는 세례가 무엇인지를 물음으로써가 아니라 세례 받는 이에게 무엇을 전달해 주는지를 물음으로써 세례의 본질을 설명할 수 있다. 세례는 인간의 전체 삶을 끌어들이고, 불신앙의 죄를 제외한 어떤 죄라도 그를 정죄할 수 없다는 것을 의미한다.15)

세례는 처음부터 끝까지 하나님의 사역이다. 루터는 이 사실을 다음과 같이 강조한다:

> 인간이 세례를 베풀지만 실제로 그가 세례를 주는 것은 아니다. 그는 수세자를 [물에] 잠기게 하는 일을 행한다는 점에서 세례를 주는 것이다. 그러나 그렇게 할 때 자신의 권위로써가 아니라 하나님 대신에 하는 것이기 때문에, 그가 세례를 주는 것은 아니다. 따라서 우리는 마치 그리스도 자신이, 아니, 하나님 자신이 그의 손으로 우리에게 세례주시는 것처럼 하여 인간의 손으로 세례를 받아야 한다. 왜냐하면 그것은 인간의 세례가 아니라 우리가 인간의 손에 의해 받는 그리스도

---

14) WA 6, 526 (1520). LW 36, 57.
15) WA 6, 530 (1520). LW 36, 62.

의 세례이며 하나님의 세례이기 때문이다. …16)

로마가톨릭 체계에서는 성례전들이 은혜의 표지들(signs)인데, 이 표지들은 장애물이 가로 막지 않는 한 은혜를 인간들에게 전달한다. 루터는 표지들 자체에 대한 믿음을 불경건하고 비기독교적인 것으로 간주했다. 그는 표지들(signs)과 표상들(figures)을 구분할 필요를 느꼈다. 구약에는 아벨의 희생, 노아의 무지개, 이삭의 할례와 같은 표지들이 여럿 있다. 이것들은 약속들이 첨부되어 있기 때문에 성례전적 성격을 가지며 따라서 믿음을 전제로 한다. 예배의식에 속하는 의복과 용기, 음식, 건물들 같은 것들은 법적인 상징물들이다. 이것들은 믿음을 요구하지 않고 법에 대한 순종을 요구한다. 하나님의 약속들은 구약으로부터 시작하여 성경 전체에 흩어져 있다. 그러나 구약에서건 신약에서건 이와 같은 상징이 한 번도 구원하지 못한다. 약속에 매달리는 믿음만이 구원한다.17)

믿음이 이런 식으로 강조될 때, 그것이 인간의 일이며 구원이 인간 속에 중심을 두는 것으로 물론 이해될 수 있다. 그러나 종교개혁의 근본적인 가르침은, 어떤 인간적 성취도 구원의 근거가 되어서는 안 된다는 사실에서 찾아야 한다. 공적(功績)의 모든 행위들은 효력이 없다. 겸손과 깨어진 마음조차도 인간을 하나님 앞에서 구원에 합당하게 만들지 못한다. 자기 스스로 구원하는 믿음을 만들어낼 수 있다고 하는 이는 자기기만에 빠졌다는 말을 듣는다.18)

---

16) WA 6, 530 (1520). LW 36, 62.
17) R. Josefson, *Luthers lära om dopet* (Stockholm, 1943), pp. 14ff.
18) WA 57 III, 232 (1518).

루터의 믿음 강조는 성례전적 표지에 대한 가톨릭의 강조에 대한 공격이다. 루터가 약속과 믿음을 다룸에 있어서 표지는 실질적으로 모든 의미를 상실한다:

> 그러므로 우리의 눈을 열고 표지보다는 말씀에, 행위 혹은 표지의 사용보다는 믿음에 더 주의를 기울이도록 하자. 우리는 신적인 약속이 있는 곳은 어디서나 믿음이 요구된다는 것과 이 둘은 서로에게 너무나 필요하기 때문에 둘 중 어느 것도 한 쪽이 없어서는 효능이 없다는 것을 알고 있다. 왜냐하면 약속이 없는 한 믿는 일이 가능하지 않고 약속은 그것이 믿어지지 않는 한 설 수 없기 때문이다. 그러나 이 둘은 서로 만나는 곳에서 성례전들에게 참되고 가장 확실한 효능을 준다. 따라서 성례전을 약속을 떠나 찾거나 믿음을 떠나 찾는 것은 헛수고이고 정죄를 발견하게 된다.[19]

루터는 세례의 의미를 죽음과 부활로 이해한다. 그는 로마서 6장 4절을 근거로 삼는다: "그러므로 우리가 그의 죽으심과 합하여 세례를 받음으로 그와 함께 장사되었나니 이는 아버지의 영광으로 말미암아 그리스도를 죽은 자 가운데서 살리심과 같이 우리로 또한 새 생명 가운데서 행하게 하려 함이라." 루터는 이 죽음과 부활을 새로운 창조, 중생, 영적 출생과 같은 개념들 속에 내포된 "완전하고 완결된 의"라고 부른다. 그는 말한다:

> 많은 이들이 이해하듯, 이것을 단지 우의적으로 죄의 사망과 은혜의 생명으로 이해해서는 안 되고, 실제적인 사망과 부활로 이해해야

---

[19] WA 6, 533 (1520). LW 36, 67.

한다. 세례는 거짓된 표지가 아니기 때문이다. 또한 우리가 이 세상에서 지니고 다니는 죄악의 몸이 파괴되기 전까지는 죄도 전적으로 죽지 않고 은혜도 전적으로 일어나지 않는다. … 따라서 믿음은 진실로 사망이며 부활이다.[20]

세례는 종말론적 사건으로서 하나님의 일이 우리 안에서 완성될 마지막 날을 바라본다. 이 일은 지금 시작되고 그 때 완성에 도달한다. 그리스도의 죽으심과 부활 속으로 세례 받는 것의 실질적 의미는 두 가지이다. 선물로서 세례는 사죄를 제공하고, 임무로서 세례는 옛 사람의 죽음과 새 사람의 부활을 날마다 촉진시킨다.

세례는 인간을 요람에서 무덤까지 따라가시는 하나님의 모든 선하심을 반영한다. 세례의식에서, 행동하시는 이는 비록 그가 인간 활동의 옷을 입으시지만 하나님 자신이다. 하나님은 은혜의 말씀을 갖고서 인간이 태어나기도 전에 그를 기다리고 계신다. 은혜는 그 본질상 선행하는 은혜이다. 특히 시련과 두려움(Anfechtung)의 고통 가운데서 그리고 죽음의 면전에서 세례는 커다란 위로이다. 루터는 하나님이 우리로 하여금 우리의 세례를 찬양하도록 실제로 명하신다고 느꼈다.[21]

주의 만찬

루터는 1520년에 출판된 주의 만찬에 대한 논문에서 그리스도가 정하신 유일한 예배 순서로서의 성찬에 대해 말한다: "성찬이 사용되

---

20) WA 6, 534 (1520). LW 36, 68.
21) WA 36, 98 (1532).

는 곳에 참 예배가 있다. 비록 찬송, 오르간 연주, 타종, 예복들, 장식품들, 몸짓들과 같은 형태는 없더라도 말이다. 왜냐하면 이러한 종류는 모두 인간이 고안해 낸 추가물이기 때문이다."[22] 루터는 이 논문에서 성찬의 본질을 유언으로 이해한다. 유언은 공증인의 인장(seal)과 마크(mark)에 의해 보증이 된다. 그리스도는 이 유언에 가장 강력하고 고귀한 도장과 표지인, 떡과 포도주 아래 있는 자신의 참된 몸과 피를 첨부하셨다.[23] 유산으로 전해지는 축복은 제정의 말씀이 나타내고 있는데, 곧 죄들의 사함과 영생이다.[24] 단순한 말씀만으로는 우리가 이것을 충분히 확신할 수 없을 것이므로, "오관을 갖고 사는 우리 불쌍한 인생들은 말씀과 함께 최소한 하나의 외적 표지를 가져야 한다."[25]

루터는 표지의 중요성을 『교회의 바벨론 포로』(The Babylonian Captivity of the Church)에서도 논하고 있다. 성례전은 외적 표지를 갖고서 말씀 안에 선포된 사죄를 확인하는 것 외에 다른 목적을 갖고 있지 않다. 루터 성찬 교리의 이 초기 단계는 1524년까지 계속되며, 로마가톨릭 성례전주의에 대한 그의 공격에 의해 그 특징이 정해졌다.

로마가톨릭교회는 미사의 희생개념을 통해, 주의 만찬이 집행할 때마다 사제가 그리스도를 피 없는 희생으로—떡은 그리스도의 몸으로 포도주는 그의 피로 변해지는 가운데—하나님께 한 번 더 번제의 양으로 드린다고 가르쳤다. 루터는 이 모든 생각이 하나님의 일로부터 주의를 돌리게 했으며, 모든 것을 처음부터 끝까지 무시무시한

---

22) WA 6, 354 (1520). LW 35, 81.
23) WA 6, 359 (1520). LW 35, 86.
24) WA 6, 359 (1520). LW 35, 87.
25) WA 6, 359 (1520). LW 35, 86.

신성모독의 실천으로 만들면서 성찬의 진정한 본질을 뒤집어 놓았다고 생각했다. 하나님만이 하실 수 있는 것을 인간이 하는 것처럼 생각했던 것이다.

1524년 이후, 공격은 주로 열광주의자들과 그들의 심령주의로 향했다. 이제 중심 사상은 성찬 안에서의 그리스도의 참된 현존이 되었다. 로마가톨릭의 화체설 교리에 대한 루터의 거부가 성찬에서의 그리스도의 실제 현존 개념을 포기하게 했으리라고 추측할 수 있다. 그러나 이 일은 일어나지 않았다. 그는 1524년까지 견지했던 실재론을 그 해 이후에 일어난 논쟁들에서 더 크게 강조 하면서 가르쳤다.

우리는 오직 신(神)중심적 관점에서 루터의 성찬관을 바르게 이해할 수 있다. 인간이 아니라 하나님이 성찬의 주인이시다. 하나님은 자신의 아들을 희생양으로 내놓으셨으며, 이것의 표지로서 우리는 성찬을 거행한다. 사제가 그리스도를 하나님께 피 없는 희생으로 바치는 로마가톨릭 미사는 모든 것을 뒤집어 놓았다. 루터에게 있어서 미사의 이 희생은 성례전의 "최악의 오용"이다.26) 그의 주된 논점은, 성례전에서 인간이 하나님께 희생을 바치지 않는다는 것이다.27) 성례전이 인간이 하나님의 호의를 구하는 수단으로 된 만큼, 인간은 자신을 하나님과 동등하다고, 곧 자유의지를 갖춘 피조물이라고 선언한 것이다. 그러한 행동은 믿음을 불신앙으로 만들고, 하나님 예배를 우상숭배로 만든다. 루터는 이것이 가톨릭의 미사희생에서 일어났다고 느꼈다. 즉, 성례전은 성난 하나님을 달랠 목적으로 인간의 손에 주어진 것이었다.

---

26) WA 6, 365 (1520). LW 35, 94.
27) WA 6, 366 (1520). LW 35, 96.

루터의 신-중심적 견해와 실제 현존에 대한 강조는 긴밀히 연결되어 있다. 이것은 루터와 츠빙글리 사이의 토론에서 분명히 드러난다. 츠빙글리는 성례전의 상징적 해석을 변호한 반면, 루터는 하나님의 행위와 실제 현존을 강조했다. 루터에게 제정의 말씀들은 하나님 자신의 말씀들이었으며, 따라서 하나님이 말씀하실 때 말씀과 행위가 서로 나뉘지 않는 만큼, 창조적인 말씀들이었다.

하나님의 말씀은 늘 인간 측에서의 믿음을 전제로 한다. 이것은 성찬에서도 마찬가지이다. 성찬 속에 있는 그리스도의 몸과 피는, 말씀과 믿음이 우리에게 가르쳐 주듯, 가시적이지 않고 숨겨져 있다. 루터는 그리스도의 실제 현존의 특정 장소를 증명하는 것이 불가능한 일임을 알았다. 그러나 그는 온 힘을 다해 그 현존에 매달렸다. 왜냐하면 그리스도가 성찬 안에 실제로 현존하시지 않는다면, 그것은 은혜의 "양식"이 아니며 하나님의 선물을 전달하지도 않기 때문이다. 하나님의 말씀이 진정한 복음을 참으로 포함하듯, 성찬도 이 복음의 가시적인 표지로서 의도된 것이다. 그리스도의 참된 현존은 위로부터 하나님에 의해 주어진 성찬 선물의 본질이다.

로마가톨릭의 화체설 교리도 그리스도의 실제 현존을 강조하는 동일한 목표를 갖고 있지만, 사효성(*opus operatum*)의 방식을 따라 그것을 추구한다.[28] 로마가톨릭의 사고에서 성례전들은, 그리스도의 현존이 어떤 행위들의 실행에서 실현되기 때문에 "효과적인 표지들"이다. 강조가 인간의 행위에 놓여진다. 인간은 하나님의 자리를 차지하고, 화체설 교리가 그리스도의 몸과 피를 그리스도의 가시적 현존으

---

28) 참조: 본서 p. 153.

로 만들기 때문에 믿음은 불필요하게 된다.29)

　루터의 성찬 교리를 인위적으로 로마가톨릭의 화체설과 스위스 개혁자들의 상징적 견해 사이의 어느 곳에 놓으면 안 된다. 그것은 루터 신학의 나머지와 같은 근거, 곧 신중심성의 근거인 말씀과 믿음으로부터 자란다.

---

29) V. Vajta, *op. cit.*, pp. 112f.

제14장
사회 윤리의 토대

　　루터 신학에 있어 윤리적 주제들은 세 가지 이유로 인해 다루기 어렵다. 첫째, 윤리적 주제를 쉽사리 확인하기 어려운데, 이는 우리 안의 새 사람이 정적이지 않고 출생 상태에 있기 때문이다. 둘째, 윤리적으로 의도된 모든 행위는 그것의 궁극적 가치가 동기의 순수성에 달려있는 만큼, 의심을 받는다. 셋째, 진정한 윤리적 행위들은 자발적인데, 이는 그 행위들이 새 생명의 행위들이기 때문이다. 그러므로 그 행위들을 미리 계획하거나 예상하거나 생각해 낼 수 없다.

　　이것에 기초하여 루터의 윤리에 대해 어떤 구체적인 것도 말할 수 없는 것처럼 보인다. 그러나 종교개혁은 교리의 영역에서보다 윤리의 영역에서 더 많이 성취했으며, 후자에 있어 진정으로 철저한 "성전 정화"였다고 주장할 수 있다. 모든 가치들의 전적인 새 평가는 루터의 윤리 신학의 유명한 기본 진술 속에 함축되어 있다: "선행이 선한 사람을 만드는 것이 아니라, 선한 사람이 선행을 행한다." 여기서 우리는 루터의 윤리적 관점을 총체적으로 찾을 수 있다. 선행을 행하는 사람은 믿음을 통해 의롭게 된 사람이다. 윤리는 믿음과 감사에 의존한다.

사람은, 만일 어떤 범죄자가 어느 시점이든 믿음을 통해 의롭게 될 수 있다면 모든 윤리적 책임은 파괴된다는 논법에 언제나 호소할 수 있다. 만일 거저주시는 의의 선물이 도덕적 조건들을 갖추고 있지 않다면, 왜 사람이 비도덕적으로가 아니라 도덕적으로 행동해야 하나? 이 질문 자체는 물론 잘못된 것이다. 왜냐하면 이 질문은 하나님께 대한 인간의 관계를, 최소한의 투자로 최대한의 이윤을 추구하는 상업적 거래로 만들기 때문이다. 루터 신학에서 믿음은 결코 구원의 자동판매기에 사용할 수 있는 동전이 아니다. 믿음은 성령의 선물로서 누구도 자기 힘으로 믿음을 손에 넣을 수 없다. 믿음은 그에게 주어질 수 있을 뿐이다. 사람은 믿음과 함께 새로운 태도도 받게 되는데 이 태도의 가장 독특한 특징은 받은 은혜에 대한 감사이다.

옳게 이해된다면 루터의 윤리는 감사의 윤리다. 선물로서 받고 또 받는 의는 되풀이하여 감사의 이유가 되고, 이 감사로부터 이웃사람을 되풀이하여 도와주고 섬기고 싶은 마음이 생겨난다. 새 생명의 행위들에게 완전을 요구할 수는 없다. 왜냐하면 이 행위들은 미리 계획되지 않고, 상황의 요구들에 응하기 위해 앞 뒤 가리지 않고 태어나기 때문이다. 성인들의 행위들을 모방하는 것은 하나님의 뜻과 조화될 수 없다. 성인들은 자신의 특정한 때와 장소에 살았으며 그들의 환경에 대해 독특하게 반응했기 때문이다. 성인들과 수도승들의 삶이 더 이상 윤리적 이상이 아니었으므로 모든 전통적 로마가톨릭의 윤리적 체계는 바뀌었다. 사제들과 수도승들의 독신생활과 영적 훈련들이 더 이상 이상적 삶을 대표하지 못했고, 결혼과 세상의 소명들이 더 이상 저급한 도덕성의 표시가 아니었다. 전통적인 윤리적 이원론은 새로운 이원론, 곧 지상의 정부와 영적 정부의 이원론으로 대체되었다.

모세 율법과 사회 질서

루터는 로마 교회가 구획(區劃)한 길을 떠났을 때, 그의 전 신학을 재구성해야 했다. 루터는 사회 윤리 문제들의 해결에 대한 어떤 규범을 발견했는가? 그는 이 문제들의 안내로서 모세 율법을 사용했는가?

당시 사회 상황에서 모세 율법의 적절성 문제에 대한 루터와 칼슈타트(Karlstadt)간의 의견 충돌은 다루기 어려우면서도 매우 중요한 것으로 드러났다. 칼슈타트에게 있어 구약의 모든 법규들은 신탁(神託)이었다. 칼슈타트 자신에 관한 한, 법규들에는 구별이 없었으므로 사람들이 어떤 법규들은 거부하면서 다른 법규들을 받아들일 수는 없었다. 칼슈타트는 그리스도께서 자신의 교리를 증명하기 위해 모세에게 호소함으로써, 고대 율법의 내용과 기능을 인정하셨다고 느꼈다. 복음의 새 힘을 갖고서 인간은 율법을 지킬 수 있게 되었다. 칼슈타트는 구원에 대한 다른 길을 생각할 수 없었다. 그의 마음에, 복음의 핵심은 서기관에게 하신 그리스도의 말씀에서 찾을 수 있었다: "계명들을 지켜라." 기독교적 자유는 그리스도의 영 안에서 율법에 순종하는 것이었다.

루터의 견해는 처음부터 전혀 달랐다. 그는 율법과 기독교적 자유의 교리를 비판적으로 성경 자체에 적용할 수밖에 없었다. 그는 하나님 말씀과 하나님 말씀 사이에 구별을 지어야 했다. 매 경우마다 어떤 성경 구절이 내게 적용되는지, 나를 이롭게 하는지, 나에게 의무를 지우는지 아니 지우는지에 대해 묻는 것이 필요했다. 만일 모든 성경 구절이 내게 관련되었다면 나는 노아가 한 것처럼 방주를 만들어야 할 것이다. 아니면 나는 하나님이 태양에게 명하신 것처럼, 아침에 떠서 저녁에 져야 할 것이다. 하나님은 바다의 물고기와 숲의 나무에게 말씀하신다. 실제로 모든 피조물은 하나님의 말씀으로 가득 차 있지만 그가 하시는 말씀이 모두 내게 관련된 것은 아니다.

이 점에서 루터는 하나님의 말씀 자체가, 계시된 하나님의 말씀으로서 나를 구속(拘束)할 수 없다는 단순한 결론을 이끌어낸다. 나를 구속(拘束)할 수 있기 위해서는 하나님 말씀이 내 역사적 상황에 맞추어져야 한다. 그렇지 않다면 말씀은 신적 위엄의 능력을 갖고서 내 양심을 감동시킬 수 없다. 모세 율법은 우리 이방인 그리스도인들에게 관련되지 않은 일들에 맞추어진 것인데, 이는 모세가 하나님 말씀을 우리가 아니라 유대 백성들에게 전해 주었기 때문이다. 하나님이 구약시대에 주신 표지들은 신약시대에 우리에게 주신 것들과는 달랐다. 구약 백성은 할례, 아벨의 희생, 노아의 무지개가 있었지만, 우리는 그리스도의 죽음과 부활을 갖고 있다. 우리는 표지들을 모방하지 말아야 한다. 왜냐하면 하나님이 우리에게 말씀하시는 것은 그리스도 안에 있는 우리의 자유이기 때문이다. 양심의 자유는 우리가 행위의 어떤 의에도 의존할 필요가 없다는 것을 의미한다.

그러나 율법이 하나님의 특별계시가 아니라면, 율법 제정의 타당성은 어떠한가? 칼슈타트는 루터에게 물었을 수 있었다: "당신은 제1계명을 포함하여 간음, 살인, 도적질과 관계있는 계명들의 폐기를 원하는가?" 분명 사람들은 이것들을 단순히 유대인들에게 주어진 계명들로 볼 수 없지 않는가?

루터는 율법을 의식적 계명(ceremonial commandments)과 사법적 계명(juridical commandments)으로 구분한 전통적 방법을 가리키면서 칼슈타트에게 대답했을 수 있다. 그러나 그는 그렇게 하지는 않았다. 루터에게 있어 모세 율법은 나뉠 수 없는 단일체였다. 의식 법전(ceremonial codes)과 사법 법전(juridical codes)은 십계명의 본질적인 부분이었다. 모세 율법 전체는 하나님이 단독으로 하나님이 되시기를 원하셨다는 사실을 목표로 삼았다. 모세 율법의 한 부분을 인정하는 것은 모든 부분에 종속하는 것이었다. 모세 율법의 타당성은 그것이 금지한 것, 곧 살인, 간음, 도적질과 같은 것이 모든 사람의 마음에 있는 내면의 율법에 의해 금지되었다는 사실로부터 나왔다. 루터에게 있어, 우리 주님 자신이 다음과 같이 말씀하셨을 때, 이와 동일하게 말씀하신 것이다: "무엇이든지 남에게 대접을 받고자 하는 대로 너희도 남을 대접하라." 그리스도는 기록되지 않은 내면의 율법과 모세 율법을 결합시키신다. 바울도 사랑은 율법의 완성이라고 말할 때 같은 말을 하고 있다. 이방인들조차 그릇된 일이 용납되지 않는다는 것을 본성으로 안다. 인간이 그의 마음속에 이 증거를 갖고 있지 않다면 우리는 그를 회개시키기 위해 참으로 오래 설교를 해야 할 것이다.

이로부터 루터는 한 가지 중요한 결론을 이끌어 냈다. 즉, 모세가 선포될 때 우리는 계명들이 우리 양심에게 자연스럽고 효과적인 증거가 되는 정도로만, 이를 우리 자신에게 적용할 수 있다. 그렇지 않다면 우리는 이방인 그리스도인들로 있으면서, 우리 자신의 통치자들과 주인들에게 순종하고, 모세를 유대 나라의 입법자로 생각하면 된다.

이와 같이 모세 율법은 내면의 율법에 부합하고 모든 사람들에게 의무를 지우는 내용도 있고, 유대인들의 국가법과 관련 있고 우리에게 의무를 지우지 않는 내용도 있다.

칼슈타트의 노선은 어떻게 기독교적 자유를 위협하는가? 우리는 루터에게 모세 율법이 기록되지 않은 자연법을 훌륭히 반영했기 때문에 커다란 가치가 있었다는 생각을 계속 갖고서 이 질문의 답을 찾을 수 있다. 루터의 구체적 요점은, 모세 율법이 그 유용성 때문에 높이 간주되어야 한다는 것이었다. 우리는 우리 속에 있는 법을 분명하게 하기 위해 그것을 필요로 한다. 그러나 우리가 모세 율법 자체를 하나님의 계시로 삼음으로써 그것을 양심의 문제로 만든다면 우리 양심은 행위에 사로잡힌다. 행위는 우리의 이웃들을 섬기기 위한 것이다. 행위는 하나님을 기쁘시게 하기 위한 것도 아니고 우리의 구원 획득을 위한 것도 아니다. 만일 율법과 행위가 양심에게 요구로 지워진다면 그리스도는 헛되이 죽으신 것이다. 행위는 당연한 사실로(secundum substantiam) 받아들여야 하지, 양심의 문제로(secundum conscientiam) 받아들이면 안 된다. 왜냐하면 우리는 행위를 가지고 동료 인간들을 섬기기 때문이다.

신적 율법의 타당성에 관한 루터의 해석과 칼슈타트의 해석의 차이는, 후자가 율법 전체를 신적 계시로 보고 그리하여 모든 사람에게 법적 구속력이 있다고 본 반면, 전자는 사법적 사항들에 관한 하나님의 계시를 뱃심 좋게 유대인들에게만 한정시킨 것이다. 루터는 만일 이 입장이 받아들여지지 않는다면, 하나님 자신은 율법 의식과 구약의 구원 방식으로 우리의 양심을 묶는 분이 되어 버린다는 것을 분명히 보았다. 그러나 하나님은 스스로에게 반대하여 행동하실 수 없다. 루터가 취한 선택이 유일하게 가능한 선택이었다.

　루터는 놀라우리만치 융통성 있는 해석방법을 가지고 있었으므로, 십계명의 제4계명에서 중요한 도움을 발견했다. 이 계명은 부모만 아니라 모든 통치자들에 대한 순종도 요구하고, 따라서 어쩌다 우리의 상전이 되는 이에 대한 순종도 요구한다. 국가와 시민권은 하나님의 뜻과 질서의 일부분이다. 이것은 하나님의 뜻이 현재 삶의 상황을 포함한다는 것을 의미한다. 그러므로 구약 율법이 과거의 구체적 상황에 대해서 하는 말은 현재의 구체적 상황에 적용되지 않는다. 신적인 시민법과 같은 것이란 없다. 변화하는 환경과 새로운 상황으로 인해 우리는 융통성 없는 일반적 법률보다 더 구체적인 무엇을 필요로 한다.

　루터의 견해는 폭넓은 관용으로 채색되어 있다. 유대인과 이방인들 사이에는 원칙적으로 차이가 없다. 하나님이 유대인들에게 계시하신 것을 이방인들은 그들 마음속에 본성적으로 갖고 있다. 이방인들은 입으로 전해진 전통과 글로 전해진 전통 안에서 그것에 대한 지식을 제법 소유하고 있다. 루터는 열광주의자들의 율법주의에 맞선 논쟁에서 이 단순한 통찰에 기대있다. 그러나 유대인들이 하늘로부터 받은 율법은 단지 이방인들이 본성적으로 소유하는 것의 추상화(抽象化)가 아니었다. 왜냐하면 그 율법은 일상생활의 가장 작은 부분까지 다루었기 때문이다. 이방인들이 마음속에 기록된 율법을 스스로 해석해야 했듯이, 하나님 자신이 유대인들을 위해 삶의 세세한 부분들을 정해주셨다. 그러므로 유대인들과 이방인들의 환경은 하늘과 땅 만큼이나 멀리 떨어져 있다. 우연과 행운이 이방 나라들의 역사를 인도하며, 하나님의 뜻은 그들로부터 숨겨져 있다. 이는 그들에게 하나님의 말씀이 없기 때문이다. 그러나 하나님의 백성은 말씀에 의해 통치받는다.

열광주의자들은 루터가 여러 민족들의 법들을 희생시켜가면서 하나님 율법의 자비로운 선물을 거부하고 있다고 반대했다. 이에 대해 루터는 여러 가지 방식으로 답했다. 예를 들어, 그는 모세 율법이 교육적 목적을 위해 주어졌다고 진술했다. 하나님 자신이 정부의 업무들을 돌보실 때 그것들이 한 국가의 삶 속에서 얼마나 잘 다루어질 수 있는지 보여주기를 원하셨던 것이다. 유대인들은 이를 자랑하여 말할 수 있었다: "보라, 내가 하는 것은 내 자신이 택한 것이 아니라 하나님이 원하시는 것이다." 그러나 우리 그리스도인들은 더 이상 모세의 학교에 있지 않다. 우리는 모세의 율법과 다른 법들 사이에서 선택의 자유가 있다. 우리의 피난처와 확신의 장소는 신적 율법이 아니라 신적 은혜의 말씀이다.[1]

루터의 입장은 물론 꽤나 자유롭게, 놀라울 정도로 자유롭게 보인다. 그의 입장은 사회 질서를 이성의 문제로 만든다. 모세 율법은 자연법과 조화를 이루기 때문에 구속력이 있다. 하나님은 이미 창조 시에 인간에게 이성의 선물을 주시면서 인간이 가정과 국가를 제정하는 것을 가능하도록 하셨다.[2] 그러나 비록 삶의 이 질서들이 하나님의 의지 안에서 발견되더라도 마귀는 지속적으로 그 질서들에게 방해를 놓는다. 인간이 마음속에 기록된 율법을 더 이상 볼 수 없는 정도까지 마귀가 눈을 멀게 한다는 것을 루터는 알고 있었다. 더군다나 이

---

1) H. Gerdes, *Luthers Streit mit den Schwärmern um das rechte Verständnis des Gesetzes Mose* (Göttingen, 1955), pp. 24ff.
2) 본서 제1장을 참조.

내면의 율법은 구약과 동등하게 될 수 없다.3)

어느 경우가 되었든, 모세 율법은 그 모든 법령들을 갖고서 모든 시대의 모든 나라를 구속하려 한 것이 아니라는 것이 루터에게 분명하다. 그가 모세 율법을 해석하였을 때, 하나님의 계명은 인간이 이성적으로 어떤 체계 속에 조직화시킬 수 있는 그 무엇을 결코 의미하지 않았다. 그것은 인간이 성취할 수 있는 것도 아니다. 그러하기는커녕 율법은 오직 하나의 목적, 즉 믿음의 탄생을 갖고 있는 하나님의 영원한 신탁이다.4) 인간은 하나님의 계명을 성취할 수 없는데, 계명의 목적이 인간 내부의 것을 부수는 것이기 때문이다. 계명은 항상 인간을, 하나님으로부터 도망치는 존재로 만난다. 어떠한 삶의 형태나 예배의 형태라도 하나님 계명을 성취할 수 없다. 믿음만이 그것을 할 수 있지, 행위는 결코 그것을 할 수 없다.5)

두 정부

우리는 루터의 사회 윤리에 대한 논의를 시작하면서 그가 가톨릭의 이원론 [이중적 도덕성]을 자신의 이원론, 즉 세상 정부와 영적 정부의 이원론으로 대체했다는 것을 언급했다. (여기서 "정부(government)"로 번역된 독일어는 "통치" 내지 "지배"의 뜻을 가진 *Regiment* 이다. 루터는 비록 그 번역을 어렵게는 아니더라도 어색하게 만드는 방식으로 이 단어를 사용했다.) 루터는 새로운 딱지를 붙이고 싶은 욕구에서가 아니라 종교개혁 신학의 근본 원칙들에 대한 관심사에서 번역을 바꾸었다.

---

3) H. Steinlein, "Luther und das Alte Testament," *Luthertum* (1937), pp. 178f.
4) A. Siirala, *Gottes Gebot bei Martin Luther* (Helsinki, 1956), pp. 75, 131f.
5) *Ibid.*, pp. 136ff.

루터는 두 종류의 의를 구별한다. 믿음의 의(*iustitia actualis*)는 하나님께 대한 인간의 의와 관련이 있고, 시민적 의(*iustitia civilis*)는 이웃 사람들에 대한 인간의 관계와 관련이 있다. 통치자들, 정치가들, 철학자들, 법률가들은 시민적 의와 관련된다. 타인 앞에서의 이러한 종류의 의 속에는, 목사, 부모, 교사들이 고취시키기를 원하는 전통적 관습들과 행동양식들이 포함되어 있다. 그 의는 일반적으로, 하나님 앞에 선 인간의 모습과는 관계가 없는 모든 인간적 법령들을 포함한다. 루터는 이 시민적 의의 영역 안에 십계명의 요구들도 놓고 율법으로부터 오는 의도 놓는다.[6]

믿음의 의 또는 기독교적 의는 아주 다르다. 루터는 이 두 종류의 의가 구별되어야 한다는 것을 지치지 않고 강조했다. 어찌 되었든 믿음의 의는 오늘날 우리가 훌륭한 시민의식이라고 부를 지상의 의와 혼합되면 안 된다. 후자는 황제의 법률, 교황의 교령, 하나님의 계명과 관계가 있으며, 각각에 있어 그 대상은 어떤 특정한 행동이다. 믿음의 의는 이 세상에서 온 것이 아니고, 어떤 의식들 심지어 하나님의 율법에 의존하는 것도 아니다. 그 의는 행위와 아무런 관계가 없기 때문이다. 그 의는 전적으로 그리스도 안에서 주시는 하나님의 선물이다.

이 두 종류의 의에 상응하여 두 종류의 정부 내지 두 영역, 즉 "지상의 정부와 영적 정부," "지상의 영역과 영적 영역"이 있다. 루터는 1526년의 논문, 『군인들도 구원받을 수 있는가』(*Whether Soldiers, too, Can Be Saved*)에서 다음과 같이 기술한다:

---

[6] R. Bring, *Förhållandet mellan tro och gärningar inom luthersk teologi* (Åbo, 1933), pp. 3ff.

하나님은 인간들 가운데 두 종류의 정부를 제정하셨다. 하나는 영적 정부로서, 칼을 가지지 않고 말씀을 가진다. 인간들은 말씀을 통해 선하고 의롭게 될 수 있다. 그리하여 그들은 이 의를 갖고서 영생에 이르게 된다. 하나님은 설교자들에게 위탁하신 말씀을 통해 이 의를 부여하신다. 다른 하나는 세상의 정부로서, 인간들 사이에 평화를 유지할 목적을 가진 칼을 사용하며 현세의 축복으로 상을 준다.[7]

무엇이 루터로 하여금 세속 사회의 개념과 복음의 현세적 임무 개념을 두 영역 내지 두 정부 개념으로 조직화하도록 이끌었는가? 그 배경으로 중세의 양검(영적 검과 세속적 검)의 교리를 들 수 있다. 그는 또한 교회, 국가, 가정으로 나누는 전통적 구분에도 정통해 있었다.[8] 그가 속했던 수도회는 어거스틴 전통을 보존했으므로, 그는 이 영향력 있는 교부의 작품인 『신의 도성』(The City of God)에 정통해 있었고, 사람들을 빛의 자녀와 어둠의 자녀로 양분하는 그 중심사상에 정통했다. 그러나 전통적 견해들이 자신의 성경 이해와 모순 될 때는 언제라도 단절할 준비가 돼있던 루터의 태도를 고려할 때, 만일 그가 전통 외에 다른 이유들이 없었더라면, 사회와 세상을 묘사할 때 두 정부 이론에 그처럼 중심적 지위를 부여했을 것인가는 의심스럽다.

두 정부 사상은 성경 해석에 내포되어 있는 문제들과 직접적으로 연관 되어 있다. 루터는 맹세와 다른 쪽 뺨을 돌려대는 것 등등을 말하는 산상수훈의 난해한 구절들에게서 평화를 얻지 못했다. 루터는 이 난해함들이 단지 더 큰 완전에 이르기 원하는 이들을 위한 복음적 조언(consilia evangelica)을 나타낸다는 전통적 가톨릭 해석에 만족하지

---

[7] WA 19, 629 (1526). Works, V, p. 39.
[8] WA 47, 853 (1539).

않았다. 예수님의 요구사항들이 단지 조언만 된다는 것은 불가능한 일이었다. 가톨릭 측에서는 난해한 구절들에 대해 타협적인 해석을 가한 반면, 열광주의자들과 재세례파들은 이 구절들을 모든 사람들에게 구속력을 가지는 법령으로 만들었다. 결과적으로 그들은 맹세를 하는 것과 군복무를 하는 것을 거부했다. 일부 열광주의자들은 원칙적으로는 군복무에 대한 통치자의 소명에 개의치 않으면서 기존의 정치적 권위에 맞서는 무력 저항권을 주장했다. 루터가 그러한 성경 해석을 거부한 것은, 일부의 주장대로, 통치자들을 기쁘게 하려는 의도에 따라 된 것이 아니라, 그가 성경주석 교수로서 성경 안에서 발견한 것에 따라 된 것이다. 로마서 13장 1-7절과 자신의 백성에게 무기를 들라고 하시는 하나님 명령을 포함하고 있는 일부 구약 성경 구절들이 루터에게 중요했지만, 그는 어떻게 예수님과 그의 사도들이 원수들에 대해 엄한 말씀을 하셨는지 설명하는 구절들에게 특별한 주의를 기울였다. 루터는 다른 쪽 뺨도 돌려대라고 요구하는 산상수훈의 언명 앞에서 잠시 주춤했지만, 예수님이 자신의 무죄를 주장하시면서 매를 달게 맞지 않으려 하신 요한복음 18장 22-23절의 말씀도 주목했다.

　　루터는, 한편으로, 그리스도인이 악한 자의 손에 고난 받아야 한다는 산상수훈의 요구를 직시했다. 다른 한편으로, 그는 세상의 가혹한 현실을 직시했다. 이 두 극단의 종합을 이루려는 노력의 결과가 두 왕국(Regimente) 사상으로 나타났다.[9]

　　두 왕국사상은 루터의 세계관과 역사관을 반영한다. 그것은 세상

---

9) F. Lau, *Luthers Lehre von den beiden Reichen* (Berlin, 1953), pp. 21ff.

에 대한 어떤 철학적 해설의 소산이 아니라—우주론적이고 형이상학적인 문제들은 루터신학에 있어 결정적 역할을 하지 못한다—오히려 가시적인 이 세계의 일들과 관련이 있다.10) 루터는 인간들이 사물을 거꾸로 뒤집었다고 지적한다. 주교들은 하나님의 말씀을 선포함으로써 영혼을 돌보는 본연의 임무에 태만했고, 그 대신 성과 도시와 촌락에 지배권을 행사하는 세속 영주들이 되었다. 반면 세속 통치자들은 영적 책임을 쥐고서 영혼들에게 주인 행세를 하려고 했다.11) 믿음의 영역은 자유의 영역이며, 외적 질서의 영역은 공의와 강제의 영역이다. 이 둘 사이의 경계는 라이프치히와 비텐베르그 사이만큼이나 실제적인 경계이다.12) 제후는 제후로 남아 있고 주교는 주교로 남아 있어야 하며 주교의 통치는 높은 권세나 권력에 있지 않고 섬김 속에 있다.13) 두 영역 다 이 세상 안에 있는 하나님의 통치 권위의 생생한 반영이다. 하나님은 현세적이고 외적인 일들 안에서 권위를 가지시고, 그의 말씀으로 영혼들의 내적 돌봄을 수행하신다.

    루터는 그의 초기 신학에서 "정부들"이라는 단어를 사용하지 않고 어거스틴파의 한 사람으로서 두 "왕국들"에 대해 말한다. 그리스도의 왕국(regnum Christi)은 은혜의 왕국이다. 이에 맞서 이 세상의 왕국(regnum mundi), 곧 하나님으로부터 멀어지고 사탄의 지배를 받는 인류가 서 있다.14) 루터의 두 왕국 교리가 어거스틴에 의존하는 것은 명확하다. 앞서 말했듯, 어거스틴의 주저 『신의 도성』(The City of God)의

---

10) G. Törnvall, *Andligt och Världsligt regemente hos Luther* (1940), p. 39.
11) *WA* 11, 265 (1523). *Works*, III, p. 255.
12) *WA* 11, 263 (1523). *Works*, III, p. 252.
13) *WA* 11, 271 (1523). *Works*, III, p. 262.
14) J. Heckel, *Im Irrgarten der Zwei-Reiche-Lehre* (Munich, 1957), pp. 5ff.

주된 사상은 빛의 자녀들과 어둠의 자녀들 간의 영원한 대조이다. 아벨과 가인은 서로 다투는 인류 파당의 선조들이다. 두 사회(신의 도성과 땅의 도성) 다 초(超)지상적 관계들을 갖고 있다. 신의 도성은 하나님 뜻에 따라 사는 사람들을 포함하는 반면, 땅의 도성은 "육체에서 난" 사람들에 의해 세워졌다.15) 중세 로마가톨릭주의는 어거스틴의 이 가르침을 자신에게 유리하게 사용했다. 신의 도성은 가톨릭교회 제도 안에서 실현되고 있었다. 그 안에 있는 모든 것이 하나님께로부터 온 것이므로 지상의 황제도 그것에 고분고분히 복종해야 했다. 세속 사회인 국가는 사탄의 통치를 의미했다. 이것은 최소한 부분적으로는 서임권에 관한 쓰디쓴 논쟁을 설명해준다. 교회는 단지 무제한적인 권위만 열망하지 않았으니, 교회는 그야말로 독립적인 국가의 한 형태였으며, 반면 국가의 최고의 대표인 황제는 사탄적 권세를 상징했다.

비록 루터가 가톨릭교도였을 때 어거스틴의 유산이 존경 받는 어거스틴파 수도회에 속했고 그의 초기 문서들이 세상 왕국을 주로 사탄적인 것으로 묘사했으나,16) 그의 신학은 본질적으로 다른 형태의 두 영역 교리를 나타낸다. 세속의 영역 또한 하나님의 영역이다. 사탄과의 대립에서, 하나님은 두 영역을 지배하신다. 그러므로 선과 악을 두 영역의 경계를 따라 구별해서는 안 된다. 하나님과 사탄의 커다란

---

15) L. Pinomaa, *Jumalan valtakunta ja maallinen yhteisö* (1941), pp. 41ff.
16) J. Heckel, *Lex charitatis* (Munich, 1953), pp. 31ff.; *Im Irrgarten der Zwei-Reiche-Lehre*, pp. 6ff. 참조: Althaus, "Die beiden Regimente bei Luther," *Theologische Literatur-Zeitung* (1956), pp. 129ff.; "Luthers Lehre von den beiden Reichen im Feuer der Kritik," *Luther- Jahrbuch* (1957), pp. 40ff. 다음도 참조: E. Kinder, "Gottesreich und Weltreich bei Augustin und Luther," *Elert-Gedenkschrift* (1955), p. 32.

대립에 있어서 최전선은 유동적이라서, 악만 아니라 선이 이 영역 안에서만 아니라 저 영역 안에서도 발견되기 때문이다.17) 어거스틴이 한대로 우리가 두 왕국들을 두 종류의 사람들과 동등시 한다면, 우리는 물론 지상 왕국이 구원받을 사람들을 포함하지 않는다고 말할 수밖에 없다. 앞서 『군인들도 구원받을 수 있는가』(Whether Soldiers, too, Can Be Saved)로부터 인용한 말은, 루터의 견해에 "정부" 개념은 사람들의 집단들을 가리키지 않고, 행위의 형태들, 혹은 질서들을 가리킨다. 우리는 그 하나를 통해서는 영생으로 이끄는 의를 얻는 반면, 다른 하나를 통해서는 이 세상을 위해 계획된 의를 성취한다. 후자 즉 선한 시민의식은 사회 질서와 평화를 위한 조건이다.

두 정부 다 우주적 통치를 실행하시는 하나님의 도구이다. 루터는 세속의 사회 질서를 "하나님의 왼 손"18)으로 승인함에 있어 전통적 수도원적 이상에 구멍을 냈다. 학자들은 루터의 생각에서 지상의 정부와 영적 정부가 정확하게 동일한 수준에 있는지에 대해 의견이 분분하다.19) 분명히, 논점은 *Regiment*의 의미를 어떻게 이해하느냐에 달려있다. 만일 그것이 우선적으로 두 왕국들을 의미한다면, 영적 왕국은 물론 부패하지 않고 영광스럽고 영원한 반면 지상 왕국은 불완전하고 악으로 가득 차있다. 이 견해는 우리가 언급했듯이 기본적으로 어거스틴적이며, 루터의 초기 신학에서 가장 뚜렷이 나타난다. 다른 한편, *Regiment*라는 말이 질서 유지를 위한 하나님의 손 안의 도구를 의미한다면, 세상 정부의 필요성과 그것의 영적 정부와

---

17) WA 20, 555 (1526). 참조: H. Jordan, *Luthers Staatsauffassung* (Munich, 1917), p. 34.
18) WA 36, 385 (1532). 참조: WA 20, 530.
19) G. Törnvall, *op. cit.*, pp. 28 ff. 참조: Lau, *op. cit.*, p. 34.

의 동등성에 대한 루터의 강조를 이해하기는 어렵지 않다.[20]

현대인은 사회 질서를 유지하는 권세가 세상 정부라고 불려야 한다는 것에 어려움을 느끼지 않는다. 그러나 영적인 것들의 총화를 영적 정부라고 불러야 할 필요성을 보는 데는 어려움을 느낀다. 한 가지 이유는, 이것이 설교의 직무를 너무 "공적"으로 만든다고 생각되기 때문이다. 우리는 영적인 일들은 "정부"라는 호칭을 붙이기에 적합하지 않은 내적 삶에 속한다고 느낀다.

영적 정부는 신적으로 제정된 질서로서, 하나님이 설교의 사역에 부여하시는 영예를 가리킨다. 그것은 우리의 그리스도 지식이 "내적 조명"에 의해서가 아니라 말씀 선포에 의해 온다는 것을 의미한다. 하나님의 선물들은 하나님이 결정하신 방법으로 받아진다. 복음은 인간들의 마음속으로 들어가는 길을 찾기 위해 정부의 형태를 취한다. 오직 이 방법으로만 복음은 그리스도의 교회를 모으고 보존한다. 그렇다면 영적 사역은 복음 자체의 나뉠 수 없는 한 면이다.

그러나 하나님의 현존과 주권은 영적 정부만 아니라 세상 정부안에도 있는 실제들이다. 세상 정부에서도 신적인 것과 피조물이 서로 뒤엉켜있다. 세상 정부도 하나님이 제정하시고 뜻하셨다. 하나님은 세상을 통치하기 위해 세상정부를 사용하신다. 그리하여 세상 안에서 공의를 유지하고 악으로부터 인간들을 보호하는 손은 하나님의 손이지 인간의 손이 아니다. 인간들은 하나님의 뜻에 반하여 국가의 직무들과 그 직무들 속에 있는 기능을 오용하지만 이 기능들은 여전히 신적 섭리이다. 이 두 왕국은, 서로 비교할 때, 하늘과 땅만큼이나

---

20) Lau, pp. 34ff., 38.

서로 떨어져 있다. 그러나 하나님은 세상 정부안에서도 전적으로 스스로를 숨기신다. 그리하여 그것도 전적으로 신적인 일(eytel göttlich ding)이다.

사실상 이 두 정부는 두 종류의 의와 일치한다. 세상 정부는, 이 세상 안에서 지배하고 그 보상은 세상적 축복(zeitlich gut)인 의(義)와 관련 있다. 이 의(義), 즉 선한 시민이 되는 것은 영생을 얻기에는 불충분하지만 하나님이 뜻하고 제정하신 것이다.

복음에 의해 제공되고 선물로 받아들여진 의(義)는 전적으로 다르다. 복음의 선포는 설교 직무의 목적이며 설교직무는 영적 정부의 핵심이다. 그러나 영적 정부를 교회와 동일시하지 않도록 극도로 조심해야 한다. 왜냐하면 교회는 영적 정부에 속하지 않는 현세적 측면(권징, 재정, 조직)도 갖고 있기 때문이다. 루터는 교회의 설교 활동을 영적 정부로 묘사함으로써 복음 설교의 자유에 대해 특별히 강조하고 싶어 한다. 왜냐하면 두 정부 사이의 필연적인 구별 속에는, 복음이 어떻게 선포되어야 할 것을 판사와 시장이 결정해서는 안된다는 주장이 내포되어 있기 때문이다. 하나님은 복음을 갖고서 죄를 용서하시고, 인간들을 의롭게 하시고, 성화시키시면서, 영직 정부를 돌보신다. 세상 정부가 처음부터 끝까지 하나님의 정부라는 사실이 이 정부가 영적 행동양식을 채택하거나 복음을 이 세상의 일들에 적용시키는 것을 정당화하지는 않는다.

만일 그렇게 된다면 두 가지 악이 나타날 것이다. 첫째, 복음은 이 지상으로부터 사라질 것이다. 그것은 새로운 율법이 될 것이기 때문이다. 가톨릭과 같은 우파와 심령주의자들과 재세례파들과 같은 좌파 모두, 루터에게 이러한 예들을 제공했다. 둘째, 세상은 복음아래

서 멸망할 것이다. 루터는 다음과 같이 설명한다:

> 만일 누가 이 세상을 복음에 따라 통치하고 모든 세속적 공의와 법집행을 전적으로 제거한다면 …, 그는 그렇게 해서 무엇을 하려고 하는지 내게 말해주시오. 그는 사납고 악한 야수들을 족쇄와 쇠사슬로부터 풀어주게 될 것이다. 그러면 악한들은 기독교의 이름을 가장해 기독교적 자유를 오용할 것이다. … 한 나라 전체 혹은 이 세상을 복음으로 통치하려는 것은 마치 양치기가 농장 안에 늑대와 사자와 독수리와 양을 풀어 넣고, "여기서 풀을 뜯으며 경건하고 서로 평화롭게 지내라. 농장은 열려 있고 목초는 충분하다. 너희들이 두려워 할 감시견들은 없다"고 말하면서, 자유롭게 다니라고 하는 것이나 마찬가지다. 양들은 진정 평화롭게 살 것이나 오래 살지는 못할 것이다.[21]

만일 그리스도인들이 율법 아래 있다면 잘못은 동일하게 클 것이다. 그러면 그들은 하나님을 만족시킬 의를 얻기 위해 일을 해야 할 것이다.[22]

루터는 두 정부를 서로 떼어놓아야 할 필요성을 강조하는 가운데, 중세의 견해와 두 가지 면에서 절연했다. 첫째, 루터는 삶의 영적인 영역의 영적인 성격을 인정했다. 교회는 복음 선포에 우선적으로 주의를 기울여야 한다. 가톨릭주의의 역사에서 교회 국가와 서임권 논쟁과 같은 주제들은 루터의 프로그램의 울타리 밖에 있다. 둘째, 루터는 정치적 영역의 자율적 성격을 승인했다.[23] 우리는 이에 대해

---

21) *WA* 11, 251 (1523). *Works*, III, pp. 236f.
22) A. Nygren, "The State and the Church," *This Is the Church* (Philadelphia: Muhlenberg, 1952), p. 299.
23) H. Jordan, *op. cit.*, pp. 28f.

나중에 다룰 것이다.24)

　루터는 항상 두 통치들(Regimente)에 대해 말했다. 그러나 권력의 세 구역 내지 영역을 인정했다고 하는 편이 더 정확할 것이다. 첫 번째 것은 타락 전에 있었고 예수 그리스도에 의해 갱신되어 나타나는 하나님의 왕국이고, 두 번째 것은 죄의 상태와 사탄의 통치하에 있는 인간들의 왕국으로서의 세상이고, 세 번째 것은 우리가 세속적 영역이라고 부르는 하나님 권세의 영역이다. 브링(Bring)이 제안한 이 세 가지 구분은25) 단지 두 영역만 전제하는 것보다는 여러 면에서 루터의 사회 윤리의 기본 의도를 더 잘 드러낸다. 우리가 두 "왕국들"에 대해 말하든 두 "정부들"에 대해 말하든 별 차이가 없다는 말이 아님을 유념해야 한다. 두 왕국들 사상은, 어거스틴적 의미에서, 구별된 두 그룹의 사람들을 암시하며, 각 그룹에 가입하는 것은 인간의 내적 성격 내지 그의 내적 질(habitus)에 입각한 것이다. 우리가 세 영역 내지 구역을 말할 때, 이는 하나님 통치의 두 형태－현세적 정부와 영적 정부－에 더하여 사탄의 권세의 영역도 있음을 생각하는 것이다. 하나님 왕국은 비록 마지막 실현을 향해 가는 도상에 있긴 하나, 그리스도의 복음 안에 현존하는 실세이다. 사탄의 권세의 영역도 하나의 실제이긴 하지만, 어디서나 하나님의 세상 정부에 의해 제한받고 있다. 이것은 하나님과 사탄사이의 투쟁 속에 있는 "유동적 전선(戰線)" 개념－루터는 이 개념을 반복해서 강조했다－에 대한 표현이다.26) 사회적 삶의 맥락 속에서 이동하는 이 전투에는 개인에 의한

---

24) 제17장.
25) R. Bring, "Der Glaube und das Recht nach Luther," *Elert-Gedenkschrift* (1955).
26) *Ibid.*, p. 152.

매일 매일의 회개와 매일 매일의 삶의 갱신에 대한 요구가 관련되어 있다. 통치(*Regiment*)의 이 이해는 영적 정부와 세상 정부가 어떻게 그리고 무슨 이유로 상반되는가를 분명히 해준다. 세상 정부가 외적 기율과 질서를 철권으로 유지하는 반면, 영적 정부는 사죄를 목표로 하며 그럼으로써 하나님을 기쁘시게 하는 의의 성취를 목표로 한다.

그러나 두 정부는 다 하나님 사랑의 표현들이므로 서로 긴밀히 묶여 있다. 하나님은 둘 다 사용하여 사탄의 왕국에 맞서 싸우신다. 한편으로 그는 인간의 양심을 지배하는 사탄적 공포를 넘어뜨리려 하시고(*iustitia christiana*), 다른 한편으로는 사탄이 만들어놓은 혼란을 세상으로부터 제거하고 그 대신 자신의 질서로 대체하려고 하신다 (*iustitia civilis*). 신적 관점에서 두 왕국들의 통일은 분명하다. 그러나 그것은 아래로부터, 인간의 관점에서도 명백하다. 하나님은 인간이 기독교적 의의 주체로 살아가길 원하시는데, 이것은 단지 죄 사함을 받아들이는 것 이상을 내포한다. 자기만족에 겨워하는 무-활동성이나 스스로-택한 활동성이나 모두 인간을 위한 하나님의 뜻과 조화를 이루지 않는다. 하나님은 인간이 자기 소명의 충실한 완수에 몰두할 것을 기대하신다.

제15장
결혼

결혼에 관한 가톨릭의 가르침은 극단적으로 상이한 두 개의 강조점을 내포했다. 한편으로, 결혼은 교회의 일곱 성례전들 중의 하나 즉 하나님의 거룩한 제정으로서, 결혼에 대한 반대는 하나님 자신의 질서에 대한 반대였다. 다른 한편으로, 독신생활을 하는 사제들, 수도사들, 수녀들만 더 높은 단계에 오를 수 있으므로 결혼한 사람들은 더 낮은 단계의 삶을 사는 것이었다. 독신생활은 삶의 고유한 질서를 파괴하는 것으로서 수많은 경우에 노골적인 위선을 조장했다.

이 영역에서도 루터의 임무는 고대 전통의 그물을 잡아 째고 본래의 창조 질서를 회복하는 일이었다. 전통이 매우 깊이 뿌리 박혀 있었기 때문에 이것은 간단한 일이 아니었다. 해가 지나면서 가톨릭 학자들은 특히 이 점에 있어서 루터를 공격했다. 이것은 놀라운 일이 아닌데, 왜냐하면 이 영역 안에서의 어떠한 변화도 그 영향이 사회윤리의 모든 영역들 안에서 느껴질 정도로 모든 삶에 관련되어 있기 때문이다.

근본적 논점

결혼에 대한 루터의 견해를 분명히 하려고 할 때, 루터가 로마가톨릭의 성례전 교리에 겨눈 비판들로부터 시작하는 것이 가장 좋다. 루터는 『교회의 바벨론 포로』(The Babylonian Captivity of the Church, 1520)에서 결혼을 성례전으로 간주하려 들지 않는다. 결혼은 성례전이 되기에 필요한, 약속과 신적인 제정이 없다. 사람은 외적 표지를 수단으로 하여 그리스도의 죽음과 부활의 성례전에 참여 하지만, 결혼에 대해서는 이것을 말할 수 없다. 성경은 참으로 결혼이 커다란 신비라고 말한다(엡 5:31f.). 그러나 이 구절은 자신의 교회에 대한 그리스도의 관계를 나타내는 것이다. 헬라어로 "신비"에 해당하는 말은 *mysterion* 으로서 라틴어 성경에는 *sacramentum*으로 번역되어있다. 에베소서 본문 구절에는 그러한 의미가 없는데도, 단어들의 이러한 유사점을 기초로 하여 결혼이 성례전으로 만들어졌다. 이미 교회 교부들은 결혼의 성례전적 성격에 대해 말했었다. 그리하여 결혼은 비록 트렌트공의회(The Council of Trent, 1545-1563)[1])에 이르러서야 그리스도가 제정하신 성례전으로서 확정되었지만, 죄 된 성적 욕망에 대항하는 계약의 표지가 되었다. 루터가 전통적 가톨릭 견해에 대항하는 입장을 취했을 때 에베소서 구절의 바른 해석에 관심이 있어서 그랬던 것은 아니다. 다른 이유가 있었다. 사제로서 그는 결혼에 관한 교회법규들이 사람들의 어깨에 무거운 짐들을 지우고 있음을 알고 있었으며

---

1) O. Lähteenmäki, *Sexus und Ehe bei Luther* (Turku, 1955), pp. 25ff.

그리하여 1520년경 이 문제 전체에 대해 더 면밀한 연구를 하였다. 루터는 결혼과 성(性)에 대한 교회의 전통적 견해를 자신이 지지할 수 없다는 것을 이내 알게 되었다. 그는 과거의 가르침들을 버리고 자유의 새 언어를 선언해야 했다.

애당초 루터는 단순히 실질적인 이유들 때문에 금욕생활에 대한 반대 입장을 취했다. 일부 복음주의 진영의 목사들이 결혼을 했고 이 문제가 공개 토론의 주제가 되었다. 가톨릭교도들은 자연히 그러한 실천을 격렬하게 공격했다. 복음주의자들은 자신들을 방어해야 했다. 루터는 구경꾼처럼 옆으로 물러나 있기가 불가능했다. 칼슈타트는 금욕생활에 대한 논문들에서 결혼을 안수의 조건으로 만들었다. 동시에 그는 결혼하지 않은 채로 있는 것보다 결혼하는 것이 더 작은 죄를 짓는 것이라고 암시 하면서 수도사들과 수녀들이 결혼할 것을 강권했다. 이처럼 칼슈타트는 기독교적 자유를 새로운 율법으로 만들고 싶어 했다. 성인들의 삶과 본보기가 어느 누구에게도 강제적이 되어서는 안 된다는 것이 이제는 루터에게 분명해져 있었다. 그는 복음의 윤리적 의의를 이해할 때, 모방이 거부되어야 하며 각자는 하나님이 열어주시는 대로 자신의 길을 찾아야 하는 것으로 이해했다.

루터는 독신생활이 초기 기독교의 이상이 아니라 비교적 나중에 나타난 현상으로서 결코 의무사항이 아님을 알았다. 독신생활에 대한 자발적 맹세는 루터 본인과 관련되는 한에 있어서는 여전히 가능하며 무방한 일이었다. 그러나 이 점에서도 그는 곧 자신의 견해를 재검토하고 독신생활에 대한 모든 종류의 맹세를, 그것이 자발적이든 아니든, 거부할 필요를 느꼈다. 왜냐하면 맹세들은 자연과 양심의 자유와

충돌했기 때문이었다.2)

해방자 복음

루터는 수도승 시절에 어떤 억제할 수 없는 힘을 성(性) 안에서 발견했다. 그 힘은 보통 금지령이나 강제력에 의해 제어 당하지 않는 폭군과 같았다. 하나님이 우리 안에 심어 놓으신 자연은 인간이 혼인 생활 밖에서 순결하게 남아 있는 것을 불가능하게 만들었다는 것을 그는 확신했다. 그는 유혹에 굴복하지 않는 젊은이들이 매우 적다는 것을 느꼈다. 성적 욕구가 특히 젊은이들 속에서 강하므로 일찍 결혼하는 것이 바람직한 일이었다. 하나님의 특별한 선택의 경우를 제외하고는 금욕의 노력은 비록 노골적인 부도덕으로는 아닐지라도 욕구의 비정상적인 만족으로 또는 정신적인 고문이나 내면의 고뇌 가운데 빠지게 했다. 이렇게 인간은 "마귀의 순교자"가 되었다.

루터가 무엇을 두고서 성적 거룩함이라고 생각했는지는 물론 다른 문제이다. 우리가 예상할 수 있듯이, 루터는 젊은 시절에 결혼을 죄로 보았고 독신을 바람직한 이상으로 보았었다. 그는 바울처럼 독신을 수많은 염려와 근심거리로부터의 해방자로 보았다. 독신은 기도와 말씀의 수련을 위한 기회를 더 많이 제공했다. 그러나 루터는 1520년대 초 마음을 바꾸었다. 그는 순결한 신분은 결혼이지 독신생활이 아니라고 느꼈다. 그는 말한다: "당신들이 도덕을 보존하길 원한다면, 남편과 아내는 무엇보다 먼저 사랑과 조화 속에서 같이 살면서, 서로를 전심전력으로 그리고 전적으로 정직하게 사랑해야 한다."3)

---

2) *Ibid.*, pp. 30f.

그러므로 성적 윤리에 관한 루터의 기본적 통찰들 중 하나는, 완전 금욕과 성적 요구의 배제가 정상적으로 불가능하다는 것이었다. 그것들이 실제로 존재하는 드문 경우들에도, 그것들은 규칙에 예외적인 일들이며 위로부터의 직접적인 선물을 필요로 한다. 이 선물 없이 전적인 금욕을 시도하는 것은 내면의 욕망을 덮어두는 것 외에 아무것도 아닌 외적 순결로 끝나기 십상이다. 이러한 경우 윤리적 완전을 자랑할 이유가 없다.

루터에게 있어서 평생 독신의 서약은, 보통, 믿음과 기독교적 양심의 자유에 날카롭게 대립되어 있었다. 이 점에 있어서 루터의 상담자는 기독교적 자유의 메시지를 들고 나온 바울이었다. 인간의 연약함을 고려해 볼 때, 사람은 윤리적 문제에 있어서 누구에게도 서약을 강요해서도 안 되고 심지어 권해서도 안 된다. 독신 그 자체가 아니라 독신에 대한 모든 형태의 종신 서약이 삶에 대한 건전한 조망과 하나님의 뜻에 반대된다. 이 서약들은 그리스도의 은혜와 성령에 대한 범죄행위이다. 누가 그러한 서약으로 하나님의 특별한 호의를 얻었다고 믿는다면 스스로를 속이는 것이다. 왜냐하면 이 서약들은 하나님의 말씀, 규례들, 질서와 충돌하는 것이며, 하나님 앞에서 노골적으로 그 분을 조롱하고 오만불손하게 행동하는 것이기 때문이다.[4]

독신 서약들은 하나님의 말씀에 근거하고 있지 않다. 오히려 서약들은 하나님께 대한 인간의 관계를 왜곡하며 인간에게 굴레를 씌우고 하나님 앞에서 공적을 모색하도록 만든다. 여기서 우리는

---

3) *WA* 30 I, 163 (1529).
4) O. Castren, "Naimattomuuden ja avioliiton ongelmasta katolisessa ja evankelisessa etiikassa," *Teologinen Aikakauskirja* (1957), pp. 246f.

다른 관계들 속에서 규칙적으로 나타나는 가톨릭 성화관에 대한 루터의 비판을 만나게 된다. 즉, 거룩함에 대한 인간의 추구는, 모든 거룩함을 자기중심성의 마술적 영역과 인간의 공적 추구 속으로 끌어넣는 자기-완성에게 향해 있다.

독신에 대항한 투쟁은 거짓된 이상들에 의해 노예로 잡혀있는 인간들에게 복음의 자유를 선포하는 것을 내포했다. 서약이 일단 행해진 다음, 독신은 많은 이들에게 견딜 수 없는 괴로움을 주었다. 그들은 자신들이 불가능한 상태 속으로 들어갔다는 것을 깨달았다. 루터는 수도원의 문들을 활짝 열어젖힐 때, 거짓된 자유의 동기를 장려할 의도가 없었다. 그는 혈과 육의 요구에 대한 순응이 인간을 쉽사리 미혹시킬 수 있음을 너무나 잘 알고 있었을 뿐이다. 사탄은 어디서나, 수도원의 담 밖에서도, 끊임없이 활동 중이다. 그러나 루터는 일상의 삶 속에서 사탄의 능력을 두려워한 만큼이나, "불경스런 수도원 서약들"을 갖고서 양심에 굴레를 씌우는 것을 두려워했다.[5]

성(性)의 성화

결혼과 관련된 일들의 개혁에서 루터는 수세기 동안 내려온 견해들과 교회의 관습들에 맞섰다. 관대하거나 피상적인 조정들은 충분하지 않았다. 그것은 성생활의 허용성 또는 결혼의 가치에 대한 질문만이 아니라 죄, 타락, 구원의 질문이기도 했다.

어거스틴을 통해 영과 육의 이원론이 신-플라톤주의로부터 가톨릭교회의 교리체계 속으로 들어왔다. 이 이원론의 빛 속에서 타락은

---

5) O. Lähteenmäki, op. cit., pp. 32ff.

인간을 영의 영역으로부터 육체의 속박 속으로 내던진 형이상학적 대참사로 이해되었다. 구원은 육체로부터 영의 해방을 의미했다. 이 구원을 실현하기 위해 인간은 금식하고, 자신의 몸을 고문하며, 성적 욕구들을 만족시키는 것을 삼가야 한다.

종교개혁은 이 체계 전체를 모진 시련 속에 내던졌다. 타락은 형이상학적 불행이 아니었다. 영과 물질의 대조는 거룩함과 죄의 대조와 동일시 될 수 없다. 인간은 믿음 안에서 살도록 피조되었지만 또한 시간과 물질의 세상에서 살도록 피조되었다. 그의 구원은 물질과 육체로부터의 해방이 아니라 사탄의 권세와 죄의 노예로부터의 해방이다.6)

이 모든 것이 내포하는 의미는 분명하다. 독신의 이상을 실현하려는 노력들은 전체 수도원 제도와 마찬가지로 가톨릭 제도와 일치했지만 루터의 새 견해와는 어긋났다. 하나님 자신이 우리를 물질세계 안에 두셨으므로 우리는 그것을 부정하면 안 된다. 가톨릭주의가 죄를 "육" 안에 있는 무엇으로 생각한 반면, 루터는 인간의 영혼이, 그 안에 죄가 거주하므로, 그의 육체보다 더 "육적"이라고 날카롭게 진술했다.7) 영혼은 자랑하고, 거만하고, 하나님 없이 잘 해낼 수 있다고 하고, 하나님께 반역한다. 이 이유로 인해 육체로부터의 해방은, 그것이 일반적으로 가능할지라도, 결코 우리를 죄로부터 자유롭게 할 수 없을 것이었다. 넓은 차원에서 물질과 영, 육체와 영혼의 철학적 구분은 인위적이며 실제와 다르다. 인간에 대해 말할 때, 우리는 늘 전인(全人)을 말해야 한다. 죄는 전인(全人)의 죄이며 구원은 전인(全人)의

---

6) *Ibid.*, pp. 43f.
7) *WA DB*. 7, 12 (1522).

구원이다. 루터는 죄와 형벌이 단지 외적인 육체의 삶과 연관된 것이 아니라는 것을 이해하기 시작했을 때, 이를 근본적으로 깨닫게 되었다. 영혼 역시 죄에 의해 오염되어 있다. 이것은 성의 금욕 문제에 있어서도 분명한데, 왜냐하면 육체 속에 있는 부도덕을 피하면서도 영혼을 연루시키는 것이 분명 가능하기 때문이다. 성인들의 본보기가 수도원 안에서 죄가 없다는 보증이 되지 못했다. "누가 거기서 굳세고 순수하게 남아 있을 수 있는가?"고 루터는 외친다. 인간 속에 있는 죄의 힘은 절대적이다. 타락도 절대적이다. "육"은 하나님의 진노와 심판의 대상이 되는 모든 것을 가리킨다. "육"은 생각과 행위와 그 밖의 모든 것을 갖춘 전인간의 전적인 노예상태이다. 죄의 노예로서 인간은 하나님께로부터 멀어졌다. 그는 성령이 없으며 모든 신적인 덕(*virtutes*)이 결여되어 있다. 그 안에는 신적인 불꽃(*synteresis*)이 없다. 그는 전적으로 악하다. 다른 한편 "영"은 하나님의 영의 활동에 굴복하는 인간이다. 인간은 회개의 설교가 효력을 발하도록 하는 양심을 갖고 있다.[8]

하나님은 물질세계를 인정하신다. 그는 자신의 활동을 영의 영역에 제한하지 않고, 시간, 물질, 성례전들, 실제 사람들 속에서 활동하신다. 물질 또는 "육"은 사탄의 활동에 대한 영구적인 부분으로 의도된 것이 아니다. 그것은 하나님을 위해 다시 한번 하나님께 돌려져야한다. 이것은 성생활도 포함한다. 성생활도 하나님을 위해 돌려지거나 성화되어야 하며 버리지 말아야 한다.

---

8) L. Pinomaa, *Der Zorn Gottes* (Helsinki, 1938), pp. 66ff.; *Der existenzielle Charakter der Theologie Luthers* (Helsinki, 1940), pp. 37f. 참조: O. Lähteenmäki, *op. cit.*, pp. 46ff.

루터는 생명의 첫 순간부터 인간이 죄에 연루되었다고 본다. 이것은 시편 51편 5절에 대한 그의 이해이다: "내가 죄악 중에서 출생하였음이여 어머니가 죄 중에서 나를 잉태하였나이다." 그러나 루터는 수태와 출생이 그 자체로서 죄를 의미하는 것으로 이 구절을 보지 않는다. 혼인생활에서 성교는 죄가 아니라고 루터는 주장하면서, 혼인이 간음의 합법적 형태라고 비난하는 이들에게 동의하지 않는다. 사람은 자신의 배우자와 간음을 범할 수 없다. 혼인은 간음에 대한 보호막이다. 혼인관계와 방종한 관계 내지 혼외 관계의 차이는 바로, 혼인관계만이 신율(神律)에 기초하고 있다는 사실을 가르쳐준다. 이 신율(神律)때문에 결혼은 거룩하고 신적인 신분이며 커다란 보물이다.

루터는 성관계에 대한 그의 진술을 어거스틴으로부터 물려받았었는데, 이 진술은 욕정 없는 성관계를 이상으로 만드는 형태로 되어 있다. 어거스틴은 그의 위대한 저서 『신의 도성』(*The City of God*)에서 아담과 하와가 타락 이전에 에덴동산에서 살았던 삶에 대해 상세한 설명을 하고 있다. 간단히 말해 그 삶은 죄가 없는 즉 욕정 없는 삶이었다. 루터는 이 견해를 포기했지만 완전히 포기한 것은 아니었다.9) 가톨릭 견해는 여전히 『교회의 바벨론 포로』(*The Babylonian Captivity of the Church*, 1520)에 나오는 주제에 관한 그의 설명을 채색하고 있다. 루터는 인간이 죄 안에서 잉태되고 출생했다는 성경적 진술이, 새 생명의 잉태가 어떤 경우에는 하나님 보시기에 간음 못지않게 두렵고 불법적인 죄가 범해질 정도로 정욕과 악한 욕망과 관련되어 있을 수 있다는 것으로 해석한다. 유혹자는 인간 욕망을 좌지우지하게

---

9) 참조: *LW* 1, 116f.

되었다. 성적 욕구가 강하다는 사실은 사탄에게 효과적인 접촉점을 제공한다. 성적 행위는 하나님의 창조적인 목적과의 조화가 파괴될 정도로 쉽사리 방종으로 흐를 수 있다.

성적인 죄악들이 그렇게 크고 맞서기 어렵다고 간주되었기 때문에, 독신생활 또는 죄의 힘에 대한 절망적인 체념 중 하나를 택하는 길만 남았다고 생각한 것을 우리는 쉽사리 이해할 수 있다. 루터의 위대성은 다른 종류의 선택 가능성을 본 용기에서 드러난다. 즉, 혼인 생활 안에서 하나님을 즐겁게 하는 삶인가 *아니면* 비참한 금욕생활이나 죄로 이끄는 자기-선택의 길인가. 죄는 항상 하나님의 뜻과 질서의 파괴이므로, 또한 문제는 물질과 영의 대립이 아니므로, 성적 적극성 또는 고행주의 중 하나를 택하는 것은 죄 또는 거룩함 중 하나를 택하는 것과 동일하지 않다.[10]

하나님의 말씀이 어떻게 결정적인 방식으로 이 전체 문제를 조명하는지 주목하는 것은 흥미롭다. 간음과 결혼사이의 구별에 있어서 원칙적으로 근본적인 요소는 말씀이다. 결혼한 사람은 하나님이 그의 말씀 안에서 제정하신 질서에 복종한 반면, 간음자는 하나님의 말씀에 반대되는 방식으로 자신의 욕구를 만족시킨다. 하나님 말씀이 없다면 결혼도 불결, 부패, 정욕, 죄가 될 것이다.

결혼을 멸시하는 이들에 대하여 루터는 말한다:

저 순전한 마음을 가진 이들과 위대한 성인들더러 비웃으라 하고 그들의 악한 뜻을 계속하게 하라! 스스로 뽐내듯, 저들더러 철이 되고 바위가 되게 하라! 그러나 그대는 혈과 육이 있는 인간임을 부인하지

---

[10] O. Lähteenmäki, *op. cit.*, pp. 48ff.

말라. 하나님이 천사 같고 강한 저 영웅들과, 그대, 병들고 경멸받는 죄인 사이에 판단하시도록 하라.11)

결혼에 대한 루터의 발언들은 우리가 그의 저술에서 계속 반복하여 접하게 되는 통찰을 가리킨다. 즉, 신적인 것은 보잘 것 없는 처소들, 삶의 일상적인 일들, 평일들, 그리고 경멸당하고 하찮아 보이는 것 속에 거한다. 결혼과 간음은 육체적인 면들을 공통으로 하고 있으나, 결혼만이 하나님의 말씀과 제정에 기초된 것으로서 삶의 거룩하고 순전한 형태이다. 그 속에서 하나님은 결혼의 십자가를 지는 이들을 성화시키신다. 옛 사람은 죽임을 당하고 새 사람은 생명으로 부활한다. 하나님이 창조하신 모든 것은 거룩하고 순전하고 영광스러운 것으로서, 성(性)도 예외가 아니다. 창조주의 사역에게는, 창조주의 사역으로서 마땅히 받아야 하고 또 요구하는 영광이 주어져야 한다.12)

"각기 자신의 아내를 취하도록 하라"

루터는 성적 욕구의 힘을 인정하지만 그것을 설명하려고 하지는 않는다. 그는 단지 그것을 자연적 필요성으로 받아들인다. 이것은 아마 그의 결혼 윤리의 가장 근본적인 명제이며, 그는 이것과 함께 바울의 말씀에 표현되어 있는 고대 진리를 회복한다: "정욕이 불같이 타는 것보다 결혼하는 것이 나으니라"(고전 7:9).

루터는 결혼에 관한 1519년의 설교에서 세 종류의 사랑, 즉 거짓

---

11) *WA* 10 I, 1, 707 (1522).
12) O. Lähteenmäki, *op. cit.*, pp. 51ff.

사랑, 자연적 사랑, 부부의 사랑에 대해 말한다.13) 첫 번째는 자신의 명예와 유익을 구하는 이기적 사랑이다. 자연적 사랑은 가족과 친척들을 연합한다. 부부의 사랑은 이성(異性)에 대한 성적인 사랑이다. 루터는 세 번째 사랑을 앞의 두 종류의 사랑보다 더 높이 올린다. 그는 부부의 사랑을 미(美)의 감탄, 불타는 감정, 그리고 상대방에 대한 전적 소유욕으로 묘사한다. 이것은 남편과 아내 사이의 관계뿐만 아니라 약혼자들 사이의 참된 사랑이다. 그러한 불타는 느낌과 감각적 즐거움은 전혀 낯선 이방인들을, 종종 이해할 수 없는 방법으로, 서로 끌리게 하는 사랑이다. 루터는 결혼하는 일을 언제나 매우 실제적인 일로 보았으며 부모의 조언을 결정적인 것으로 보았다. 그러나 이 특정 설교에서 루터는 젊은이들이 상호적 끌림과 사랑의 이유로 인해 결혼하는 것이 허용되어야 한다고 말한다.

루터는 결혼의 낭만적이고 육체적인 면들을 전적으로 인정하지만, 결혼의 정의에 있어 다음 세 가지를 고려 대상에 놓는다. 결혼은 간음에 대한 보호와 생식(生殖)과 자녀 양육을 목표로 한다. 그는 첫 번째에 특별히 주목한다. 결혼은 우선적으로 도덕적 유혹과 타락에 대한 예방이고, 악과 예측 불가능한 욕구에 대한 방어이며 약이다. 그러나 여기서도 루터는 양심의 자유를 유지하기 원한다. "방어와 약으로서"의 결혼은 성(性)이 맹렬한 자연적 힘이라는 생각을 강조할 뿐이다.

자녀 생산과 양육은 결혼의 건강하고 건전한 목적을 대표하는 것으로서 루터의 가장 적대적인 원수들조차 인정할 수밖에 없었다.

---

13) WA 2, 167.

결국, 이것은 창조주 자신의 질서에 관한 질문이다. 이것들이 결혼의 목적으로 인정되는 곳에 견고한 토대가 세워진 것이다. 자녀의 생산과 양육에서 우리는 결혼의 십자가를 또한 만나게 되는데, 새 사람이 일어나기 위해 옛 사람이 이 십자가위에서 죽는다.[14]

자연의 영역 또는 사도신조 첫 번째 항목의 영역은 영적 영역 또는 둘째와 셋째 항목의 영역과 분명히 나뉜다는 생각이 일반적으로 받아들여지고 있다. 실제(reality)에 대한 루터의 포괄적 감각은 두 영역을 하나님의 한 활동의 영역으로 보는 그의 능력에 드러나 있다. 자신의 자연적 삶 속에서 인간은 창조주의 목적들을 완수하면서 십자가를 지는 사람이 되고 자신에게 그리스도가 필요하다는 것을 발견한다. 하나님의 "낯선 사역"과 "본래적 사역"은 일치를 이루고, 둘 다 하나님의 사랑을 계시한다.

가톨릭의 성 윤리는 좀처럼 가능하지 않은 고행적 이상을 실현하기 위해 삶의 육체적 영역으로부터 도망치려고 했다. 루터는 일상생활의 일과(日課) 속에서 바른 길을 발견했다. 이것은 중대한 발견이었는데 왜냐하면 그것은 하나님의 창조적인 목적들을 영광스럽게 했기 때문이다.

결혼의 자연적 기초를 인정했다고 해서 결혼이 그 자체의 자연주의적 자율성을 갖고 있음을 의미하는가? 루터는 결혼이 전적으로 하나님의 말씀 위에 제정된 것으로서 말씀으로부터 권위와 교훈을 받는다고 보기 때문에, 그 대답은 부정적일 수밖에 없다. 우리는 자연주의적 자율성이라는 말조차 꺼내서는 안 된다. 왜냐하면 하나님의

---

14) O. Lähteenmäki, pp. 54ff. 참조: L. Pinomaa, "Luomakunnan asema Lutherin teologiassa," *Talenta quinque* (Helsinki, 1953), p. 229.

말씀이 권위와 능력을 갖는 곳에서는 내 이웃 사람이 첫 번째 자리를 차지하고 "나 자신"은 두 번째 자리를 차지하기 때문이다. 이처럼 결혼에 주어진 형태는 아주 고상하고 세련되기 때문에 더 높은 안내를 위해 생물학이나 심리학에 의지할 필요가 없다.

어떤 이들은 결혼과 가정 분야의 루터의 개혁들이 그 자신의 도덕적이고 인간적인 연약함 때문에 생긴 것 아니냐고 했다. 로마가톨릭교도들은 루터가 독신생활이 더 거룩한 삶의 형태라는 것을 알고 있었으면서도 사제와 수도승과 수녀들의 결혼을 허용한 것은, 단지 육체의 욕망에 굴복한 것이라는 생각을 가졌다. 그러나 그러한 결론을 이끌어 낼 아무런 근거가 없다. 루터의 서신들과 저술들에서 우리는 분명하고 일관된 그림을 본다. 이따금 그의 진술들은 다양한 의미들을 함축할 수 있으나, 그것은 어떤 사람의 진술이라도 마찬가지이다. 루터의 기본 견해는 인간의 연약함이나 금욕적 파산에 기초하지 않고, 하나님의 말씀, 하나님의 창조적 의지의 인정, 하나님 질서의 자각에 기초하고 있다. 여기서도 종교개혁은 복음의 말씀에 의해 권한을 부여받았다. 이것이 수 세기동안 내려온 전통들을 뒤엎은 것에 대한 설명이 된다.

이 특별한 삶의 영역에서의 개혁들은 가톨릭교회의 윤리체계 속에 있는 민감한 부분을 건드렸다. 따라서 우리는 루터에게 쏟아진 비난의 맹렬함을 이해한다. 그러나 우리는 그의 결혼문제의 해결책을 확신 있게 수용할 수 있다. 하나님은 수도원제도를 원하시지 않는다. 목사는 여느 농부가 그렇듯이 한 가정의 가장이 된다. 배우자로서의 목사는 다른 여느 기독교인과 같다.

기독교 가정은 특히 하나님의 뜻에 근거하고 있는데, 바로 거기서, 하나님이 세상의 소금과 빛으로 사용하시는 사람들이 태어나고, 양육 되며, 훈련 받기 때문이다. 루터는 독신주의 자체를 부정하지 않았다. 그는 바울이 결혼하지 않은 것을 알았다. 그러나 그는 인간이 종신 서약을 통해 하나님의 면전에서 공적을 얻으려는 어떤 종류의 독신주의도 반대했다. 그러한 독신주의는 그리스도와 믿음을 부정하는 것이기 때문이었다. 그리고 그는 자기-중심적 묵상이 동료 인간에 대한 일상적인 봉사보다 하나님을 더 기쁘시게 하는 신분이라고 간주되는 독신주의도 반대했다. 그러한 독신 신분은 사랑에 모순 되기 때문이다.

루터의 견해에 따르면 결혼은 남자와 여자 사이의 성생활이 취하는 보통의 형태이며 그 자체로 하나님의 제정이다. 바울, 안토니, 버나드, 아시시의 프란시스와 같은 예외적인 경우에만 사람은 결혼하지 않은 채로 있으면서 믿음과 사랑 둘 다 잃지 않을 수 있다.

제16장
소명

14장에서 언급했듯이 루터가 사회 윤리 영역에 대해 한 말을 이해하기 위해서는 그의 두 정부 개념에 정통해야 한다. 이 개념은 사회 안에 있는 구분을 가리킨다. 간혹 사람들은 전적으로 이 정부아래에만 또는 저 정부아래에만 놓인다, 최소한 그렇게 보인다. 어떤 사람들은 복음은 없지만 세상적 임무 또는 영역은 갖고 있다. 그러한 경우 지상 성부의 경계들은, 터키인들의 경우처럼 한 국가의 경계들과 일치할 수 있다. 다른 한편, 어떤 이들은 기독교 설교자가 순전히 영적인 기능 때문에 영적 정부에만 전적으로 속한다고 본다. 그러나 그도 사회의 구성원이며 세속 정부의 영역에 속한다. 그러므로 루터의 견해에서 두 정부는 두 개의 견해를 대표한다는 것이 분명해진다.[1]

하나님은 율법과 복음을 통해 이 세상을 돌보시려고 한다. 율법

---

1) G. Törnvall, *Andligt och världsligt regemente hos Luther* (1940), p. 73.

은, 사람들로 하여금 일하게 하고 외적인 의(iustitia civilis)를 성취하도록 강제하는, 외적 조직의 형태를 취한다. 복음은 인간에게 죄 사함(iustitia christiana)을 부여하는 교회 안에서 형태를 취한다. 두 정부의 일치를 보기 위해서는 이것들을 위로부터, 하나님과 관련시켜 보아야 한다. 즉, 하나님은 두 영역에서 일하시며, 두 영역은 모두 그의 사랑을 표현한다. 하나님은 인간이 동료 인간에게 유익을 줄 수 있도록 삶의 모든 임무들을 제정하셨다. 이러한 방법으로 하나님의 창조적 사역은 계속되고 그의 사랑은 더 큰 원들을 그리며 퍼져 나간다. 하나님은 설교자를 통해 죄 사함을 내리신다. 그리하여 두 정부는 그의 선물과 사랑의 통로역할을 한다. 인간의 관점에서 두 정부의 일치는, 인간이 하나님의 선한 선물들을 지상의 정부와 영적 정부 모두를 통해 즉 국가와 교회 모두를 통해 받는다는 사실 속에서 분명하다.[2]

그러므로 분명 한 사람의 소명은 하나님의 우주적 통치 안에서 고립되거나 우연한 현상이 아니라 필수적인 부분이다. 소명은 율법을 통한 하나님의 주권 행사의 한 면이므로, 모든 세속적인 일은 진지한 성격을 갖는다. "누구든지 일하기 싫어하거든 먹지도 말게 하라"(살후 3:10). 그러나 소명은 그것이 통치자의 소명이건, 남편, 아버지, 또는 다른 어떤 일의 소명이건 피할 수 없는 나름의 십자가를 갖고 있다. 그리고 십자가는 그 독특한 목적, 즉 우리 안에 있는 옛 사람을 십자가에 못 박는 목적을 갖고 있다. 이렇게 하여 우리 속의 옛 사람이 죽어야 하고 새 사람이 그 대신에 일어나야 하는 세례의 의미가 실현된다. 하나님은 복음을 통해 삶의 새로움 속으로 인간을 일으키신다.

---

2) G. Wingren, *Luther on Vocation* (Philadelphia: Muhlenberg, 1957), p. 27.

동료 인간의 중심성

우리의 소명적 활동은 모든 인간들에게, 다른 말로 하면 "이 세상"의 사람들에게 향해져야 한다. 우리는 그들을 그리스도의 사랑으로 섬기며 그가 받으신 동일한 배은망덕으로 대접을 받는다. 그러나 이것은 그리스도의 사랑이 실제적이 될 수 있는 유일한 형태이다. 왜냐하면 우리가 우리의 섬김을, 다른 사람들보다 어떤 면에서 더 거룩한 사람들에게 제한하는 바로 그 순간, 우리는 사랑의 범위를 좁히고 그리스도의 사랑의 효과적 실천을 가로막기 때문이다. 그러므로 수도원 안에서는 모든 사람을 섬기기가 불가능한데, 여기서는 바로 행위의 목적이 바뀌기 때문이다. 여기서 행위들은 자기 자신을 거룩하게 하기 위해 행해지며, 따라서 인간들보다는 하나님을 향한 예배의 행위들이 된다. 그러나 루터는 믿음만이 하나님께 향해져야 한다고 말한다. 따라서 근본적인 잘못이 발생한 것이다. 루터는 하나님이 어떤 수도승의 구원을 원하실 때, 그로 하여금 세상의 일들에 전념하도록 강제하신다고 말할 수밖에 없다고 느낀다. 더 나아가, 결혼의 의무들과 다른 많은 세속적 임무들을 달성하는데 있어 인간은 확신이 서지 않고 속수무책이 된다. 이렇게 하여 믿음을 위한 길이 닦여졌는데, 왜냐하면 인간이 하나님을 믿고 신뢰하도록 강요받기 때문이다.

인간은 자신의 소명에서 그의 동료 인간들을 대신하여 활동한다. 그러한 활동을 통해 인간은 하나님의 사랑의 선물들을 타인의 복지를 위해 나누어준다. 그리하여 소명은 인간이 하나님을 바라보지 않을 수 없게 하고 그의 약속들을 붙잡지 않을 수 없게 하며 사랑과 믿음

안에서 그를 훈련한다.3)

　　십자가와 율법은 협력하여 인간을 십자가에 못 박고, 복음은 그에게 부활하여 살 수 있는 힘을 준다. 행위들은 동료 인간들에게 방향이 잡히고, 믿음은 하나님에게로 방향이 잡힌다. 믿음이 땅으로부터 하늘로 방향이 잡혀있다면, 왜 믿음의 본질적 부분인 사랑은 수평으로 동료 인간들에게로 방향이 잡힐까? 어떤 이들은 사랑이 어떻게 믿음에서 태어나는지를 보여주려고 시도해보았다. 빙그렌(Wingren)은 루터가 의도적으로 결코 그러한 설명을 하지 않는다고 말한다. 결국, 우리는 하나님이 왜 인간이 되셨는지 말할 수 없는 것이다. 그는 하늘에서 행복하셨던 것이다. 그러나 그리스도는 이 세상 속으로 태어났고 인간을 사랑했고 십자가에서 죽으셨다. 이 모든 것이 설명될 수 없는 것처럼, 믿음이 사랑을 낳는다는 사실도 설명 될 수 없다. 하나님은 인간이 되셨다. 이것이 하나님 사랑의 본질이다. 그리고 믿음은 사랑이 된다. 이것은 믿음의 본질이다. 인간은 그리스도의 복음을 믿을 때 성령을 받고, 성령의 능력 안에서 그의 동료 인간들을 표리부동하거나 교활한 꾀를 부리지 않고 사랑하며, 그들의 짐을 기꺼이 나누어진다. 사랑은 동료 인간에 대해서만 생각하기 때문에 자신의 행위들을 기록해 놓지 않는다. 그리고 사랑이 선을 행할 때 그 일은 행위가 아니라 선물로서 보인다. 사랑은 다른 사람들에 대한 섬김을 의무로 보지 않고 특권으로 본다. 그러한 사랑에 붙잡힌 사람은 관심을 사랑 자체에게로 향하지 않고 그의 동료 인간에게로 향한다. 그러한 사랑이 유지되기 위해서는 지속적으로 믿음에

---

3) *Ibid.*, p. 31.

의해 새 생명이 주어져야 한다. 그리스도와 성령이 없이는 인간이 율법 아래 있고, 율법 아래에서 소명은 기쁨이 전혀 상실된 강요된 노역(勞役)이 된다. 우리 속에 있는 옛 사람은 자신이 하는 모든 일에 있어서 완전하고 의로워지려고 노력한다. 새 사람은 의와 죄 용서만 안다. 옛 사람은 율법 아래 있고, 새 사람은 믿음 안에 있다.4)

동료 인간이 다시금 윤리의 중심에 설 때, 예수의 복음은 생기를 회복한다. 우리는 예수님이 마지막 날에 분리에 대해 하신 말씀을 기억한다. 의인들은 물을 것이다: "주님, 언제 우리가 주님이 주리시고, 목마르신 것 … 을 보았나이까?" 그들은 자신의 행위에 주목하지 않았다. 그들은 곤궁함 속에 있는 동료 인간을 만난 것조차 기억할 수 없었다. 그들은 이웃들을 기뻐했으며 그들을 도와주었으면서도 그렇게 한 것을 알지 못하고 있었다.

전통적 가톨릭 가르침은 인간의 주의를 행위들에게, 그리고 하나님 면전에서의 그것들의 가치에 고정시켰다. 이러한 태도는 고대 철학으로부터 유래하며 우리 속에 있는 옛 사람의 의도에 놀라울 정도로 잘 들어맞는다. 본성적으로 우리는 가장 작은 노력으로 가장 큰 결과들을 얻기를 원한다. 그러한 공리주의는 도덕을 파괴한다. 이와 대조적으로, 루터의 윤리적 가르침은 신약의 정신을 다시 살린다. 믿음 안에서 그리스도인은 하나님의 자유로운 공기를 호흡하며 하나님 현존의 직접성 속에서 산다. 그는 이기적 동기에 이끌려 목표를 향해 전진하지 않지만 그래도 사랑의 행위들은 실제로 만들어진다. 우리가 무엇을 해야 하느냐고 루터에게 묻는다면 그는 이렇게

---

4) *Ibid.*, pp. 37ff.

대답할 것이다: "가까이에 있는 일을 하시오."5) 루터는 우리의 활동이 하나님의 뜻과 조화를 이루기 위해 높은 자리를 찾을 필요가 없고 남다를 필요도 없으며 위대할 필요도 없다는 것을 지적했을 것이다. 심지어 자주, 영적일 필요도 없다. 하나님의 뜻과 목적은 눈에 띄지 않는 지상의 활동—이 활동을 우리는 자주 못보고 지나친다—과 관계가 있다.6) 사람은 대수롭지 않은 일 속에서 자신의 소명을 성취하는데, 이 일은 하나님의 손으로부터 오는 것이므로 가장 중요한 것이다. 우리 속의 새 사람은 무엇이 되었든 마음에서 우러나는 기쁨으로(ex animo et cum gaudio) 자신의 일을 행한다. 복음과 믿음이 지배하는 곳에서, 우리의 동료 인간은 귀찮은 존재가 되기를 그치고, 우리는 그를 기쁨으로 섬긴다.

율법은 지배하기위해 모든 노력을 경주하고 사랑을 명령한다. 율법은 여왕인 사랑을 하녀로 만든다. 율법은 동료 인간에 대한 동정심을 강요하려고 한다. 사랑은 그를 기쁨으로 만드는 반면 율법은 그를 하나의 짐으로 만든다. 사랑이 떠맡을 때, 새 사람은 선행을 낳는다. 이 일들을 통해 하나님은 세상을 재창조하신다. 이것은 전 우주의 실제적인 재창조를 포함한다. 다른 말로 하면, 그리스도의 교회는 사회 질서의 지속적인 갱신에 대해 책임이 있다.

그러나 루터는 전 세계적인 사회 개혁에 관한 제안에는 다소 인색하다. 그는 프로그램을 짜지 않는다. 이것은 우연이 아니고, 그의 믿음관을 반영한다. 그는 마귀가 항상 가까이 있다는 것, 심지어 지금

---

5) *Ibid.*, p. 154.
6) L. Pinomaa, "Luomakunnan asema Lutherin teologiassa," *Talenta quinque* (Helsinki, 1953), p. 229.

잠시나마 개선된 사회 질서 속에 있다는 것을 알고 있고, 인간의 죄로 오염되지 않은 삶의 구조는 아무 것도 없다는 것을 알고 있다. 윤리적 개혁의 모든 구체적 프로그램들은 다른 이들에게 행해진 즉각적인 선행들과 양립할 수 없다. 선행들은 미리 계획될 수도 없고 예고될 수도 없다. 왜냐하면 사랑은 무엇이 이웃의 필요를 가장 잘 채울 수 있을지를 순간적으로 발견하기 때문이다. 일정하게 예측 가능한 선행들은 그것들의 목적을 좌절시킨다. 이와 같이 자신의 거룩함과 구원의 확신을 어떤 구체적인 행위들을 통해 확립하려는 사람은 이중의 손실을 입는다. 첫 번째로, 그의 희생들은 결코 성공하지 못한다. 왜냐하면 그것들은 믿음이 결여되어 있고 따라서 성령의 확신도 결여되어 있기 때문이다. 두 번째로, 그것들은 사랑과 전혀 관계가 없다. 왜냐하면 그것들은 결국 타인의 필요가 아니라 자기 자신의 구원에 초점이 맞추어져 있기 때문이다. 사랑이 있는 곳에 형식적인 율법은 없다. 사랑의 행위들은 어떤 때는 매우 평범하고 어떤 때는 매우 특이하기 때문이다. 루터의 소명관에 따르면, 남편과 부인, 부모와 자녀, 주인과 종, 통치자와 신민은 무엇을 하게 될 것인지 예측 할 수 없는 상황들 속에 끊임없이 자신들이 있게 될 것을 예상할 수 있다. 만일 새 생명의 모든 일들이 프로그램화될 수 있고 미리 계획될 수 있다면, 그 결과로 생기는 윤리 체계는 하나님께 대한 인간의 관계를 대신 할 수 있으며, 하나님이 지금 자신의 세상을 재창조하시기 위해 사용하시는 사랑의 저 끈기 있고 독창적인 영을 위태롭게 한다.[7]

---

7) G. Wingren, *op. cit.*, pp. 48ff.

소명과 모방

새 생명의 행위들이 법제화될 수도 없고 또 그래서도 안 되므로, 행동의 귀감으로서의 모방은 당연히 거부되어야 한다. 하나님의 뜻을 행하는 유일하고 적합한 길은 소명을 성취하고 실천하는 것이다. 나는 하나님의 뜻을 행하기 위해 다른 어떤 사람을 흉내 낼 수 없다. 왜냐하면 어느 누구도 하나님이 내게 주신 삶의 환경을 갖고 있지 않기 때문이다. 예를 들어, 성 프란시스는 그가 얼마나 영적이고 거룩했는지에 관계없이, 나의 본보기가 될 수 없다. 소명이 모방을 대신하게 될 때, 각 사람이 자신의 상황에서 그를 위한 하나님의 길을 발견할 필요가 있다. 어렵고 중요한 결정들은 위험을 수반하지만, 믿음은 위험을 감행하는 것에서 결코 물러서지 않는다. 다른 사람을 흉내 내어 따라하려는 사람은 자신의 시간적이고 공간적인 끈으로부터 분리될 수밖에 없는 반면, 자신의 소명을 성취하기를 원하는 사람은 그의 삶의 전체적인 상황을 하나님의 선물로 받아들인다. 하나님은 자신을 우리의 환경 속에서 숨기신다. 우리 주변의 모든 피조물은 하나님의 가면이다. 모든 피조물이란 전체적인 환경을 포함하는데, 이에는 루터가 『소교리문답서』(Small Catechism)에서 주기도의 네 번째 간구를 설명하는 가운데 열거하듯이, 가정, 직업, 동료 일꾼들, 이웃들, 건강, 그리고 부(富)가 있다. 이 모든 것들 가운데서 우리는 동료 인간을 사랑하고 우리의 윤리적 활동을 그에게 집중해야 한다. 그리스도인은 자신을 위해서나 자신의 구원을 위해서 이 세상에 있지 않다. 그는 다른 사람들을 섬기기 위해 여기에 놓여진 것이다. 이 섬김에서 유일한 지배 원리는 사랑이다. 그러나 사랑을 실천하는 프로그램은 그의 손에 쥐어져 있지 않다. 왜냐하면 그것은 상황자체에 의해 결정되어야할 것이기 때문이다. 이것은, 기독교 믿음이 결코 어떤 이데올로기로 만들어질 수 없다는 것을 의미한다. 이것은 또한, 특정 정강(政綱)을 갖춘 기독교 정당을 세우는 것이 사랑의 원칙과 프로그램과 조화되지 않는다는 것을 의미한다. 여기서 우리는 루터교 믿음관의 가장 큰 어려움과 가장 고상한 이상이 만나는 교차점에 서게 된다. 곧, 어떤 율법이나 규율들이 아니라, 이웃을 섬기기 위해 하나님의 창공아래에서 활동하는 열정적 사랑이 관건이라는 것이다. 만일 사랑이 결여되어 있다면, 그 잘못은 믿음에 있다. 그리스도인은 도덕에 의해 강요당하지 않고 그의 가장 깊은 내면의 실존―그의 하나님-관계, 그의 구원의 필요성, 그의 죄 인식―에서 붙잡혀있으며, 그를 과거 어느 때보다 더 생동적이고 활동적으로 만드시는 그리스도에 의해 자유하게 된다.

동일한 활동이 어느 곳에나 적절한 것은 아니다. 따라서 직업과 소명에서의 다양성이 필요하다. 삶 자체가 이 다양성의 특성을 갖고 있고, 루터는 적어도 이것이 기뻐할 이유가 된다고 보았다. 우리는 루터가 이것에 있어 분명히 창조주 자신―창조주의 일들이 다양성에 대한 그 분의 사랑에 대한 증거가 된다―과 조화를 이루고 있다고 말할 수밖에 없다. 루터의 사회 윤리의 모퉁이 돌에는 다음과 같은 문장이 새겨져 있을 수 있다: "각자 자신의 일에 집중하도록 하라." 루터는 논문 『수도원 서약에 관하여』(On Monastic Vows)에서 쓰고 있다: "이것이 하나님의 확실한 결정이니, 모든 성도들이 그 외적인 삶에 있어서는 상이한 사명들을 수행하는 반면, 동일한 믿음으로 살고 동일한 성령에 의해 이끌림 받고 인도되어야 한다."[8] 그 이유는 "하나님이 그들 모두 안에서 동일한 일을 만들어내시지 않기 때문이다. 왜냐하면 하나님은 그들을 동일한 성령과 믿음으로 인도하시는 한편, 자신의 능력이 다양한 시간, 장소, 사람, 행위들에 효력을 내도록 하시기 때문이다." 이처럼 하나님의 길은 숨겨져 있다. 하나님은 자신의 성도들이, 저들의 때와 장소에서, 다른 데서는 본 적이 없는 일들을 행하도록 하신다. 하나님의 백성은 모델 없이 일해야 한다. 자기 자신의 방법을 찾아야 한다.

믿음은 단일성을 보존한다

지금까지 말한 것을 이해하기 위해 우리는 그것을 두 영역들 개념의 빛에서 보아야 한다. 믿음 안에서 모든 그리스도인은 비슷하다. 하나님과 구원에 대한 관계에는 구별이 없는데, 믿음만이 여기서 중요하기 때문이다. 행위의 세상에서는 구별이 큰데, 우리가 여기서 다양한 직업, 지위, 직책을 갖고 있기 때문이다. 루터는 태양이 농부와 왕, 잡초와 장미, 뒤뜰의 돼지와 어여쁜 소녀들에게 동일하게 비추는 한편, 이들이 동일한 햇빛아래에서 수행하는 행위들은 다를 수밖에 없다는 것을 지적한다. 인간의 재능과 관심사, 기술과 임무들이 결코 동일하지 않다는 사실은 우리가 행위들의 세상에서 발견하는 풍부한 다양성 속에 반영되어있다. 그러나 하나님 앞에서, 구원의 문제에서, 모든 사람은 비슷하다.

우리가 일단 이 진리를 깨닫는다면 믿음에 대한 루터의 강한 강조를 바로 인식할 수 있다. 믿음은 하나님께 대한 열린 태도로서,

---

8) *WA* 8, 588 (1521).

그에게서 공급을 받고 그에 의존하여 살아간다. 믿음으로 사는 사람은 다른 이들과의 일치점이 부족하다 해서 염려하지 않는다. 그에게 절대적으로 중요하고 유일한 것은 은혜로서, 그는 이것을 선물로 받고 또한 이것으로 살아간다.

땅의 임무들에 있어 차이점들은 계속 남아있다. 우리는 계속해서 신분과 지위에 있어 차이를 경험할 것이다. 이끌어 가는 사람들이 있을 것이고 이끌림 받는 사람들도 있을 것이다. 그러나 신분과 지위의 이 차이점들은 하나님 앞에서 아무런 가치가 없으므로, 그리스도인은 이 땅의 일들에 있어서 차이점들을 기쁘게 감수할 수 있다. 그는 권력과 부에 대한 거짓되고 우상 숭배적인 동경에 꼬임을 받지 않을 것이다. 수도승들의 외적 거룩함과 환상가들의 영성에 대해 감탄하지 않을 것이다. 루터는 자신의 입장을 다음과 같이 진술하고 있다:

> 자, 내가 결혼한 사람이건 미혼자이건, 주인이건 종이건, 배운 사람이건 평범한 사람이건, 회색 옷이건 붉은 옷이건, 금식을 하건 밥을 먹건, 찡그린 얼굴이건 웃는 얼굴이건, 무엇을 보든지 내가 그에 대해 신경 쓸 일이 무엇인가? 다른 말로 하면, 그들 중에서 보는 차이점들이란 내게는 모두 동일한 것들이다. 왜냐하면 나는 붉은 외투의 소녀이건 금장식 달린 옷을 입은 왕자이건 그들은 회색 외투의 거지나 양털이나 털로 만든 셔츠를 입고 있는 수도승 못지않게 그리스도인이라는 통찰에 도달했기 때문이다. 이 통찰을 가졌기에 나는 모든 종류의 외적인 가면들에 대해 안전하다.[9]

---

9) WA 32, 510 (1532). LW 21, 255.

절대적 동등함과 분명한 차이들, 이 둘 다 하나님에게서 온 것으로서, 구원에 있어서는 동등함이, 세상의 임무에 있어서는 차이들이 있다.

그러나 만일 구원을 선행의 영역에서 찾는다면, 전적인 혼돈이 생길 것이다. 하나님의 질서는 붕괴된다. 만일 믿음의 근거가 제거되면, 구원은 행위를 통해 찾아야 할 것이다. 그러나 우리는 다양한 일들을 행하므로, 각자는 자신의 길이 구원받을 수 있는 유일한 길이라고 볼 수밖에 없다. 이것은 이방인들의 운명으로서, 이들은 각자 자신의 구원의 길을 갖고 있다. 그러나 구원의 기초를 자신이 하는 일 위에 두는 이도 동일한 잘못에 빠진다. 행위와 관습의 영역 안에서 변화가 도입되면서, 구원받는 방법의 수효는 증가하고 혼돈이 증폭된다.[10] 루터는 이 점을 그의 『교회설교』(Church Postil)에서, 가롯 유다가 이름으로 언급된 반면 요한은 단지 "예수님이 사랑하신 제자"라는 이름으로 불린 사실을 가리키면서 설명하고 있다:

성 요한이 왜 자신의 이름을 밝히지 않는지 잘 주목해보시라. 믿음은 행위가 하듯 분파를 만들지 않으며, 차이를 만들지 않는다. 그 이유 때문에 믿음에게는 이름을 들어 지목할 수 있는 구체적 행위가 요구되지 않는다. 왜냐하면 믿음은 상황들에 가장 잘 맞는 모든 종류의 일들을 행하기 때문이다. 믿음에게 있어 이 선행은 저 선행만큼이나 받아들일 만하다. 그러나 믿음은 없이 행위들 속에서 분열하는 것이 가롯 유다의 특징이다. 어떤 이는 그의 믿음 때문이 아니라 그의 주교관(冠)과 지팡이 때문에 주교라 불린다. 또 어떤 이는 그의 가운과 나무 신발 때문에 맨발의 수도사로 인정을 받는다. 또 어떤 이는 그의 검은 외투 때문에 어거스틴파 수도승으로 알려진다 등등. 어떤 이는 이것으로부터 자신

---

10) G. Wingren, op. cit., pp. 172ff.

의 이름을 얻고, 또 어떤 이는 저것으로부터 이름을 얻는다. 그러나 믿음은 외적 행위나 신분들에 의해 증명되지 않는다. 그리고 바로 그 이유 때문에 예수님이 사랑하시는 제자들을 만들어 내는 것은 믿음이다.[11]

구원이 행위와 외적 행실에 달려있다고 사람이 믿을 때, 그는 유사한 행위와 외적인 행실을 누구에게서나 요구하게 될 것이다. 이것은 끝없는 집단들과 당파들의 근원이 된다. 이는 다 외적인 것이 구원의 길 내지 조건이 되었기 때문이다.

복음은 이 모든 것을 바꾼다. 구원의 문제에 있어서 결정적인 요소는 우리가 행한 이러 저러한 거룩한 행위가 아니다. 외적 행위의 어떠한 형태도 거룩한 것으로 골라낼 수 없다. 율법은 실로 형식적인 유사성을 생산할 수는 있지만 그렇게 함으로써 참된 단일성을 파괴한다. 복음은 외적 차이들을 허용하는 한편, 참된 단일성을 세운다. 왜냐하면 마음들과 양심들 중에서, 그리스도가 구원의 문제에 있어 유일한 근거이며 유일한 길이기 때문이다. 외적인 차이는 남아있고 또 남아있어야 한다. 왜냐하면 그러한 차이점들은 기독교적 자유와 자발적인 윤리적 행동의 한 면이기 때문이다. 그러한 차이점들은 필요하기도 한데, 사랑은 이웃이 곤궁에 빠져있는 것을 보는 때와 장소를 불문하고 그를 섬기려 하기 때문이다. 차이점들은 하나님으로부터 오며 선물들의 수여자이신 그 분의 풍요함을 가리킨다.

세상의 눈에는 다양한 임무들이 그 영광과 중요성에 있어 차이가 난다. "그러나 하나님의 눈은 행위들이 아니라 그것들 속에 있는 우리

---

[11] WA 10 I, 1, 322 (1522). G. Wingren, *op. cit.*, pp. 176ff.에서 인용.

의 순종을 눈여겨보신다"고 루터는 말한다.12) 이러한 관계에서 루터는 고린도전서 7장 20절을 가리킨다. 자기 소명의 책임들에 대한 주의가 사람을 전체 몸의 유용한 지체로 만든다. 한 지체가 거룩함을 추구하기 위해 몸으로부터 탈퇴 한다면 그 지체는 자신의 생명을 파괴하고 다른 지체들에게 해를 끼치게 된다. 몸의 어떤 지체도 그 몸의 지체가 되기 위해 자신의 기능들을 행하는 것은 아니라는 것이 루터에게 중요한 사실이었다. 나는 이미 한 지체이다! 나의 지체됨은 그리스도께서 만들어주신 것이다. 따라서 나는 몸과 그 지체들의 복지를 위해 모든 노력을 경주할 수 있다. 그리스도인은 자신을 위해 어떤 종류의 일들을 선택할 필요가 없다. 그는 분파를 만드는 이가 아니다. 그는 아무리 대수롭지 않은 것일지라도 자신의 소명에 만족한다. 믿음 안에서 모든 사람이 비슷하므로 그는 다른 지체들만큼이나 몸에 속해있다. 이 이유 때문에 지상의 일들에 있어서 차이점들은 분열을 일으킬 필요가 없다. 왜냐하면 모든 신분과 소명은 하나님으로부터 묶여져 있기 때문이다. 그들은 그리스도 안에서 하나이며 그 분으로부터 유래하며 모두 그의 가면들이다. 루터는 하나님과 인간의 협동에 대해 알고 있었으나 이 협동의 방향은 결코 위로 하나님을 향하지 않고 늘 밖으로 우리의 동료 이웃들을 향한다. 기독교적 행위는 하나님의 사랑 안에 기원을 두므로 그리스도인의 기능은 중간자의 기능, 즉 하나님의 가면이다. 빙그렌(Wingren)은 이 사상을 설명한다. 곧, "*imitatio*(모방)에 대한 루터의 견해는 부정적이다. 사람은 어떤 외적인 것에도 신뢰를 두면 안 되고 모든 인간적 외양 앞에서 치우침

---

12) G. Wingren, *op. cit.*, p. 178에서 인용.

없이 행동해야 한다."13) 믿음은 현세적인 것이 아니고 구원과 관련이 있다. 따라서 믿음은 인간들 사이의 차이점들을 고려할 수 없다. 복음이 중개해줌으로써 양심이 하나님 존전에서 갖게 되는 자유는 인간적인 차이점들에 별 의미를 두지 않는다.

이것이 루터가 모방을 공격한 이유이다. 모방은 윤리적 신실성의 결함에서 생기는데, 이는 그 목적이 다른 사람들을 섬김에 있지 않고 스스로를 섬김에 있기 때문이다. 모방의 목표는 잘 알려진 인물이 과시하는 거룩함이며, 모방의 관심은 자신의 인격 곧 자아의 발전이다. 여기서 구원은 사람의 행동의 근원이 아니라 목표이다.14)

현재의 상황을 생각해볼 때 다음과 같이 물을 수밖에 없다. 오늘날 기독교내의 많은 것이 사회의 클럽처럼 조직되어, 모방(imitation)과 동일한 심판아래 서게 되는 것은 아닌가? 동형(同形, conformity) 또한 우리의 목표로 있지 않는가? 우리는 자신의 생명을 잃고 찾는 것에 대한 예수님의 말씀을 어떻게 이해하는가? 모형(동형)은 사물을 바라보는 어떤 방식, 곧 사람이 자신의 영혼을 구하고 싶어 하지만 하나님의 뜻에 반하여 다른 사람들처럼 됨으로써 결국은 잃어버리는, 그러한 방식을 대표하시 않는가?

거룩함과 소명

소명 윤리의 초점은 이웃 사람이지 자신의 성화가 아니다. 이것이 모든 형태의 모방을 거부하는 이유이다. 내가 모방할 수 있는

---

13) Wingren, p. 180.
14) *Ibid.*, p. 177.

유일한 성인은 나와 동일한 이웃을 갖고 있고, 나와 동일한 방법으로 그에게 관계되어 있는 사람일 것이다. 그러나 어떤 성인도 지금 내가 서 있는 곳에 있었던 적은 없다. 성인들이 우리의 모범인 것은, 우리가 사명에 대한 그들의 성실함을 닮도록 부름 받았다는 의미에서만 그렇다. 우리는 단지 그들의 사명들을 우리 자신의 것으로 만듦으로써 그들을 모범으로 삼을 수는 없다.

소명 윤리의 초점이 이웃 사람이고 자신의 성화가 아니지만, 그럼에도 성화는 소명 안에서 발생한다. 우리의 소명으로써 하나님은 우리 속의 옛 사람을 죽이시고 새 사람을 일으키신다. 인간의 소명의 십자가는 하나님의 낯선 사역이다. 그것은 육(肉)과 혈(血)에는 짐이 되지만 그리스도인에게는 온전함이 된다. 우리의 성실함은 우리에게 생기는 시련과 고통을 겪으면서 테스트 받는다.

시련들은 나의 것이며, 또 내 것인 만큼 어느 누구도 이것들을 나누어 질 수 없다. 바꾸어 말하면, 나는 내 주위 사람들의 삶과 시련들을 참으로 알 수가 없다. 그러므로 나는 결코 저들의 심판자로 나설 수 없다. 성화는 언제나 이 세상으로부터 숨겨져 있다. 성화는 인간의 여러 다른 소명들 속에서 일어난다. 우리는 사람들을 판단하고 그들을 구별할 수 있는 길이 없다. 우리는 "나는 거룩한 기독교회를 믿습니다"고 말할 수밖에 없다. 믿음은 이 세상에서 자신의 소명을 완수하는 그리스도인, 성화된 사람들이 있다는 사실에 매달린다.

인간은 타인을 모방함으로써 자신의 소명을 성취할 수 없기 때문에, 그는 닮고 싶은 모델 없이 홀로 서 있는 자신을 발견한다. 그러나 창조주 하나님은 그가 인간들에게 정해주신 소명으로써 새로운 것을 창조하시고 존재하는 것을 갱신하신다. 그 결과로 생긴 거룩함은 당분간 세상의 눈들로부터 숨겨져 있으나 마지막 날에는 계시될 것이며, 그 때에는 모든 이들이 하나님의 심판에 놀라워 할 것이다.15)

---

15) *Ibid.*, pp. 181ff.

제17장
국가

하나님은 영적 수단과 지상의 수단을 통해 세상을 통치하신다. 따라서 인간은 하나님을 모든 일 속에서 대면한다. 사회의 질서와 국가는 하나님의 프로그램에 직접적으로 개입되어 있다.

본래 루터는 사회적 문제와 정치적 문제에 대해 별로 주의를 기울이지 않았다. 하나님의 왕국과 어둠의 왕국이 맨 처음부터 서로 맞서 왔다는 어거스틴의 관찰을 받아들이는데 만족했다. 세상은 대체로 어둠의 왕국이었으므로 그에 대해 관심을 가질 필요가 별로 없었다. 그러나 종교개혁이 진행되면서 사회적 문제들이 관심을 더욱 요구하기 시작했다. 사람들이 모든 종류의 삶의 상황들 속에서 그의 지도 편달을 바라며 비텐베르그로 왔다. 루터의 조언은 대개 양심의 문제들과 관계가 있었지만 교회 생활의 갱신이 아주 여러 면에서 공적인 삶과 관련이 있었기 때문에 정치적 질문들을 마냥 무시할 수는 없었다.

아마 정치영역에 관한 루터의 가장 중요한 인식은 복음이 정치적 삶에 직접적으로 적용될 수 없다는 다소 단순한 것이었다. 영적 정부와 세속 정부는 구별되어 있어야 한다. 복음은 비록 여러 면에서 공동체의 삶에 영향을 끼치긴 하지만 국가와 사회의 문제에 있어서 직접적인 안내를 제공하지는 않는다.

현대적 의미에서의 국가는 루터 당시 존재하지 않았다. 작은 단위로 영토가 분할된 중세 후기의 독일을 근대 국가에 견주기 어렵다. 이 지역들은 국제 정치 영역에서 별다른 중요성을 갖지 못했다. 이 지역들은 권력의 마귀의 참된 성격과, 운명을 결정하는 정치적 선택의 의미를 알 수 있게 해주는 기회를 비교적 적게 제공했다. 주된 정치적 세력은 제후들과 그들의 신하들이었다. 정치적 삶은 대체로 개인적 관계들의 문제였다. 국가의 책임은 주로 정의를 실천하고 질서를 유지하는데 국한되었다. 국가는 현대적 의미의 복지국가에서 행해지듯 시민의 복지에 관심을 기울일 필요가 없었다. "사회 계약" 이론은 아직 먼 훗날의 일이었다.

루터에게 있어 현명한 제후는 세상의 모든 법들과 법률가들보다 더 뛰어났다. 삶의 참된 기술은 제도적 교육보다 훨씬 가치가 높았다. 이후 세기의 독일 영혼을 특징짓게 될 조직적 사고에 대한 동경은 루터에게 낯설었다.

국가의 사명

정치적 질서(*weltlich regiment*)는 죄 때문에 존재했다. 이를 두고 정치적 삶 그 자체가 죄라는 의미로 이해해서는 안 된다. "죄 때문에"라는 말은 국가편에서의 무력 사용이 이 죄된 세상 안에서 질서를 유지할 수 있는 유일한 방법이라는 것을 의미한다. 재세례파들과 이후 시대의 일부 경건주의 운동들은 정반대의 견해, 즉 국가 자체가 죄를 대표한다는 견해를 취했다.

국가는 정의의 체제를 유지해야 한다. 평화와 질서를 위해 국가에게 칼이 주어졌다. 국가에 의한 칼의 사용은 복음의 선포가 가능한 상태를 보장해준다.[1] 이러한 의미에서 세속 권위자들은 신민들의 영원한 복리와 구원에 대해서도 책임을 진다. 이 때문에 신학자들과 법률가들의 사명은 서로 긴밀한 관계 속에 있다. 신학자들과 법률가들은 평화의 목적을 지지해주는 기둥들이다. 루터는 말한다:

> 우리 신학자들과 법률가들은 같이 서든지 넘어지든지 할 수 밖에 없다. 이 점에 있어 나는 틀리지 않다. 신학자들이 사라질 때 하나님의 말씀도 사라지고, 이방인만, 사실 순전한 마귀들만 남게 된다. 법률가들이 사라질 때 정의와 평화도 사라지고, 도적질, 살인, 야만적 파괴, 폭력, 사실상 야수들만 남게 된다.[2]

가정과 법정과 교회는 삶의 뼈대를 제공한다. 이것들은 잘-정돈된-삶의 위계질서라고 부를 수 있는 것을 구성한다.[3]

국가와 사회에 대한 루터의 사상은 목회적 관심에 의해 촉발된 우연적인 것이었다. 루터는 양심의 괴로움을 느끼는 이들을 위한 안내로서 1523년 『세속권위』(*Temporal Authority*)에 대한 논문을 작성했

---

1) *WA* 23, 514 (1527). 참조: *WA* 23, 9 (1527).
2) *WA* 30 II, 578 (1530).
3) *WA* 50, 652 (1539).

다. 종교개혁과 관련된 사건들의 흐름이 너무나 격렬했으므로 대학교수로서 그에게 요구된 것 이상으로는 절대적으로 필요한 것만 저술할 수 있었다. 이 이유 때문에 특히 사회 윤리에 대한 그의 견해들은 특별한 상황들과의 관련 때문에 부득불 작성된 저술에서 추려내야 한다. 이것은 루터의 해석자에게 이해할만한 어려움을 제공한다. 정확히 말하자면, 해석자는 한편으로는 루터가 어떤 주어진 상황들 속에서 취한 특정한 견해들을 너무 강조하지 말아야 하며, 다른 한편으로는 루터가 핵심적인 중요성이 있는 것들을 지나가는 말로 발언했을 수도 있고 특별히 강조하지 않았을 수도 있음을 인정해야 한다.

이 세상에서의 질서와 정의의 대리자로서의 국가의 사명이 경찰력의 사용을 내포하므로 우리는 먼저 전쟁의 문제와 무력의 사용에 주의를 기울이려고 한다.

무력과 전쟁

산상수훈에 나오는 "악에 저항하지 말라"는 구절은 모든 시대의 신학자들에게 적지 않은 어려움을 제공했다. 어디서도 여기에서만큼 날카롭게 국가관과 교회관이 서로 충돌하지 않는다. 국가는 모든 상황들 속에서 질서를 유지하고 신민을 폭력으로부터 보호해야 한다. 국가는 이 목표들을 실현하기 위해 필요하다면 완고한 악행자들에 맞서 무력을 사용할 수 있어야 하며, 동시에 국민의 자유를 가능한 한 조금 제한해야 한다. 다른 한 편 교회는 모든 조건들 속에서 평화와 사랑을 선포하고 증진시켜야한다.

루터는 전쟁에 대한 자신의 견해를 논문 『군인들도 구원받을 수 있는가』(*Whether Soldiers, too, Can Be Saved*, 1526)에서 밝혔다. 그는 전쟁의 문제를 주로 법률적 관점에서 바라본다. 전쟁은 정의의 영역 속에 있는 사건이다. 전쟁은 신율(神律)로 내린 평화로운 질서를 파괴하든지 평화를 회복시키든지 한다. 전쟁은 정의의 질서를 파괴하는 것인 만큼, 강도, 약탈, 살인, 간음과 같이 분류되어야 한다. 전쟁은 평화의 목적을 섬기는 것인 만큼, 하나님이 국가에 부여하신 징벌적이고 보호적인 기능으로서, 이 경우 사랑의 목적에 봉사한다. 루터는 묻는다: "만일 악행자들의 심판과 평화의 보존이 아니라면, 무엇이 정당한 전쟁인가? 도둑, 살인자 혹은 간음자가 벌을 받을 때는 개별적인 범죄자가 벌을 받지만, 정당한 전쟁이 수행될 때는 벌이 범죄자 무리 전체에게 내리는 것으로서, 그들의 범죄는 그것의 크기에 비례한다."[4]

원칙적으로 동일한 칼이 재판정과 전쟁터에서 실행 중이므로 루터에게 있어 전쟁의 당위성은 문제가 되지 않았다. 전쟁은 징벌하는 행위이다. 전쟁의 옳고 그름은 전쟁을 시작하는 무리의 신분에 달려있다. 중세의 영토적 체계에서 최하위의 권위자는 하급 귀족이었다. 그들 위로 영주들과 통치자들이 있었고 마지막으로 황제가 있었다. 권력의 이 위계질서에서 최상위자는 하나님 자신이었다.

루터는 여기서도 전쟁의 정당성에 대한 이론을 만들려고 하지 않는다. 그의 목적은 사람들의 양심을 계몽하고 이들이 하나님의 뜻에 따라 군사적 활동에 개입하는 것을 가능하도록 하는 것이었다. 이 이유로 해서 그는 특정한 상황들 하에서 전쟁을 정당화하는데

---

[4] *WA* 19, 628 (1525). *Works*, V, p. 38.

있어 큰 어려움을 느끼지 못했다. 루터는 그의 책 『라토무스 반박』(Against Latomus)에서 쓰고 있다:

> 그러므로 만일 터키인들이 우리에게 전쟁을 시작하고―물론 저들은 이렇게 하도록 허락을 받지 못했지만―제지당하지 않게 된다면, 저들에게 루뱅 신학자들을 대사로 보내자. 이들은 "그대들은 전투하도록 허락받지 못했소. 왜냐하면 당신들이 싸운다면 우리가 정죄할 것이기 때문이오"라고 말할 것이기 때문이다. 그런 다음 우리는 루뱅인들더러 파괴하게 놔두고, 우리가 승리자라고 외칠 것이다.5)

이것이 루터가 그의 대적자들에게 주는 제안이다. 그는 전쟁과 관련한 자신의 견해에 대해 다른 곳에서 쓰고 있다:

> 사람들이 전쟁에 대해 쓰면서 그것이 커다란 역병이라고 할 때, 모두 다 옳다. 그러나 그들은 전쟁이 억제하는 역병이 얼마나 큰 지도 보아야 한다. 사람들이 선하고 평화를 기꺼이 지킨다면 전쟁은 지구상에서 가장 큰 역병일 것이다. 그러나 사람들이 평화를 지키지 않고 강도질하고 훔치고 죽이고 여자들과 아이들을 유린하고 재산과 명예를 앗아가려고 하는 사실을 그대는 어떻게 하겠는가? 전쟁 혹은 칼이라고 불리는 평화의 작은 결핍이 이 우주적이고 전 세계에 퍼져있는 평화의 결핍―이 결핍 앞에서는 어느 누구도 견딜 수 없다―을 저지해야 한다. 그러므로 하나님은 칼을 자신의 법령이라고 부르실 정도로 그것에 지극히 높은 명예를 주시고, 사람들이 그것을 창안해냈다거나 제정했다고 말하거나 상상하지 못하게 하실 것이다. 왜냐하면 이 칼을 휘두르고 그것으로 도륙하는 손은 더 이상 인간의 손이 아니라 하나님의

---

5) WA 8, 51 (1521). LW 32, 149.

손이며, 교수형에 처하고 고문하고 목을 자르고 도륙하고 전투하는 이는 사람이 아니라 하나님이시기 때문이다. 이 모든 것들은 그의 사역이며 그의 심판이다.6)

그러므로 루터는 전쟁이 훼손된 정의의 질서를 회복하는 문제일 때, 그것의 타당성에 의문을 제기하지 않는다. 국가는 의로우신 하나님의 종으로서 칼도 사용할 권리가 있지만, 이는 오로지 정의가 다시금 수립되는 정도까지만 그렇다.

루터는 결코 무력이나 전쟁을 이상화시키지 않았으며, 질서 보존을 국가의 사명으로 보았다. 이 질서 없이 복음은 선포될 수 없고 사람들은 그리스도인들로서 살 수 없을 것이다. 루터는 기독교적 자유에 대해 말하는 가운데, 국가가 개인의 양심과는 그 어떤 관계도 없다는 것을 분명히 한다. 양심의 문제들에 있어 그리스도인은 자유롭다. 따라서 전체주의적 국가들은 자신들의 목적을 방어하기 위해 루터에게 호소할 수 없다.

농민전쟁

루터의 적들은 그가 농민전쟁 중에 농민들에게 취한 태도가 중대한 잘못이었다고 늘 느껴왔다. 그들은 루터가 농민들의 대의를 배신했으며 귀족들의 편에 섰다고 말한다. 여기에 대해 우리는 어떻게 말해야 할까?

사회적 불안이 바로 1517년 전까지 독일 대부분 지역을 뒤덮었다.

---

6) *WA* 19, 626 (1525). *Works*, V, p. 36.

도시만 아니라 시골에서도 위험스런 긴장의 징조들이 있었다. 루터와 츠빙글리의 출현으로 세속 권위와 교회 권위가 손상을 입었다. "보통 사람"이 자신의 입장을 알려야 한다는 주장의 팜플렛들이 배포되었다. 해방의 시간이 도래한 듯 했고 모든 불공평을 바로잡을 때가 온 듯 했다. 이 선포의 중심에는 복음과 기독교 자유의 메시지가 있었다. 그러나 보통 사람이 어떻게 자유의 이 메시지를 물질적 개념이 아닌 다른 방법으로 이해할 수 있었을까? 교회와 귀족은 대지주들이었고 이들 가운데서 독단적 전횡과 압제는 드문 일이 아니었다.

루터는 이미 논문 『세속권위』(Temporal Authority)에서 그러나 특히 『평화를 위한 권면』(Admonition to Peace, 1525)에서 군주들을 호되게 질책했다. 농민들은 군주들과 주교들에 대한 불평에 있어 정당했다. 루터는 쓰고 있다:

> 그대들의 세속 통치에서 그대들은 화려하고 우쭐대는 삶을 영위하기 위해, 가난한 보통 사람들이 더 이상 견디지 못할 때까지, 신민들의 가죽을 벗기고 강탈할 뿐이다. 칼이 그대들 목구멍에 겨누어져 있지만, 그대들은 자신이 말안장에 확고히 앉아있기 때문에 어느 누구도 말에서 떨어뜨릴 수 없다고 생각한다. 이제 알게 되겠지만, 이 거짓된 안전과 완고한 외고집이 그대들의 목을 부러뜨릴 것이다.[7]

루터는 만일 군주들이 우호적으로 또 자진해서 태도를 바꾸지 않는다면, 무력과 파괴를 통해 억지로 그렇게 될 것이라고 경고한다. 농민들이 그렇게 하지 않는다면, 다른 이들이 할 것이다. 군주들은 자신의

---

7) WA 18, 293 (1525). Works, IV, pp. 220f.

호화스러운 삶을 억제해서 가난한 사람도 무엇인가 소유할 수 있도록 해야 한다.8)

루터는 농민들에게도 할 말이 있었다. 그는 저들의 요구들이 대체로 온건하고 옳으며 군주들의 범죄들이 명백하다는 것을 인정한다고 말을 시작한다. 그러나 이어서 말한다:

> 통치자들이 악하고 불공평하다고 해서 폭동과 반란에 대한 구실은 되지 못한다. 악을 징벌하는 것은 누구에게나 있는 것이 아니라 칼을 쥐고 있는 세속 통치자들에게 있기 때문이다. 그리하여 바울은 로마서 13장에서 또한 베드로는 베드로전서 3장에서 이들이 악한 자들의 징벌을 위해 하나님에 의해 제정되었다고 말한다. 그리고 어느 누구도 자신의 사건에서 재판관이 되거나 스스로 원수를 갚아서는 안 된다는 온 세상의 자연법도 있다.9)

루터는 그 당시의 상황을 가리키면서, 반역하는 농부들에게 묻는다:

> 나는 그대들을 재판관으로 삼아, 누가 더 나쁜 강도인지 판단해보기 원한다. 다른 사람의 소유물의 많은 부분을 빼앗고 일부를 남겨주는 사람인지, 아니면 그 가진 것을 모두 빼앗고 그 생명까지도 빼앗는 사람인지. 한편으로, 통치자들은 불공평하게 당신들의 재산을 빼앗아 간다. 그것은 한 면이다. 다른 한편으로, 그대들은 그들로부터 그들의 전 재산과 생명과 존재가 걸려있는 권위를 빼앗아간다. 그러므로 그대들은 그들보다 훨씬 더한 강도들이며 그들이 한 것보다 더 악한 일들을 획책하고 있다.10)

---

8) WA 18, 294, 299 (1525). Works, IV, pp. 221, 224.
9) WA 18, 303 (1525). Works, IV, pp. 226f.

군주들은 자신의 신민들의 재산과 관련한 전횡에 더하여, 복음을 신민들에게서 막는 죄를 저질렀다. 그러나 루터는 농부들도 하나님의 이름을 발로 짓밟는 잘못을 저질렀다고 느꼈다. 농부들은 해를 받지 않으려고, 그들의 권리 방어 문제를 자신의 손안에 쥐고 있었다. 이에 맞서 그리스도는 말씀하신다: "악에 저항하지 말라." 루터는 농부들에게, 만일 저들이 이 말씀에 주의를 기울이지 않으려 한다면 그리스도인의 이름을 벗어버려야 하며 저들의 행동에 어울리는 다른 이름을 자랑해야 한다고 말한다.[11] 그는 다음과 같이 지적한다:

> 이제 거짓 예언자들이 그대들을 꾀어 얼마나 멀리 그것들 [기독교적 법] 로부터 떠나게 했는지 보라. 그리고 저들은 그대들을 이방인보다 악하게 만들었으면서도 그대들을 그리스도인들이라 부르고 있다. 이 말씀들로부터 어린이는, 부당함에 맞서 싸우지 말고 칼을 붙잡지 말고 자신을 방어하려 들지 말고 원수를 갚지 말고 생명과 재산을 포기하고 그것을 원하는 이더러 취하게 놔두는 것이 기독교적 법이라는 것을, 쉽게 이해한다. 우리는 주님 안에서 풍족히 갖고 있으며 주님은 약속하신대로 우리를 그냥 내버려두지 않으실 것이다. 고난, 고난, 십자가, 십자가! 다른 어떤 것이 아니라 이것이 기독교적 법이다![12]

이러한 기독교적 권면이 거센 반란의 물결을 더 이상 막지 못했다. 반란의 지도자들은 루터의 경고를 고맙게 여기는커녕 그가 자신들을 배반했다고 여겼다. 그리고 루터의 논문은 저들의 손에 너무

---

10) *WA* 18, 305 (1525). *Works*, IV, pp. 227f.
11) *WA* 18, 308 (1525). *Works*, IV, p. 230.
12) *WA* 18, 310 (1525). *Works*, IV, pp. 230f.

늦게 도달했는데, 그 때는 이미 사태가 걷잡을 수 없이 진행되고 있었다.

처음에 농민들은 무력에 호소하면 안 된다는데 있어서 루터와 한 마음이었다. 그들은 폭력에 호소해서는 안 된다. 불의에 맞서 저항해야 하지만, 그렇지 않을 경우 말씀이 그 일을 하도록 허용되어야 한다. 결국, 많은 수도원들을 비우는 데는 말씀으로 충분했다. 농부들은 실제로 위협받을 때에만 무기를 잡을 것이었다. 그러한 상황은 곧 전개되었다. 1524년 로마가톨릭 영주들은 새로운 믿음의 추종자들을 무력으로 진압하기 시작했다. 복음적 목사들은 쫓겨났고 저들의 책은 불태워졌다. 이러한 상황 하에서 독일 이쪽 끝에서 저쪽 끝으로 폭동의 불길이 타올랐다. 토마스 뮌처와 같은 폭력적인 영들이 운동의 지휘권을 잡았으며, 사태가 곧 통제 불능이 되었다. 독일 전체가 화염과 유혈 속에 멸망할 위험에 처했다. 약탈당한 수도원들, 불타는 성과 마을들, 그리고 살해당한 귀족들과 목사들이 복음의 자유의 육적인 해석에 대한 명백한 증거였다. 이 모든 것이 방해받지 않고 계속되었더라면 독일 전체가 파괴되고 종교개혁의 모든 대의는 상실되고 말았을 것이다.

심각한 상황에 직면하여 군주들은 겁쟁이로 변했다. 저들의 망설임과 무대응이 그 모든 일이 발생하게 만들었다. 사태에 대한 더 강력한 통제가 필요했다. 통치자들은 자신의 책임을 심각하게 받아들여야 했다. 이 목적을 위해 루터는 자신의 유명한 논문 『약탈을 일삼고 살인하는 농민들의 무리에 대항하여』(Against the Robbing and Murdering Hordes of Peasants, 1525)를 썼다. 농민들을 살해하는 것은 하나님 앞에서 공적이 있는 행위라는 것과 같은 강경한 발언들은 논문의 출판이후 루터의 명성에 먹칠을 하는데 사용되었다. 루터가 처음에는 농민들과 한 편이었다가 후에 저들의 대의를 배반하여 결국 종교개혁 전체의 대의를 망쳤고, 종교개혁이 사회적 문제에 대해 귀가 먹고 눈이 가려졌음을 드러내고 만 것으로 되어버렸다.

그러나 사실들에 대한 편견 없는 분석을 해보면, 사건들이 유감스럽게도 얽히고설킨 것을 알 수 있다. 농부들의 요구는 대체로 정당했으나 필요한 개혁들은 즉각적으로 취해지지 않았다. 그 결과 불만이 공공연한 폭력으로 터져 나왔으나, 이 폭력은 중단되어야 했다. 통치자들의 칼은 하나님 자신의 질서를 대표했다. 이 사실이 옹호되지 않는 이상, 복음은 어디서든 있을 곳을 찾지 못할 것이었다고 루터는 느꼈다.

농민전쟁 중에 나온 문서들은 루터에게 사회 문제 의식이 없었다는 주장을 지지하지 않는다. 문서들은 그 때의 상황이, 질서의 회복이 절대적으로 필요한 것으로서 요청되고 있었다는 사실을 가리킨다. 대안은 전적인 무질서였다. 농민전쟁 내내 루터는 정의가 유지되어야 한다는 자신의 주장에 있어 조금도 흔들림이 없었다. 루터는 불가피해진, 폭동과 유혈행동의 진압에 대해 말하면서 기독교 권세자들에게로 향했다. 그는 전투의 종결이후에도 피에 굶주리고 그리스도에 대해서는 전혀 묻지 않는, 포악하고 지각없는 폭군들을 가르치려 하지 않았다. 루터는 말한다: "피에 굶주린 이 개들에게는 죄 있는 사람을 죽이는 것이건 죄 없는 사람을 죽이는 것이건 한가지이며, 살인이 하나님을 기쁘게 하는 것이건 마귀를 기쁘게 하는 것이건 다 한가지이다. 그들은 칼을 쥐고 있지만 단지 자신의 욕망과 이기적 의지를 분출하는데 사용할 뿐이다. 나는 그들을 그 주인인 마귀의 인도에 내맡긴다. 마귀가 진정 저들을 인도하고 있다."13)

　농민전쟁의 불행한 추이는 주로 뮌처와 같은 거짓 심령주의 교사들에 의해 결정되었다. 그러나 아마 가장 치명적이었던 것은 명백한 불법의 시정을 위해 제때에 개입하지 못한 통치자들의 실패에 있다. 그리고 루터의 저술들은 너무 늦게 나타난 듯하다. 어떤 사람은 이에 대한 책임을 루터에게 지우고 싶어 할 것이다. 그러나 이 점에 있어서 그를 판단하는 우리는 누구인가. 우리는 교통수단과 매스컴의 영역에 있어 놀라운 발전을 하고 있는 시대에 살고 있지 않은가? 하지만 루터의 동기의 순전함과 관련하여 우리는 의심할 필요가 없다. 그의 저술들의 증거가 우리에게는 충분하다.14)

사회 개혁

　루터의 근본적 인식은, 사회개혁이 우선적으로 자연 이성에 달려 있지 하나님의 율법으로부터 이끌어낼 수 없다는 것이었다. 더 나아가, 영적 정부와 세속의 정부는 구분되어야 한다. 그러면 이러한 상황들 속에서 우리는 인간 사회가 그 자신의 빛에 의존한 채 전적으로 하나님 말씀의 경계밖에 남겨진 것은 아닌가 물을 수 있다.

　이 질문에 답하기 위해 우리는 앞에 말한 것을 상기할 필요가 있다. 현대의 복지 국가는 루터 당시에 알려져 있지 않았다. 그 당시의 국가는 사회 계약에 기초한 연합이 아니었고 시민의 총체적 복지와 복리에 관심을 기울이지 않았다. 또한 루터는 동료 인간의 사랑을

---

13) *WA* 18, 400 (1525). *Works*, IV, p. 280.
14) Niels Nøjgaard, *Martin Luther* (Copenhagen, 1945), pp. 173ff. 참조: H. Zahrnt, *Luther deutet Geschichte* (Munich, 1952), pp. 68ff.

위한 활동 영역이, 가능한 한 법제정이라고 하는 수단을 통해 확대된다고 느끼지 않았다. 이러한 사고들은 현대적 관점의 일부로서 루터 당시에는 자명하지 않았다. 그와 반대로, 루터는 율법의 강제 하에서 만들어진 선행들은 선하지도 않고 바람직하지도 않다고 느꼈다. 왜냐하면 그것들은 믿음의 의의 원칙과 충돌할 것이기 때문이다. 하나님을 기쁘시게 하기 위해서는 새로운 순종이 자발적이어야 한다.

그러나 만일 우리가 이 모든 것으로부터, 루터의 신학에서 하나님의 말씀의 영향이 사회개혁의 영역 안으로 확장되는 것이 아니라고 결론 내린다면, 그 결론은 잘못된 것이다. 루터는 군주와 시장과 사형집행인이 매주 복음을 듣는다는 것을 당연히 여겼다. 그들은 하나님의 뜻에 의하지 않고는 그리고 하나님께 책임을 지는 사람들로서가 아니고서는 자신의 직무를 수행할 수 없었다. 이것은 그들에게 반복해서 일깨워졌고, 그 당시의 자명한 일들 중의 하나로 되었다.

이러한 상황에서 루터는 자신의 노력을 사회갱신에 기울이지 않고 교회 갱신에 기울였다. 그러나 그가 하나님 말씀의 역동적 성격에 대해 말한 내용은 사적 집단의 영역에서만 아니라 외적 질서에서도 일반적으로 적용 가능하다. 루터는 어느 누구도 머리채가 붙잡혀 옛 질서로부터 끌려 나와서는 안 된다고 느꼈다. 사태는 하나님 손에 맡겨져야 했다. 하나님의 말씀은 우리의 행위나 우리의 방해 없이 홀로 역할을 하도록 내버려두어야 한다. 왜 그런가? 루터는 대답한다:

> 옹기장이가 제 마음대로 진흙을 빚어서 모양을 만드는 것처럼 인간의 마음을 빚는 것은 내 힘이나 손안에 있지 않기 때문이다(집회서 33:13). 나는 그들의 귀 이상 더 들어 갈 수 없다. 나는 그들의 마음에

도달할 수 없다. 그리고 나는 믿음을 그들의 마음속에 쏟아 부을 수 없으므로 누구에게든 믿음을 가지도록 강제 할 수도 없고 강제해서도 안 된다. 그것은 오로지 하나님의 사역으로서, 하나님은 믿음이 마음속에 살도록 하신다. 그러므로 우리는 말씀에게 자유로운 진로를 마련해 주어야 하고 우리의 행위를 덧붙이지 말아야 한다. 우리는 말할 수 있는 권리(jus verbi)를 갖고 있지, 성취할 수 있는 능력(executio)을 갖고 있지 않다. 우리는 말씀을 선포해야 하지만, 결과는 오로지 하나님의 기뻐하시는 뜻에 맡겨드려야 한다.15)

사회 개혁은 하나의 원칙의 문제로서 루터의 신학에 속한다. 그러나 그 프로그램은 특정 성경 구절들을 택해 그것들을 사회의 법으로 제정함으로써 될 수 있는 것이 아니다. 복음이 사회 개혁의 프로그램으로 번역될 때 더 이상 복음이기를 그치게 될 것이다. 복음은 오로지 하나님의 사역이며 선물이다. 복음이 인간 행동의 프로그램으로 만들어지면 안 된다. 만일 그렇다면 그것은 높은 곳에서 끌어내려져 율법으로 바뀔 것이기 때문이다. 이것은 발생할 수 있는 최대의 실수일 것이다. 복음과 율법의 뒤섞임 속에서 복음은 전적으로 사라져 버릴 것이다.

사회 개혁은 새롭고 더 나은 정의의 질서들을 수립하는 것이다. 세속 정부는 이 특별한 목적을 위한 하나님의 도구이다. 그러나 정의의 완벽한 질서가 이 세상의 상황들 속에서 얼마나 멀리 세워질 수 있는지는 열린 질문으로 남아 있다. 그러나 영적인 의는 이와 다른 그 무엇으로서, 예수 그리스도께서 구세주와 주님이 되신 것은 이 의를 세우기 위해서였다. 만일 세속 정부가 이 영적인 의를 성취하는

---

15) *WA* 10 III, 15 (1522). *LW* 51, 76.

수단으로 만들어진다면 두 정부는 혼동 되는데, 루터는 이를 피하려고 애썼다.

루터는 상황들이 한 순간에 바뀔 수 있음을 알았다. 하나님은 "영웅" 혹은 "기적의 사람"(vir heroicus) 곧 유일무이한 사명을 위해 특별한 소명을 받고 준비된 사람을 보내실 수 있다.16) 범인(凡人)들은 그들 나름대로 자신의 소명들로 인한 책임을 지는데, 이는 소명들이 직접적인 의미에서의 사회 개혁에 기회를 별로 제공하지 않을 때라도 그렇다. 하나님은 모든 세례 받은 그리스도인들 속에서 믿음을 창조하기를 원하신다. 그리고 믿음의 행위들은 항상 새로운 행위들이며 과거의 어떤 원형이나 전례를 따르지 않는다. 이런 식으로 하나님은 비록 인간들에게 그의 프로그램을 기록하도록 요청하지 않으실지라도 사회의 갱신에 적극적이시다. 하나님이 원하시는 것은 다만 그리스도인들이 자신의 소명 안에서 충실하며 하나님이 자신의 성령을 통해 그들 안에서 그리고 그들을 통해 일하기를 원하시는 무엇에든지 열려 있는 것이다.

---

16) 참조: 본서 pp. 87-88.

인명 및 주제 색인

ㄱ

간음 35, 246-7, 271-4, 301
『갈라디아서강해』 109, 117, 139, 170f, 172, 215
감리교 193
개신교 13, 16, 38, 194-9, 202, 210
객관주의 148
갱신 12, 33, 112, 120, 128, 183, 199, 261-2, 284, 294, 297, 310, 312
결혼 89, 197, 245, 263-277, 281, 289
경건 43, 46, 54-5, 65-6, 99, 123, 130-1, 135, 151, 154, 191-3, 210, 260
경건주의 136-7, 299
계시 25-8, 31-2, 36-40, 48-9, 72, 74-5, 84-5, 94-5, 99, 104, 117, 128, 155, 159, 170, 184, 188, 192-193, 203, 205, 231, 246, 248-9, 275, 295
  계시의 표지들 153-6
  자연계시 26, 37-9
  특별계시 246
계약 264, 298, 309
고난 26-29, 82, 98-9, 114-5, 117, 171, 173, 208, 232, 254, 306
고뇌 23, 46, 91, 99, 115, 117, 161-2, 167, 171, 230, 266
고통(Anfechtung) 45, 127, 134-5, 162-3, 172, 237
『공의회들과 교회들에 관하여』 202
『교회설교』 189, 290
『교회의 바벨론 포로』 220-1, 238, 264, 271
교황 13, 63, 181, 183, 202, 205-6, 214, 217, 221, 224-8, 252
구속 49, 97, 108, 157, 159, 171, 192-3, 246, 251, 254
『95개 논제』 162
구약 41, 80, 82, 196, 226, 231, 235, 245-6, 248-9, 251, 254
구원 56, 61-2, 64, 69, 72-4, 93, 99, 101, 104, 108, 113, 115, 118, 135, 144, 148, 150, 156-160, 173, 175, 178, 187, 204-5, 209, 211, 224, 230, 234-5, 244-5, 248, 257, 268-70, 281, 285-8, 290-1, 293, 299
구원 계획 174
구원의 길 74, 171, 290-1
구원의 서정 149-51, 158
구원의 조건 204, 291
구원의 확신 285
국가 19, 21, 23, 38, 42, 77, 80, 84, 87, 117, 195-6, 234, 249-50, 253, 256, 258, 260, 279-80, 297-301, 303, 309
『군인들도 구원받을 수 있는가』 252, 257, 300
그리스도 12, 14-5, 29-32, 36-40, 43-4, 49, 56-7, 63, 67-8, 71-4, 84, 93-104, 106-18, 121-2, 124-31, 133-8, 140-2, 144-5, 148, 150-1, 153-7, 159, 165, 170-2, 174, 176, 178, 186-94, 199-200, 202-11, 214, 223-7, 233-40, 245-8, 252, 255, 258, 261, 264, 267, 275, 277, 282-4, 287, 291-2, 306, 308, 311
그리스도와 동일시 97
그리스도의 현존('실재'도 참조) 114, 117-8, 151, 153, 156, 188, 193-4, 240
  하나님의 현존 153, 239-40, 258
『그리스도인 귀족에게 보내는 호소』 214
금욕 265-7, 270, 272, 276
기도 43-4, 47, 94, 98, 114-5, 143, 170, 173, 195, 266
기독론 93, 95, 97, 106-7, 113, 155-6, 187
기적 36, 38, 88, 194
기적의 사람 87-8, 312

ㄴ

낭만주의 196
낯선 사역 47, 60, 85, 100, 103, 106,

275, 294
『노예의지론』   37, 41, 53-4, 61, 63, 66, 73-4
농민전쟁   303, 308-9

ㄷ

『대교리문답서』   108, 201, 202f
대속   100-2, 108-9
도덕주의   28, 32
독신   208, 213, 217, 244, 263, 265-9, 272, 276-7
동시에 의인이면서 죄인   125

ㄹ

라우, F.   22
『라토무스 반박』   302
레르펠트, S.   21
로르츠, J.   13
로마가톨릭주의   196, 256
로마서강해   17, 19, 125, 173, 177
로제, B.   20
롬바르드, P.   93
뢰러, G.   18
뢰베니히, W.   22-3, 31
뢰프그렌, D.   20
뤽케르트, H.   17
르네상스   11, 42, 198
리츨, A.   51
리츨주의   13
리터, G.   77
링크, W.   19

ㅁ

마우러, W.   20
마지막 날   158-9, 232-3, 237, 283, 295
말씀   15, 20, 28, 33-5, 38-40, 45-50, 57, 60, 67-9, 71, 80-1, 85-6, 89, 94-7, 113, 115, 118, 120, 133-5, 145, 149-53, 155-6, 159, 162, 169-70, 181-94, 200-1, 203-5, 207, 214, 217, 220-7, 230-1, 233, 236-8, 240-1, 245-7, 250, 253-5, 258, 266, 272-3, 275-6, 283, 293, 306-7, 311
구두의 말씀('선포'도 참조)   189-92, 205
내적 말씀   184
인간의 말   182, 184
하나님의 말씀('성경'도 참조)   34-5, 47, 64, 115, 121, 169-70, 183-5, 192, 204-5, 214, 217, 222, 230, 240, 246, 249, 255, 267, 272-3, 275-6, 299, 310
말씀과 성례전들   81, 149-53, 155-6, 169
기록된 말씀   184, 188-91, 193-4
메시아   81, 193
멜랑크톤   15, 101
멧츠케, E.   21
『모든 가르침을 판단하며 교사들을 부르고 임명하고 해고할 수 있는 그리스도 교회 또는 공동체의 권리와 권능』   222
『모든 조항들에 관한 주장』   63
모세   28, 36, 245-51
뮌처, T.   307, 309
미사('미사의 희생'도 참조)   102, 182-3, 196, 213, 219, 239

ㅂ

바로   35, 57, 60
바르트주의   13
바인트커, H.   23
버나드   277
벌거벗은 하나님   154, 176
베인톤, R. H.   23
보나벤투라   32
『복음서들에서 무엇을 찾고 기대할 것인가에 대한 짧은 가르침』   116
본래적 사역   35, 47, 60, 85, 100, 103, 275
본캄, H.   19, 22, 104, 195

볼프, E. 163, 191, 219
부활 106, 109, 113, 118, 131, 153, 158-9, 187-8, 193-4, 209, 224, 236-7, 273, 282
　그리스도의 부활 109, 113, 156, 187, 209, 224, 237, 246, 264
분파들 154
불신앙 35, 45, 85-6, 121, 144, 169, 176, 234, 239
빌러, P. T. 23
브루노테, P. T. 221
브링, R. 3, 21, 23, 261
비슬뢰, C. F. 21
비유적(Tropological) 해석 95
비처, E. 19-20, 97
빙그렌, G. 282, 292

ㅅ

사랑 30, 36, 41-2, 48-50, 52, 59, 64, 69, 99, 103-5, 114, 117, 123, 138, 141-2, 158-9, 173, 182, 208-9, 247, 262, 266, 273-4, 277, 280-7, 290-1, 300-1, 309
　그리스도의 사랑 281
　그리스도인의 사랑 281
　자연적 사랑 274
　하나님의 사랑 49, 99, 167, 174, 179-80, 209, 211, 275, 281, 292
사면('죄 사함,' '열쇠들의 권능'도 참조) 100, 110, 158, 207, 213, 220, 229
사변('형이상학'도 참조) 27-8, 32, 154, 156, 158
사아르니바라, U. 19
사역 26-8, 35, 44, 47-8, 56-7, 62, 67, 72, 79, 90, 93, 101-2, 104, 106, 108-9, 113, 117-8, 126-7, 136-7, 142, 147-53, 155, 157-8, 171, 184-5, 190, 203, 205, 214, 216-23, 234, 258, 273, 280, 303, 311

사탄 57, 61, 65, 68, 73, 82, 88, 101, 103, 127, 140, 145, 163, 166-7, 175, 255-6, 261-2, 268-70, 272
사회('국가'도 참조) 14, 21, 38, 89, 196, 243, 245, 250-1, 253, 256-8, 261, 263, 279, 284-5, 287, 293, 297-300, 303, 308-12
사회 개혁 284, 309-12
산상수훈 253-4, 300
삼위일체 93, 157
상징 152, 184, 232, 235, 240-1, 256
새 생명 61, 159, 236, 243-4, 271, 283, 285-6
선포 33, 42, 69-70, 74, 89, 118, 150, 154-5, 159, 183, 187-94, 204-5, 211, 213, 217, 224, 231, 238, 247, 255, 258-60, 268, 299-300, 303-4, 311
설교 16-7, 42, 89, 96, 116, 126, 161, 163, 182-3, 189, 217-9, 222, 227, 247, 258-9, 270, 273-4
섭리 32-3, 50, 258
성(性) 265-6, 268, 273-4
성경 12, 14-5, 17, 32-3, 35, 42, 47, 55, 57, 68-9, 71-2, 74, 80, 94-5, 107, 147, 156, 169-70, 184-7, 190, 194-5, 200, 207, 211, 214-5, 225, 235, 245-6, 253-4, 264, 311
성경 해석 13, 22, 33, 107, 253
성공회 210
성례전 15, 21, 96, 100, 102, 118, 133, 135, 145, 151-2, 156-7, 188, 229-31, 233-6, 238-40, 263-4, 270
성례전주의 238
성인들 82, 114, 122, 244, 265, 270, 272, 294
성화(聖化) 14, 21, 52, 95, 97, 106, 119, 126, 128-35, 137, 139, 143-5, 157-8, 259, 268, 270, 273, 293-4
세례 21, 100, 131, 143, 152, 159, 202-3, 207-8, 215, 217-8, 228-9,

232-7, 280, 312

세상 39, 44-5, 49-50, 56-7, 64, 66, 73, 79-82, 84-5, 88, 91, 97, 109-12, 117, 120, 125, 138, 141, 144-5, 150, 153, 158, 163, 165-6, 175, 187-8, 192, 203-4, 206, 208, 226, 232-3, 237, 245, 251-62, 269, 277-9, 281-2, 284-6, 288, 290-1, 294-5, 297-300, 305, 311

『소교리문답서』 14, 73, 106, 122, 130, 139, 232, 286

소명 200, 215-6, 221-3, 245, 254, 262, 279-81, 283-7, 292-4, 312

쇠데르블룸, N. 23

『수도원 서약에 관하여』 287

수도원제도 276

『슈말칼드신조』 195, 199

슈타우피츠 97

슈탈, J. 218

슐뢰만, M. 20

스콜라주의 70, 93-4, 103, 193

시스템(조직) 196-7, 199, 205, 208, 214, 259, 280

시이랄라, A. 20

시편강해 18-9, 30, 94, 96-7, 103, 129, 175, 231

신비종교들 213

신비주의 23, 96, 171, 192

신싱모독 71, 168-9, 174-5, 239

신약 15, 102, 147, 156, 189, 196, 211, 215, 226, 231, 235, 246, 283

신정론 89

신플라톤주의 159

신화(神話) 107

실재('그리스도의 현존'도 참조) 194

심령주의('재세례파,' '열광주의자들'도 참조) 148, 151, 156, 158-60, 203, 239, 259, 309

십자가의 신학 23, 29-31, 106

ㅇ

아리스토텔레스 42, 70, 230

『아우크스부르크신앙고백서』 15

아울렌, G. 203

아퀴나스, T. 42, 93, 229-30

안셀름 100-3

안수 213, 215, 218-21, 265

안토니 277

알레고리 22, 55

알트하우스, P. 22

암스도르프 183

『약탈을 일삼고 살인하는 농민들의 무리에 대항하여』 307

어거스틴 66, 102, 119, 122, 129, 133, 185, 229, 253, 255-7, 268, 271, 297

에덴동산 271

열광주의자들 112, 117, 136, 148-54, 156, 159, 172, 185, 203, 219, 239, 249-50, 254

열쇠들의 권능 223-225

영역(領域) 15, 18-23, 37, 43, 50, 52, 79, 122, 145, 147, 163, 181, 198, 224, 243, 252-3, 255-7, 260-1, 263, 268-70, 275-6, 279-80, 288, 290, 298, 301, 309-10

영적 직무('사역,' '설교'도 참조) 213-4, 217-9, 222-3, 228

예배 43-4, 196, 201, 209, 217, 235, 237-9, 251, 281

예정 46, 63, 71-2, 74-5, 88, 163-4, 172-9, 185

옛 사람을 죽임 128, 130, 150, 237, 273, 280, 294

오순절 운동 193

오캄 20

왓슨, P. 22

왕국('정부,' '영역'도 참조) 65, 118, 150, 227, 254-8, 261-2, 297

  세상 왕국 256

  은혜의 왕국 255

유명론   62, 172
율법   20, 37, 39, 44-5, 51, 60, 64, 66-9,
  102, 109, 112, 126-8, 130, 132, 134,
  138-40, 145, 149, 151, 154, 159-60,
  165, 168, 170, 186, 189-92, 197, 221,
  224-5, 245-52, 259-60, 265, 279-80,
  282-5, 287, 291, 309-11
율법과 복음   44, 64, 107, 112, 171,
  186-7, 190, 227, 279
율법주의   127, 151, 249
율법폐기론   126, 132
은혜의 수단들('성례전', '말씀', '말씀과
  성례전들'도 참조)   152, 230
의   26, 37, 44, 49, 65-7, 87, 89-90,
  108-13, 120, 123-4, 130-3, 142, 172,
  232, 236, 244, 246, 252-3, 257,
  259-60, 262, 280, 283, 310-1
  그리스도의 의   124, 133-4, 142
  그리스도인의 의   124
  낯선 의   124, 130-1, 133, 136, 210
  육의 의   110
  지상의 의   252
  하나님의 의   66, 90
  행위의 의   28, 209-10
의식들   102, 209-10, 213, 231, 252
의지   33, 38, 48, 50-1, 54-6, 58-61, 64,
  68-71, 73, 84, 89, 95-6, 114, 122, 137,
  144, 164, 172-7, 191, 250, 276, 308
이성   20, 35-6, 38-40, 42, 44, 50, 57,
  66-7, 69-71, 73-5, 83-4, 89-94, 131,
  139-40, 144-5, 147-8, 188, 250-1, 274,
  309
인간   20, 25-6, 28, 30-3, 35-7, 39-40,
  43-51, 56-7, 59-75, 77, 83, 85-7,
  89-91, 95-6, 98, 100-2, 104-9, 113-4,
  117, 119-45, 147-53, 155-9, 163-8,
  170, 172-9, 182, 184, 187-8, 190-2,
  198, 200, 209-11, 216, 224-5, 229-32,
  234-5, 237-40, 244-5, 247-8, 250-3,
  255, 258-9, 261-2, 266-72, 275-7,

  280-6, 288, 292-4, 297, 302, 309-12
  내적 인간   55
  새 사람   106, 125, 128, 130-1, 136-8,
    145, 237, 243, 273, 275, 280, 283-4,
    294
  옛 사람   106, 128, 130-1, 136-7, 145,
    150, 237, 273, 275, 280, 283, 294
  자연인   37, 83, 122, 148

ㅈ
자연('창조'도 참조)   26-7, 31, 34-6,
  38, 40, 48, 70, 74, 78, 81, 84-5, 122-3,
  136, 265-6, 275, 309
재세례파   136, 203, 254, 259, 299
저교회주의   210
전쟁   34, 82, 111, 125, 300-3
전통   13, 15, 119, 171, 197, 199, 249,
  253, 263, 276
정부   22, 226, 245, 250-3, 255, 257-62,
  279-80, 298, 309, 311-2
정치   22, 77, 197, 298
정통주의   185
제단의 성례전('주의 만찬'도 참조)
  188
존재의 유비   84
종교   28, 39, 43-5, 47, 84, 101-2, 147,
  196-7, 209, 213
종교개혁   11, 14-6, 54-6, 59, 119, 124,
  136, 162, 181, 209, 217, 230, 235,
  243, 251, 269, 276, 297, 300, 307-8
죄   30, 40, 45-6, 49, 51, 59-60, 64, 66-8,
  70, 80, 84, 86, 98, 100, 104-13, 115,
  120-9, 131-5, 137-40, 144-5, 149, 151,
  158-9, 163-5, 167, 171-2, 174-5, 179,
  187, 192, 200-1, 207, 213, 224-7,
  229-30, 232-4, 236-8, 259, 261, 264-6,
  268-72, 283, 285, 287, 298-9, 306, 308
죄 사함   119, 126, 132-3, 145, 262, 280
주관주의   148, 203
주의 만찬   151, 155-7, 170f, 207, 233,

237-8
지식　25-31, 39-40, 45, 55, 83, 85, 94-5,
　　120-1, 123, 135, 138, 140, 162, 175-6,
　　180, 187, 190, 198, 209, 213, 226-7,
　　249, 258
　그리스도의 지식　32, 147, 188
　자신의 지식　190
　죄의 지식　120, 127
　하나님의 지식　32, 73, 147, 175
지울 수 없는 특성　197, 213
진노　34, 37, 51-2, 67, 78, 81, 95,
　　99-100, 103, 109, 111-3, 116-7, 120-1,
　　159, 162, 166, 170-1, 174, 180, 209,
　　270
짜른트, H.　82f, 85, 90

ㅊ

참회　46, 199
창조　20, 27-8, 32-3, 35-7, 39, 49, 56,
　　84, 87, 89, 96, 113, 128, 133-4,
　　149-50, 155, 157, 159, 194, 203-4,
　　209, 217, 236, 250, 263, 273, 294,
　　312
축자영감설　185, 194
츠빙글리　16, 240, 304

ㅋ

칼(검)　253, 299, 301-6, 308
칼빈　16

ㅌ

타울러　164
터키인들　82, 279, 302

ㅍ

파이퍼, G.　22

『평화를 위한 권면』　304
포겔장, E.　23, 93, 97-8, 103, 114, 116,
　　162-4, 171
폴만, H.　19
표지　81, 135, 152-6, 159, 169-70,
　　174-5, 205, 230, 233, 236-40, 264
프렌터, R.　19-21, 97, 130, 148, 152,
　　154, 157, 185, 190, 192
플라톤　159, 268
피노마, L.　5

ㅎ

하나님의 가면　286, 292
『하이델베르그논쟁』　25
합리주의　28, 70
행위들　29, 35, 67, 85, 96, 105, 123,
　　134-5, 138, 142, 144, 156, 158, 193,
　　199-200, 210, 217, 235, 240, 243-4,
　　281-3, 285-6, 288, 290-1, 312
　그리스도의 대속 행위　100
　믿음의 행위　134, 142-4, 312
　선한 행위　60
　하나님의 행위　35, 38, 59, 64,
　　134-5, 153, 211, 240
형이상학　93, 152, 157, 187, 255, 269
화목　44, 100, 211
화체설　239-41
회개　32, 60-1, 72, 125-6, 134, 137-8,
　　151, 187, 199-201, 224, 247, 262, 270
희생　99, 101-3, 105-6, 196, 208, 213,
　　215, 219, 235, 238-9, 246, 250, 285
　미사의 희생　230, 234, 238
　십자가의 희생　106
　찬양의 희생　105
『히브리서강해』　17

인명 및 주제 색인　319

루터 신학 입문: 승리의 믿음

초판 1쇄 인쇄 / 2009년 4월 25일
초판 1쇄 발행 / 2009년 4월 30일

지 은 이 / 레나트 피노마
옮 긴 이 / 엄 진 섭

발 행 인 / 엄 현 섭
편 집 인 / 최 태 훈

발 행 소 / 도서출판 컨콜디아사
　　　　　(기독교 한국 루터회 총회 출판팀)
　　　　　서울 용산구 후암동 446-11
　　　　　(전화) 3789-7452, 7453　(팩스) 3789-7457
　　　　　등록 / 1959년 8월 11일(제3-45호)
본문편집, 표지디자인 / 성광커뮤니케이션(02-2279-9481)
인　　　쇄 / 보광문화사(02-854-6501)

* 저자와의 협약에 따라 판권은 본사가 소유함
　이 책은 어느 부분도 인쇄 또는 복사를 일체 엄금함.

값 13,000원

ISBN 978-89-391-0127-2　03230